你一定爱读的中国战争史

中国战争史

两晋

傅斯鸿 著

民主与建设出版社

·北京·

图书在版编目（CIP）数据

你一定爱读的中国战争史：两晋 / 傅斯鸿著 . — 北
京：民主与建设出版社，2021.11
ISBN 978-7-5139-3703-0

Ⅰ . ①你… Ⅱ . ①傅… Ⅲ . ①战争史 – 中国 – 魏晋南
北朝时代 – 通俗读物 Ⅳ . ① E291-49

中国版本图书馆 CIP 数据核字 (2021) 第 214703 号

你一定爱读的中国战争史：两晋

NI YIDING AI DU DE ZHONGGUO ZHANZHENGSHI LIANGJIN

著　　者	傅斯鸿	
责任编辑	彭　现	
封面设计	杨静思	
出版发行	民主与建设出版社有限责任公司	
电　　话	（010）59417747　59419778	
社　　址	北京市海淀区西三环中路 10 号望海楼 E 座 7 层	
邮　　编	100142	
印　　刷	重庆长虹印务有限公司	
版　　次	2022 年 1 月第 1 版	
印　　次	2022 年 1 月第 1 次印刷	
开　　本	787 毫米 × 1092 毫米　1/16	
印　　张	21	
字　　数	278 千字	
书　　号	ISBN 978-7-5139-3703-0	
定　　价	99.80 元	

注：如有印、装质量问题，请与出版社联系。

目 录

目录

目 录

目录

第一章

灭吴之战

引子

> 王濬楼船下益州，金陵王气黯然收。
>
> 千寻铁锁沉江底，一片降幡出石头。
>
> 人世几回伤往事，山形依旧枕寒流。
>
> 从今四海为家日，故垒萧萧芦荻秋。

一首定场诗，拉开了这部两晋战争史的序幕。《三国演义》开篇有言："天下大事，合久必分，分久必合。"而两晋作为后三国时代，无疑只处于"分"的节点，在诸雄并起的乱世中，由统一到分裂，从分裂到再分裂。

这首诗是唐朝著名诗人刘禹锡所写的《西塞山怀古》。诗的前两联，讲述的是发生在西晋咸宁五年（279 年）到咸宁六年（280 年）之间的那场灭吴之战，王濬正是这场战争的主将之一。刘禹锡在这里隐去了众多参与过这场战争的风云人物，却独独留下了官卑职小的王濬。那我们就先从王濬这里出发，来看一看这场让西晋完成华夏一统的战争。

王濬出生于东汉建安十一年（206 年），这一年，曹操刚刚平定并州，准备北击乌桓。王濬是弘农湖县人，在那个讲究门第观念的时代，弘农郡最大的姓氏是"杨"姓，而非"王"姓。因此，王濬显然不是出自什么高门大姓。不过，王濬的祖父与父亲都曾担任过郡守一级的官吏，即使非高门，也算得上是两千石的官宦世家。

有着这样的家世，王濬自然生活优渥，丰衣足食，而王濬本人又博学多闻，善于军事谋略。于是，王濬长大成人之后，便收到了州郡的征辟，开始进入仕途。只可惜，王濬的仕途之路实在不怎么顺，干了几十年，熬了三个朝代，也只做到郡守，依然守着两千石过日子。然而，时代的风云并不会让他就此被埋没，在那个三足鼎立的乱世里，多少风流人物成了过眼云烟，而王濬终于等来了自己的机会。

景元四年（蜀炎兴元年，263 年），司马昭三路大军伐蜀，王濬受他前上司羊祜的推荐，加入了钟会的伐蜀大军。与此同时，作为司马昭妹夫的杜预也以镇西将军府长史的身份，来到钟会军中监军。中级军官王濬成了杜预的下属，而杜预有一个好友，叫作羊祜。王濬与杜预这一对在后来的灭吴之战中起到决胜作用的完美搭档，因为羊祜的关系，走进了同一个军营，成为生死袍泽。这一年，王濬五十七岁，杜预四十一岁。

邓艾偷渡阴平之后，蜀汉投降。王濬被留在蜀地任职，官职依然是郡守。直到泰始六年（吴建衡二年，270 年），六十四岁的广汉太守王濬才迎来自己人生的曙光。这一年，益州牙门将张弘发动叛乱，杀死了益州刺史皇甫晏。当时距离成都最近且又有能力平叛的就是广汉太守王濬。因此，朝廷急调王濬以广汉兵马出兵平叛。果然，王濬一出手，张弘叛军顷刻间被剿灭。

得知消息的羊祜给晋武帝司马炎上书，举荐王濬为益州刺史，在四川操练水军，为将来灭吴做准备。晋武帝于是封王濬为关内侯，升任益州刺史。王濬这才算时来运转，一步步走向自己的人生巅峰。

纵观王濬的人生经历，不难发现，要想成功，除了能力之外，长命也是关键，只要活得够久，总能等到改变命运的机会。

西陵之战

就在王濬当上益州刺史的这一年，西晋与东吴之间的战事爆发了。那个对王濬有提携之恩的羊祜，此时正以散骑常侍、卫将军的身份出任荆州诸军都督。而吴国方面则由陆逊的儿子陆抗担任大都督，坐镇江陵与羊祜对峙。可是，因为皇帝孙皓的残暴统治，吴国这时已经闹得天怒人怨。

孙皓是吴大帝孙权的孙子，废太子孙和的儿子。此人当上皇帝之后，最大的一个乐趣就是杀人：会稽太守车浚因发扬慈善事业被杀、司市中郎将陈声因和宠妃吵架被杀、侍中韦曜因不会喝酒被杀、常侍王蕃因太会喝酒被杀……至于后妃、宫女、内侍等，只要稍不合心意，则剥去面皮，挖除眼睛，扔进水里化成浮尸。

这还没完，孙皓还在国内玩出了各种找死的花样，为了避免"裸官"，官员们每年都要把自己女儿的资料注册在案。他还修改了婚姻法，每年由政府牵头，办一场选妃秀，只有选不上的剩女，才允许出嫁。并且孙皓在建业折腾还不够，还要去武昌折腾，甚至跑到吴晋边境上去折腾。

看到孙皓花样繁多、堪称自杀的举动，吴国都督陆抗着急了。陆抗不愧是陆逊的儿子，将门虎子，当世名将。他深知长江天堑无法抵御西晋的强势进攻，于是，他上书吴国皇帝孙皓，归纳出十七条防务建议，请求孙皓一一执行。可孙皓却在执行的过程中，继续乱搞，闹出了大乱子。

泰始八年（272 年），吴国皇帝孙皓突然征召昭武将军、西陵督步阐回建业。西陵又称夷陵，即今天湖北宜昌。步家世代居住在宜昌，并且世袭西陵督。吴国皇帝突然让步阐入京，还解除了他西陵督的职务。步阐思来想去，觉得此事必有蹊跷，也来不及找"元芳"询问，就举城向西晋投降，并送侄子步玑、步璿去洛阳当人质。羊祜上表晋武帝，任命步阐为都督西陵诸事、卫将军、开府仪同三司、侍中，兼任交州牧，封宜都公。

陆抗见步阐举城降晋，内心一下子就不淡定了。西陵可是吴国在长江上游的门户，是长江三峡的出口。当年他的父亲陆逊正是因为守住了这里，才在猇（xiāo）亭火烧连营，挡住了刘备的倾国之兵，进而将刘备赶回了白帝城。所以，西陵要是丢了，相当于整个江汉平原都暴露给了晋军，吴国将无险可守。于是，陆抗立即点齐人马，以左奕、吾彦为先锋，直逼西陵城下。

看陆抗出兵了，晋武帝立即派荆州刺史杨肇率三万人马到西陵接应步阐，又派羊祜统率五万步兵进攻江陵，再派徐胤率巴东水军出巫峡攻打建平（今湖北秭归）以救援步阐。晋武帝的这些招数，看得出是真心打算要救西陵。一边派人增援，一边还想着围魏救赵，连远在巴东的人马都动用起来了。

可是，陆抗这边早有应对措施。陆抗的办法，是筑围墙。陆抗的围墙筑得十分有意思，他从湖北宜都的长江南岸开始筑墙，一直筑到宜昌北面，即今天的葛洲坝上，把宜昌通向江汉平原的一面给堵死了，还用铁锁封锁了两段长江，这样一来，无论谁想来救步阐，几乎都是只能进不能出。

陆抗这边没日没夜地筑墙，晋军的几路人马也没日没夜地赶路，大家都在抢速度，拼时间。动作最快的还是羊祜，陆抗这边墙还没筑完，羊祜的五万步兵已经抵达江陵城下。然而，江陵是吴国自赤壁之战后就一直经营的荆州州治所在地，不仅城高谷深，兵马、粮草也充足。因此，陆抗根本不理睬羊祜，继续在西陵外围筑墙。

陆抗不搭理羊祜，羊祜这边的五万步兵可就犯了难了。一方面是因为这五万步兵打不下江陵城，只能在城外对峙；另一方面，陆抗命人在江陵城北面的平原上筑坝，阻断水流来隔绝羊祜。羊祜见陆抗筑坝，打算利用大坝阻隔的水，用船来运送粮草。结果陆抗听说之后，命人把坝给毁了。大坝一毁，大水把羊祜的运粮道路也冲毁了。可怜了羊祜手下的步兵，只能用人力车来运粮，耗时耗力不说，战意也消耗殆尽。

再说西陵城里，荆州刺史杨肇在陆抗的墙筑好之前赶到了西陵。于是，陆抗亲率大军，凭借围墙与杨肇对峙。上文说了，陆抗的墙一旦筑好，西陵就是有进无出。于是，杨肇就要想办法突围。杨肇这边正在打瞌睡，陆抗那边就有人来递枕头。吴国将军朱乔营中的都督俞赞逃到了杨肇那里，给杨肇献上了突围的计策。俞赞给了杨肇详细的吴军驻防图本，并且告诉他，先打夷兵防守的区域，那里是吴军防守的薄弱地带。

　　孙权在南征交州的过程中抓了很多当地的生番，所谓夷兵，就是由这些生番组成的一支规模浩大的少数民族军队。当时，吴国大都督陆逊很不同意孙权的做法，而孙权也在卫温去台湾抓生番失败之后，逐渐放弃了再建夷兵的想法。此后，夷兵在吴国就越来越不受重视，不仅装备落后，更是疏于训练。但是为了充数，有时还是得用这些夷兵来进行防守。

　　俞赞给杨肇献上的也的确是个好计策，只可惜他们遇到的对手是陆抗。作为陆逊的儿子，他跟他爸爸一样看不上这些夷兵。但是，陆抗这人最善于知己知彼，现在有人叛逃了，又是最熟悉他防务的人，陆抗首先就想到了他防守最薄弱的地方，那就是他最看不上的夷兵。

　　于是，陆抗连夜以精兵替代了夷兵防守的区域，让这些夷兵们到更悠闲的地方睡大觉去。果然，第二天一早，杨肇就率领人马向此前夷兵防守的区域进行突围，结果吴军精锐齐出，箭如雨下，再加上早已备好的滚木礌石，杨肇率领的荆州人马死伤惨重，只得再次逃回西陵，并且再也无力组织大规模突围了。

　　在西陵城对峙一个月之后，杨肇打算放弃西陵步阐，带领随行人马深夜逃跑，结果又被陆抗察觉到了。陆抗本想派兵追击，又担心城里的步阐跑了，于是只在围墙上擂鼓示警。哪知杨肇这些人听到鼓声之后，认为是陆抗的兵马追出来了，被吓得丢盔弃甲，一溜烟跑了。陆抗见状，派出小股轻骑尾随，等到天亮时分再出击，杨肇再次被打得大败，只身逃回襄阳。羊祜听说杨肇大败，自己也没有理由再在江陵待着了，也率军返回了襄阳。而徐胤的巴东水军被吴国水军都督留虑挡在三峡里，只得无功折返。

　　至此，西晋三路大军来救西陵，两路被阻挡，一路被陆抗打得全军覆没。陆抗乘势攻取西陵，步阐及其二十余名同谋被诛灭三族。宜昌城里一百多颗人头落了地，西陵之战也以吴国的胜利告终。从此，只要有陆抗在，西晋便不敢再轻易招惹吴国。西陵之战也让晋武帝大为光火，下诏将杨肇贬为庶人，羊祜贬为平南将军。

杜预奇袭

凤凰三年（274 年），吴国大都督陆抗死了。作为吴国最后一个明白人，陆抗的死可谓是老天爷给吴国画上的休止符。陆抗死后，他的兵马被一分为五，分别由他的儿子陆晏、陆景、陆玄、陆机和陆云统领。其中，陆机和陆云都以文学见长，几乎不懂军事，由他们领兵，吴国再无胜算。

两年之后，西晋荆州都督羊祜也死了。羊祜在临死之前，向晋武帝司马炎推荐了老朋友杜预，接任自己的职务。作为晋武帝姑父的杜预，就这样当上了镇南大将军，驻守襄阳，为羊祜完成他未竟的灭吴大业。

杜预来到襄阳做的第一件事情，就是写信询问他的老部下王濬："老王，你的船造得怎么样了？"而王濬给杜预的答复是："老杜啊，我都快把船造上天了，可是西陵到现在还在吴国手里，我的船出不来啊！"

在接到王濬的回复之后，杜预立即做出了两个决定，其一是要求王濬加紧造船，争取一年之内建成可以进取西陵的水军；其二是他要突袭西陵。当时，西陵督已经换成了东吴名将张政。其实，张政对于杜预的到来有所警惕，可是他万万没想到，杜预到襄阳，屁股还没坐热，就敢对他发起突袭。

其实，杜预这招是在借刀杀人，借的就是吴国皇帝孙皓的刀。步阐事件后，孙皓对西陵的将领颇为重视。加上陆抗亡故之后，吴国能打仗的将领屈指可数，即便如此，很多人也没能逃脱孙皓昏庸暴戾的手段。像孙皓这样的暴君，容不得臣子们有半点瑕疵，一旦前线将领稍有败绩，他的疑心病就更重。而杜预正是抓住了孙皓的这一心理，才发动了对西陵的突袭。

杜预从军中挑了一批精壮的将士，乘夜对西陵发起袭击。袭击的目的只有一个，那就是打张政一个措手不及。果然，张政因为没有做好准备而吃了败仗，让晋军掠城而走。张政担心受到孙皓的处罚，并没有如实上报给孙皓。杜预这边便把在西陵抓到的吴军俘虏送回了吴国都城建业。得知西陵战况真相的孙皓勃然大怒，立即将张政召回，改派武昌监留宪接手西陵。

杜预奇袭西陵打了一次心理战，然而吴国也并非无人识破。于是，吴国也给晋朝来了同样的一招。杜预为孙皓临战易帅感到兴奋，正准备向西陵发起进攻时，吴国皇帝孙皓竟然扬言要举倾国之兵北伐中原。一向对伐吴争论不休的晋朝，此时放弃伐吴的声浪高涨，致使晋武帝司马炎也举棋不定。伐吴大计眼看就要搁浅，作为姑父的杜预立即给司马炎上了一道言辞近乎教训的奏章。

杜预在奏章里给司马炎分析了吴国的军事现状："首先，孙皓的暴政导致吴国如今无将可用。其次，吴国虽号称有二十几万大军，但实际能打仗的不到七万，而且还只在夏口以东进行防御，夏口以西几乎无力增援。再次，灭吴之战我军稳操胜券，即使灭不了吴国，也可以回应孙皓的挑衅——他要北伐，我们就以伐吴阻止他北伐。"

与此同时，在益州造船的王濬也给晋武帝送去了一道奏章。奏章里写道："皇上啊，孙皓这家伙荒淫残暴，闹得吴国天怒人怨，这个时候不去攻打他，一旦有一天这家伙暴死了，吴国人找到一个贤明的人当皇帝，那就是我们的强敌了。我在蜀中造船已经七年了，很多七年前造的船都因为年久失修渐渐朽坏了。另外，老臣我今年已经七十三岁了，这个时候还不伐吴，我可能到死都看不到国家统一，所以请陛下不要错失良机。"

终于，晋武帝司马炎在姑父杜预几次三番的教训和老将王濬诚恳的请愿下，下定了灭吴的决心。杜预被任命为西线指挥，具体负责取江陵、占荆州，并且在荆州地区负责调遣益州刺史王濬的水军。七十三岁的王濬再次成为杜预的部下，指挥着他那些"造上了天"的楼船冲出历史的峡口。

王濬出峡

咸宁五年十一月，晋武帝司马炎以太尉贾充为大都督，冠军将军杨济为副都督，率领中军坐镇襄阳，指挥六路大军向吴国发起进攻；又以中书令张华为度支尚书，总筹粮运。晋朝共出动兵马二十余万，水陆并进，意图一举平定东吴，完成南北统一。

这六路兵马分别是：

第一路，由镇军将军、琅琊王司马伷自下邳（今江苏邳州南）向涂中（今安徽滁河流域）方向进军；

第二路，由安东将军王浑自扬州（今安徽寿春），向江西（指今安徽和县方向），出横江渡口进军；

第三路，由建威将军王戎自豫州（今河南许昌东南）向武昌（今湖北鄂州）方向进军；

第四路，由平南将军胡奋自荆州向夏口（今武汉市武昌）方向进军；

第五路，由镇南大将军杜预自襄阳向江陵方向进军，而后南下湘江，直抵两广及交趾；

第六路，由龙骧将军王濬、广武将军唐彬自巴蜀顺江东下，直趋建业。

吴国皇帝孙皓一直以来都认为，自己拥有长江天堑，只要守住长江防线，就可以高枕无忧。然而他没想到的是，晋朝出动的六路大军近二十万兵马，在宜昌到南京五千七百里的长江上多点出击，不仅拉开了吴国在长江上的防御战线，让吴军疲于奔命，自顾不暇，更让王濬的这支晋朝水军，成了这五千七百里长江上的一枚楔子，直接洞穿吴国的长江防线，把长江天堑变成长江坦途。

自泰始八年王濬担任益州刺史开始督造战船筹备水军始，到咸宁五年晋武帝下令出兵，王濬这支已经操练了整整七年的水军，可以称得上是当时世界上的水上"巨无霸"。王濬打造的战船，船高五层楼，长度一百二十步，可以搭载两千余人，并且甲板宽到可以跑马，还筑有城楼装置可以远望。同时，王濬还搞了点艺术创作，在上面画了一堆猛兽邪神，用以恫吓敌军，镇压江怪——就算我打不死你，也要用船头的画吓死你。

虽然王濬所造战船的规格和东吴的大型战舰相差无几，但是在这七年里，王濬从六百屯田兵造船，到后面发展到要用一万屯田兵没日没夜地赶工，共造出战船近万艘，训练水军六万余人。这个惊人的战船数量对于吴国而言，完全形成了碾压的态势。除此之外，王濬还从蜀中带了一支上万人的步兵部队交由杜预指挥，由陆路进攻武陵（今湖南常德），帮助杜预夺取荆州南部与交州。

太康元年（吴天纪四年，280 年）正月，王濬由成都出发，率领他亲自打造的水上"巨无霸"，浩浩荡荡地驶进了长江三峡。在三峡入口夔门，王濬与巴东监军唐彬会合，楼船一路顺江而下，很快就穿过了瞿塘峡和巫峡，来到了西陵峡口。

在这里，王濬水军遭遇了建平太守吾彦在长江上设下的千寻铁锁和反舰铁锥。吾彦是陆抗手下的得力干将，早在西陵之战时，吾彦就充当了先锋。西陵一战后，吾彦被陆抗举荐为建平太守，扼守西陵峡口。

早在几年之前，王濬在蜀中造船时削下的碎木片就已经浮满了长江江面并顺流漂下。吾彦将这些碎木片打捞上来，呈递给吴国皇帝，表示晋朝迟早要进攻吴国，希望他早做准备。吾彦还建议孙皓在建平增加兵力防守，只要能够在建平挡住晋朝水军，王濬就出不去三峡。可惜这样的建议在孙皓那里却没有得到丝毫反应，王濬的水上"巨无霸"进入三峡时，吾彦这边根本没有足够的兵力来进行拦截。

吾彦不愧是名将，尽管知道自己没有足够的兵力来阻挡王濬东进，他也要用自己的办法来进行抵御，好为吴国做最后一搏。吾彦想到的办法有两个：第一，在长江中央由砂石堆成的浅滩上向两岸的山崖架起铁锁，以阻挡王濬的战船通过；第二，在水位较浅的江心沉入一丈多长的铁锥来使王濬这些吃水比较深的战船搁浅。

吾彦的这些办法很好，甚至可以说平添了几万大军的实力，如果王濬就这么莽莽撞撞地闯进来，说不定还真就被这些铁锁和铁锥拦住了。可惜，他遇上了杜预。杜预当初奇袭西陵掠城而过时，俘虏了不少吴国军士。这些吴国军士在杜预的威逼利诱之下，早已将吴军在长江上游的防御策略告知了杜预。因此，杜预在出兵之前专门写信给王濬，告诉他吾彦在西陵峡口设置铁锁与铁锥之事。换句话说，王濬在出发的时候，就已经做了预案。

面对吾彦设在江中的铁锥，王濬命人造了几十排大竹筏，这些竹筏与楼船一般大小，上面用穿上盔甲的稻草人作为疑兵，然后让熟悉水性的士兵划着竹筏开道，竹筏遇到铁锥搁浅之后，这些铁锥就在水流的作用下跟随竹筏漂走了。而面对吾彦设下的千寻铁锁，王濬又命人造了几十根大火炬，这些火炬长三十米左右，直径十几米，王濬命人在火炬中灌入麻油，绑在大船前面，遇到铁锁时，便点燃火炬，只需十几分钟，这些铁锁便能被大火熔断，大船则可顺利通行。

看到自己设下的这些障碍顷刻间便被王濬解除了，吾彦恨不得跳下江去跟王濬拼命。可是建平只是巫山里的一座小城，地方狭小不说，老百姓还十分贫困，自己作为太守，除了固守城池之外，根本没有与王濬大军对抗的能力。王濬也知道吾彦是块难啃的硬骨头，对他来说，强攻建平既耗损兵力又浪费时间。既然吾彦要固守建平，那就让他守好了，反正自己的目标是吴国都城建业。清除所有的障碍后，王濬大军直奔西陵而去，吾彦眼睁睁看着王濬的楼船从自己眼皮子底下开过去，自己却束手无策。直到吴国灭亡，吾彦在接到孙皓的命令后，才举城归降晋朝，晋武帝封其为金城太守。

西陵这边，自从张政被调走之后，留宪被临时从武昌（今湖北鄂州）抽调过来担任西陵都督。留宪到了西陵，几乎没有做任何临战的准备，王濬的楼船一路畅通无阻地到达西陵城下。

留宪是吴国左将军留平的长子，而留平当初因为想要废掉暴君孙皓，被孙皓下毒害死了——派一个与自己有着杀父之仇的人来守西陵，也亏孙皓想得出。不过，虽然孙皓杀了留宪的父亲，留宪却没有向王濬投降，而是选择了殊死抵抗。然而，留宪本就是废材都督，没两个回合就被晋军斩杀，王濬几乎兵不血刃就夺取了吴国此前重兵防守了几十年的重镇——西陵。至此，王濬和他的楼船终于冲出峡口，建业已经遥遥在望了。

攻克江陵

王濬夺取西陵之后，继续顺江东下。长江在出了西陵峡口之后便进入了江汉平原，江面从一两百米陡然增至两千二百米，可谓一马平川。此时的王濬也可谓势如破竹，近万艘楼船在两千多米的江面上摆开阵势，并排前进，仅用了两天时间就攻克了荆门和夷道（今湖北宜都）。吴国镇守夷道的将领正是陆抗的长子陆晏。虽是名将之后，但陆晏本人却没有什么军事才能，只以裨将军的身份充任夷道监，王濬只派出一个小分队，就夺取了夷道，并将陆晏擒杀了。

这时，晋朝的各路兵马都已经行动起来。先是杜预出兵围困了江陵（今湖北荆州）。江陵是吴国荆州的州治所在地，也是从周瑜开始，吴国历任大都督经营了多年的大本营。杜预这几万军队想要一举攻下这座吴国荆州重镇，几乎是不可能的事情。因此，杜预对江陵围而不打，意图切断江陵和外部的联系。

杜预本人其实更像个文人，他编过《晋律》，注过《左传》，几乎没有什么武艺，箭术也一般，甚至连马都不怎么会骑，还患有大脖子病（现代医学称"甲亢"）。然而，命运总是如此阴差阳错，本该高居庙堂与笔墨打交道的杜预，偏偏被历史选中，达成了一代名将的功勋。杜预打仗有一大特点，那就是喜欢夜袭。前次夜袭西陵，让孙皓临阵换将；这一次夜袭，更是以八百人就拿下了江陵南岸的重镇乐乡（今湖北松滋）。

在一个漆黑的夜晚，杜预派遣门牙将管定、周旨、伍巢等人率八百名精壮士卒，乘坐小船偷偷渡过长江，在长江南岸的巴山上四处点火，竖立旗帜，虚张声势。此时的乐乡都督是吴国宗室，骠骑将军孙歆。就是这么一个在吴国位高权重的骠骑将军，却被周旨这八百人在巴山上放的几把火给吓破了胆。他立即给江陵都督、车骑将军伍延送去一封紧急军报，说是在乐乡北面发现了诸多晋军，这些人恐怕都是飞过江来的！

在巴山上点起大火之后，周旨这八百晋军如入无人之境，迅速拔掉了沿江的各个要塞，投降的乐乡军民竟然多达数万人。王濬的楼船在看到巴山起火之后，也从长江北岸向南岸逼近。在乐乡城里被吓破了胆的孙歆听说王濬大军赶来，一时间竟然阵脚大乱，不知所措。可是，作为吴国宗室，骠骑将军孙歆又不能坐以待毙，只得在慌乱之中出兵迎战，结果一交战就被王濬大军打得大败亏输，直接退了回来。吴军败退时，周旨的八百晋军早已埋伏在乐乡城外，等到吴军进城，他们乘机冲进了孙歆的中军大帐。骠骑将军孙歆就这样在毫无察觉的情况下，成了周旨的俘虏。

就在乐乡被晋军攻占，骠骑将军孙歆也被晋军擒杀之际，江陵城中，收到孙歆送出的紧急军报的江陵都督伍延瞬间成了热锅上的蚂蚁，急得团团转。乐乡是整个江陵城最后的救命稻草，如果乐乡被晋军占领，那么江陵就失去了它最后的倚靠。那时，江陵纵然城高谷深、粮草充足，也会因为杜预大军围困成为一座孤城，不等晋军攻打，自己就能乱成一锅粥。在这种情况下，伍延派出了他认为的最后一支可用之兵——吴国水军都督陆景的水军。

陆景是陆抗的次子，仅仅因为是孙皓的妹夫，便做了吴国的水军都督。然而，这位吴国的驸马爷就是一介可怜的文人，写个《典语》还行，论起带兵打仗，甚至比他哥哥陆晏还要逊色。然而，接到军令的陆景还是硬着头皮率领吴国水军出发了。

江陵在乐乡的下游，陆景所乘的吴国战船逆水而上，船行得慢不说，吴军此时早已是内心惶恐、闻风丧胆了。果然，没过多久，陆景就在旗舰上远远地看到，黑压压的晋朝水军正朝自己这边飞速驶来。乐乡已经被晋军占领，巴山上竖起了一面巨大的旗帜，旗帜上书有"晋镇南大将军杜"的字样。陆景心中大惊，知道乐乡已经被杜预占领，自己如果再迎着王濬的楼船而去，无非就是多送一颗人头。

于是，陆景慌忙下令停船靠岸，准备骑快马从陆上逃命。可惜隆冬时节，陆景又没有诸葛亮的本事，能够借来东南风把他送到北岸。倒是王濬的楼船顺江而下，又有北风助力，陆景这边还没上岸，王濬的人马已经赶到。就在陆景准备骑马奔逃时，晋将张尚拍马赶到，年仅三十一岁的陆景，人头瞬间就落了地。

眼见陆景被斩落于马下，吴国平西将军施洪吓得立即向王濬投降，由陆景带出来的吴国水军也加入了王濬的水军方阵。站在江陵城楼上观战的江陵都督伍延目睹了这一切，眼见大势已去，杜预大军在得胜之后已经开始向江陵发起进攻，伍延绞尽脑汁为自己寻找了一条退路。他想假意向杜预投降，然后自己再乘机逃跑。

杜预在江陵城下接到了伍延差人送来的降书，知道其中有诈。于是，杜预一面派兵在江陵城外的道路上设下伏兵堵截伍延，另一面则准备接管江陵城池，安抚荆州百姓。就在杜预大军进入江陵的同时，伍延则带着为数不多的军卒，准备趁晋军进城防守松懈之际，翻墙逃跑。结果可想而知，伍延这边还没走出几步，就被杜预埋伏的人马逮了个正着。伍延被五花大绑地押到杜预面前，只见杜预一扬脖子，大手一挥，说了一句："留之无用。"伍延便被晋军拖到江陵城头，咔嚓一刀，脑袋就从城上落了下来。

六路进兵

杜预攻克江陵，不仅使晋朝拥有了荆州全境，就连交州和广州的一些州郡也望风投降。与此同时，晋武帝下诏，命王濬、唐彬以及胡奋、王戎一起平定夏口（今湖北武汉）、武昌（今湖北鄂州），直逼吴国都城建业。而杜预则率军进入湖南，平定零陵（今湖南永州）、桂阳（今湖南郴州）、衡阳等地，安抚荆州南境及交州、广州等地。整个灭吴一役，杜预功勋卓著，共斩杀、俘虏孙吴都督、监军一类的高级官吏十四人，牙门、郡守一类的中级官吏多达一百二十人。

杜预这边率军进入湖南之后，已经无法节制王濬的水军。于是，杜预给王濬写信："足下能摧毁吴国西边的屏障，便当直取建业建立旷世之功，无须再受我节制了。"杜预这边刚给王濬放权，王濬便率领水军直奔武昌而来。

此时，平南将军胡奋已经攻克了江陵下游的江安一带，兵锋直指夏口。建威将军王戎也派遣部将罗尚、刘乔兵指武昌。吴国江夏太守刘朗与武昌都督虞昞（bǐng）一看晋朝三路大军，近十万人马齐集夏口、武昌一带，自知抵抗无异于以卵击石，两人一合计，便举城投降了。武昌是吴国的第二都城，当年孙权登基称帝的地方就在武昌。在此之前，孙皓也曾将都城搬到武昌，以钳制长江上游的将领。如今，武昌投降，吴国长江沿线的其他州郡更是没了抵抗的力气，都望风而降了。

王濬出兵时，安东将军王浑也从安徽和县方向出兵了。王浑作为曾经跟随司马懿征战多年的老将，可谓深谙用兵之道。他自己率主力突破横江浦长江渡口，准备在此渡过长江攻取建业；又派参军陈慎、都尉张乔率部分兵力攻击寻阳（今湖北武穴东北）；再派殄吴将军李纯率军向高望城（今江苏江浦西南）进攻吴军俞恭部，以牵制吴国兵力，使其不能对长江上游进行支援。

太康元年正月二十五日，李纯占领了高望城，击破俞恭军，推进至横江以东。陈慎军则攻取了寻阳濑乡，大败吴牙门将孔忠等。吴厉武将军陈代、平虏将军朱明等则率部众投降。此时，吴国在长江上游的防线已经完全失守，王浑这边只要突破马鞍山的采石矶，吴国的都城建业就将完全暴露在王浑的大军之下，再加上从下游赶来的王濬、王戎、胡奋等三路大军，吴国可以说是完全招架不住了。

因此，吴国君臣在王浑大军的威胁之下，不得不采取应对措施了。吴国皇帝孙皓甚至把自己能动用的一切力量都押上了，想以一次有效的反击来保住自己的半壁江山。太康元年二月，孙皓以吴国丞相张悌为大都督，率丹阳太守沈莹、护军孙震、副军师诸葛靓等三万大军渡江北上，驻军采石矶以阻击王浑大军。

张悌大军渡江之后，便将王浑手下城阳都尉张乔的七千人马包了饺子，由于寡不敌众，张乔选择投降吴军。吴国副军师诸葛靓建议丞相张悌杀了张乔的七千晋军，可是这位张丞相此时竟然动了恻隐之心，不忍杀降。张悌不杀张乔也就罢了，还让他留守原地，结果悲剧了。

张悌的三万吴军继续进兵，却遭遇了赶来增援的晋朝扬州刺史周浚。沈莹率领五千将士三次冲击周浚的中军，晋军这边却稳如泰山，岿然不动。反而是沈莹这边的吴军士气衰竭，在撤退的过程中乱作一团，溃不成军。吴军溃退，正是晋军出击的大好时机。于是，周浚派手下将军薛胜、蒋班趁乱杀入吴军阵中，斩杀无数。

而吴军一看晋军冲过来了，更是拼命逃跑，三万吴军瞬间四散奔逃。此前张悌不杀张乔，此刻张乔却铆足了劲儿要杀张悌。张乔这边见吴军溃败，立即整军从后面掩杀过来。吴军腹背受敌，更是慌乱不堪、自相践踏，惨叫声此起彼伏。副军师诸葛靓一人带着一百多名军士左右冲杀才突出重围，而吴国丞相张悌、丹阳太守吴莹、护军孙震以及七千八百名吴军将士均在混战中被取了首级，一具具惨不忍睹的浮尸漂荡在长江上，吴国人无不悲痛欲绝，心惊胆寒。

采石之战是整个灭吴战争当中，吴国能够组织起来的最后一次反击。然而，这次惨烈的反击也昭示吴国气数已尽，无力回天。此后，随着晋朝五路大军的逼近，吴国君臣在一幕幕荒诞的闹剧中，迎来了灭亡的时刻。

石头降幡

自从武昌投降之后，王濬、王戎、胡奋的三路人马合兵一处，水陆并进向建业推进。由于采石之战吴军惨败，加上吴国长江沿线的州郡纷纷投降，王濬的水军已逼近吴国都城建业，王濬也将自己的中军设置在建业附近的三山上。

当吴国君臣还沉浸在采石惨败、丞相被杀的悲痛气氛中时，王濬那连天蔽日的楼船已经来到了他们的眼前。吴国皇帝孙皓此时已是病急乱投医，到处抓救命稻草。于是，吴国游击将军张象被他派了出来。

游击将军属于杂牌将军里的杂牌，平时只负责率游兵来往防御，地位连一个参将都不如。可见吴国此时已经是无人可用。并且孙皓只给了张象一万水军，竟要他去抵御晋朝十五万水陆大军。此种情形，别说是游击将军张象，即使周瑜、陆逊复生也不可能取胜。张象刚出建业江口，远远地望见王濬水军那些横亘在江面上的大旗，就升起白旗投降了。本就油尽灯枯的孙皓，又白白送了王濬一万水军。

张象的投降让孙皓几乎陷入绝境，此时，又一根被孙皓视为可以救命的稻草出现了。这个人就是吴国徐陵都督陶濬。陶濬原本是被孙皓派往广州平定郭马叛乱的，结果陶濬率领的七千吴军刚走到武昌，就听说王濬的水军已经奔着武昌来了。于是，这位陶都督在武昌城外止步不前，观察了一段时间，听说武昌投降后，撒腿就往建业跑。

孙皓一听说陶濬回来了，可算是有了根救命稻草可抓了。于是，孙皓立即召见陶濬，与他商议军情。孙皓哪里知道，这位陶都督连王濬楼船的影子都没见到，一听说武昌投降，马上跑回了建业。陶濬这个人能够在历史上留下一笔，缘于他的胆大。我们不知道他打仗的胆子是不是够大，但是忽悠皇帝孙皓时的胆子确实非常大。他竟然对吴国皇帝孙皓吹牛皮，说王濬的船小，只要给他两万水军，乘大船迎战，定能一举攻破王濬的水军。

　　孙皓这个时候已经没有别的选择了："不管你们信不信，反正我是信了。那就给陶濬两万水军，让他去攻破王濬的水军吧。"暴君孙皓信了，吴国的将士们可没信，这要是信了，小命可就被陶濬忽悠没了。于是，孙皓这边好不容易给陶濬抓来两万水军，等到陶濬第二天准备出兵时，发现两万兵马竟一夜之间就跑光了。从此，吴军士气丧尽，再也没有言战的可能。

　　既然如此，那就投降吧。吴国君臣对于投降这件事倒是看得很开，崽卖爷田不心疼嘛。再说了，刘禅投降之后还被封为安乐公，照样在洛阳享受荣华富贵。能够得到刘禅那样的待遇，孙皓也是可以接受的。于是，在吴国光禄勋薛莹和中书令胡冲的策划之下，孙皓写了三份降表，分别送给了王浑、王濬和司马伷。

　　吴国人即使投降也不忘给晋朝挖坑。表面上是送了三份降表，实际上谁才是有资格接受孙皓投降的人呢? 琅琊王司马伷自不必说，他是司马懿的第五个儿子。作为晋武帝的亲叔叔，在这场灭吴之战中，虽然他大部分时间都在打酱油，但是，他一出场就直接接管了孙皓的皇帝印绶。

　　然而，王浑与王濬之间，却因为功劳的问题闹僵了。王濬在湖北时，受杜预节制，但是老上司杜预并没有节制王浑，反而是放权让他自己干。但是到了扬州地界上，王浑是主帅，王濬自然应该受王浑的节制。可是，王濬这一路都没人管，自己又是七十多岁的老将，就算到了扬州地界，也不想被王浑节制。更何况，王濬手里还有孙皓的降表，自然觉得应该由自己率先进入建业接受孙皓的投降。

　　可是，王浑却认为是自己消灭了吴军主力，才让建业唾手可得，自己才是灭吴的主要功臣。因此，他拿出顶头上司的做派来，命令王濬停止进军，到自己的中军大帐来议事。王濬才不吃那一套，即便是倚老卖老，也要先入石头城。于是，王濬大军从三山出发直入建业，只派人给王浑报了个信，说是风太大了，船停不住。王濬则在大船之上擂鼓前进，八万水陆大军沿秦淮河进入建业城。而王浑在接到王濬的口信之后，肺差点没气炸："好你个王濬老匹夫，你等着，我一定要到皇上面前去参你一本！"此后，王浑只要逮着机会就参王濬，却都被晋武帝压下了。

孙皓见王濬大军入城，命人将自己五花大绑，抬着棺椁到建业城的军门之外，向王濬献降。王濬亲自为孙皓松绑，又一把火把孙皓抬来的棺椁烧了，让孙皓整理好冠带，才请他到自己的中军大帐中见礼。孙皓将吴国四州，四十三郡地理图本，五十二万三千民户及二十三万兵户的户籍造册献与王濬。王濬则派兵将吴国君臣及妃嫔、宗室等若干人送往洛阳。

孙皓被晋武帝封为归命侯，而孙皓在吴国修改婚姻法后收罗的众多江南美女，全入了晋武帝的后宫，晋武帝从此过上了羊车载酒的"神仙日子"。至此，三国中的最后一个国家——吴国灭亡。西晋王朝结束了自汉末黄巾之乱以来的割据分裂局面，使华夏重归一统。然而好景不长，随着晋武帝过上"神仙日子"，晋朝内部的一场大乱就要爆发了。

第二章

八王之乱

兵进洛阳

晋武帝司马炎在平定吴国之后，不仅过上了羊车载酒的神仙日子，还做了两件对晋朝影响极大的事情。

第一件是大肆分封同姓诸王。司马家族本身是一个大家族，司马防有八个儿子，号称司马八达。而为司马氏夺得政权的司马懿有九个儿子。等到司马炎篡魏称帝之后，司马氏的宗室自然就是一大堆了。并且司马炎还琢磨，自己之所以能取魏而代之，就是因为曹氏家族人丁太少，如果曹家能有司马家这样兴旺的人丁，并且让这些宗室成为曹魏的藩屏，自己又哪有机会当皇帝？于是，晋武帝把他爷爷辈到子侄辈的宗室几乎全部封了王。

在大肆分封诸王之后，晋武帝又做了第二件事情，那就是解除天下武备，让诸王掌兵。让诸王掌兵这种事情在汉朝就已经有了教训，最著名的就是汉景帝时期爆发的吴楚七国之乱。然而，司马炎却没有看到汉朝的教训。他认为，司马家族是一个纯粹的家族，是一个高尚的家族，是一个脱离了低级趣味的家族。因此，他对自己的家族一万个放心，把军队交给他们，自己从此就可以高枕无忧了。

如果晋武帝之后的晋朝皇帝比较强势，能够压得住这些王爷，晋朝存在的时间或许还能长久一点。可惜，晋武帝给自己找的接班人却是一个傻子，人傻也就罢了，更糟糕的是，这位傻子身边还有一个又丑又狠毒的恶婆娘。在晋朝完成华夏一统的第十个年头，晋武帝就撒手人寰了。于是，一个傻子皇帝和一个恶毒皇后，再加上一群手握重兵的王爷，把晋朝的天下搅得天翻地覆。

晋武帝之所以让自己的傻儿子司马衷接班，有一种说法是他看中了司马衷与谢玖所生的儿子司马遹（yù）。别看司马衷是个傻子，他的这个儿子却非常聪明，深得爷爷司马炎的喜爱。可惜，司马遹投错了胎，他的母亲是才人谢玖，而非皇后贾南风。这位恶毒皇后当然不可能让一个不是自己亲生的儿子继承皇位。因此，她宁愿让皇家绝后，也一定要害死司马遹。只是她手里没有兵马，为了能够对抗司马遹的保护伞——太傅杨骏，她找到了封地在今天河南许昌的汝南王司马亮。

司马亮是司马炎的叔叔，虽然他和杨骏之间有些不愉快，但也没有到你死我活的地步。起兵进洛阳，这对于司马亮而言，风险过大，万一扳不倒杨骏，自己可就死无葬身之地了。司马亮这边不发兵不要紧，司马家的特点就是王爷多。于是，贾南风的说客李肇找到了司马炎的两个儿子——楚王司马玮和淮南王司马允，他俩对于司马衷当皇帝这件事本就十分不爽，一看有这么好的机会，二话不说，领着兵就进了洛阳。

也是杨骏命里该绝，作为大权独揽的权臣，竟然对司马玮带兵进京的事情毫无察觉。这边司马玮的兵马都到了洛阳城下，那边杨骏还在府里大宴宾客，玩得不亦乐乎。贾南风可不是等闲之辈，为了扳倒杨骏，她可是做了精心的筹谋。司马玮一到洛阳，她立即向晋惠帝报告，说杨骏谋反。司马衷虽然是傻子，但杨骏毕竟是他的外公，他自然不可能相信杨骏会谋反。但是，在贾南风的一手操纵下，司马衷还是下诏全城戒严，允许楚王率兵入城，并派禁军捉拿杨骏。

杨骏这边酒喝得正尽兴，突然他的亲信段广跑来告知，皇帝正在逮捕他。杨骏虽然身兼大都督之职，手里却没有半个兵，就在杨家人慌乱不堪时，主簿朱振给杨骏建议道："为今之计只有派家丁烧掉云龙门制造混乱，然后开万春门进入东宫，拥立太子司马遹，以东宫万余禁军，或许还能杀入宫中，劫持天子，捉拿奸人。"

可是，杨太傅死到临头了，竟然还舍不得烧掉自己花重金打造的云龙门。众人见原来曾经叱咤朝野的权臣杨骏，在这种紧要关头却是个胆小的懦夫，那还有什么必要跟他去送死呢？不如都散了，各自逃命要紧。只有左将军刘豫见城中兵变，带领自己的手下赶来，想救杨骏，却被右将军裴颜斩落于马下，杨骏此时连最后一根救命稻草也没有了。

东安公司马繇（yáo）带领禁军杀进杨府，杨府上下百余口人立时被杀了个干净，血腥味弥漫在空气里，让这位总领百官，兼任大都督、录尚书事的晋朝太傅被吓得躲进了自家后院的草垛里。等到司马繇发现时，杨骏早已被兵丁们乱枪刺成了筛子。连同杨骏党羽在内的数千人，都因为杨骏怯懦的念头，通通丢掉了性命。

二王相杀

那个曾经不肯起兵的汝南王司马亮，此时听说杨骏被诛杀，屁颠屁颠地跑到洛阳来了。那么他来干什么呢？自然是来摘取胜利的果实了。司马亮是司马炎的叔叔，也就是司马衷、司马玮、司马允的叔爷爷。尽管诛杀杨骏，司马玮居功至伟，但比不上司马亮辈分高啊。而且司马炎临终时确实留有一份遗命，让杨骏和司马亮共同辅政。只是杨骏为了独揽大权，并没有让司马亮进京。现在，杨骏一党被除掉了，司马亮就这样堂而皇之地接管了晋朝的朝政大权。

司马亮这个人的水平比杨骏还差。他掌握大权之后干了两件事情：第一，大肆封赏诛杀杨骏的人，只要沾点边的都给封赏，一共封赏了一千零八十一人；第二，下令让楚王司马玮回荆州。

自己的胜利果实被司马亮截获，司马玮本就心有不甘，这下倒好，连洛阳也待不下去了，直接被撵回荆州。于是，他立即找到那个请他来洛阳的皇后贾南风。贾南风的狠毒可不是说着玩儿的。司马亮掌权让她心里很不爽，她也不想让司马玮率军驻京，一条一石二鸟的毒计在她的心里筹谋已久。司马玮此时来找她，真是老寿星上吊——活腻了。

贾南风一听司马玮不想回荆州，便撺掇他杀了司马亮。一开始，司马玮还有所顾忌，毕竟是自己的叔爷爷，在司马家这个相亲相爱的家族里，还从来没有出现过自家人相杀的情形。可是权力的欲望越发膨胀，加上贾南风的怂恿，司马玮开启了司马家族自相残杀的先河，从此，司马家的人见面宛如寇仇，一言不合便拔刀相向。西晋八王之乱也由此拉开序幕。

贾南风控制着晋惠帝，给司马玮下了一道手诏，要免去司马亮和卫瓘（guàn）的官职，并逮捕入狱。司马玮接到手诏一看，上面连个印章都没盖，更别说玉玺了，这玩意儿不合法呀。正在司马玮心里没底，不敢行动的时候，贾南风派亲信董猛哄骗他说："这是密诏，涉及机密大事，不能泄露半分，怎么能明着来呢?你赶紧行动，晚了恐怕夜长梦多。"

司马玮一想，有道理啊。于是，他脑子都没过，带着兵就去捉拿司马亮和卫瓘了。其实，这司马亮和卫瓘之间并没有什么关系，只是因为卫瓘曾经建议司马炎换太子，贾南风由此记恨在心，这次就顺便把卫瓘也除了。

司马亮见司马玮拿着诏书来抓他，声称自己冤枉，要进宫面圣。司马玮哪会给他这个机会，他那边还在喊冤，这边司马玮手下公孙宏的剑已经刺穿了他的胸膛。可怜司马亮，在许昌待得好好的，不起兵也就算了，非要跑来摘取胜利果实，结果枉送了性命。他甚至到死都不知道，这是贾南风一手设下的圈套。

而另一个被贾南风当枪使的楚王司马玮此时正沉浸在胜利的喜悦之中，梦想着自己能够独揽大权，甚至把他的白痴哥哥司马衷赶下皇位，自己坐上龙椅当皇帝。这时，他的手下盛歧劝诫他说："您现在应该带兵进宫，杀了贾南风，否则她迟早会对您下手的。"可是司马玮毕竟太年轻了，他想了一会儿，觉得大局都在自己的掌握之中，贾南风不足为虑。

第二天一早，司马玮兴高采烈上殿表功，以为自己也可以总领百官了。他哪里知道贾南风早已在宫殿里埋伏好了甲士，正等着他上门呢。司马玮这边刚上殿，贾南风立即厉声喝道："你好大的胆子，竟敢擅杀大臣！"司马玮感觉不对，但是要退出时，已经晚了，甲士们应声而出，将他捆成了粽子。

年仅二十一岁的楚王司马玮就这样怀揣着他的皇帝梦，被自己的亲嫂子贾南风处死了。此时距离司马炎驾崩仅仅过去了一年，晋朝的乱象就已经到了一发不可收拾的地步。然而，司马家族的互相残杀才刚刚开始，随着一代毒后贾南风不断玩弄权术，更大的乱局接踵而来。

流民起义

西晋朝廷内部乱成了一锅粥。而在朝廷之外，天灾又席卷了整个华夏大地。从元康四年（294 年）五月开始，先是四川大地震，接着是安徽闹水灾，随后，安徽寿春、湖北竹山、河北怀来、甘肃榆中等地又接连发生大地震。第二年，东南沿海遇冰雹，湖北、江苏、山东、河南、安徽遇洪水，山西遇风灾。最后，晋朝的都城洛阳遭遇大火，从曹魏以来累积的宝藏、武器、军械都被这把大火烧了个干净。这时，朝廷就算想救灾，也拿不出东西来了。

于是，到了元康六年（296 年），全国性的大饥荒爆发了。各地要求赈灾的文书报告如山一样堆积在傻子皇帝司马衷的案头。然而，这位傻子皇帝竟然还说出了一句流传千古的名言："老百姓吃不上饭，怎么不吃肉粥呢？"

朝廷里，皇后贾南风和大臣们只能勉强应付，可是，天灾并没有半分消退的迹象。元康七年（297 年），陕西和甘肃持续干旱，瘟疫横行，这下，晋朝可就真的撑不住了。大量的饥民要吃饭，朝廷又没有粮食用以救济，这些为了活命的饥民开始四处流窜，形成了一支规模庞大的流民队伍，宛如蝗虫过境一般，走一处就吃光一处。

地方官府一开始还拿出仅有的粮食来救济，可是流民越来越多，官仓都被吃空了，官府只能将这些流民往外赶。于是，七万流民在陕西人齐万年的带领下，竖起了造反的大旗。西晋朝廷一看，流民造反了，这还得了，赶紧派兵镇压。贾南风这时能用的人本十分有限，怎奈晋朝王爷多，她这一次搬出了司马衷的又一位叔爷爷，司马懿的第九子——赵王司马伦。

贾南风任命司马伦为征西大将军，与雍州刺史解系一起带兵平叛。可是司马伦这个人最大的特点就是不学无术，最大的爱好就是争权夺利。司马伦刚到长安，仗还没开打，就和解系闹起了内讧。齐万年正好借着晋朝将帅不和之机，领着队伍把司马伦和解系打得一败涂地。

贾南风一看司马伦不行，那就换人吧。这回她找的人是司马伦的七哥，梁王司马肜（róng）。可是贾南风对司马肜还是不太放心，于是，他又加派了一个人——御史中丞周处。贾南风哪里知道，周处曾经得罪过梁王，而梁王这人最是小肚鸡肠，睚眦必报。周处一看要让他和梁王领兵，心里知道，此行必定凶多吉少。可是，为了国家大义，就算是战死沙场，他也非去不可。

果然，周处和司马肜到了长安之后，司马肜就安排周处出战了。为了能够借刀杀人，司马肜只给了周处五千步兵，让他去对抗齐万年的七万精锐骑兵。周处当然不能去，别说是五千步兵，就算五千骑兵，在没有后援的情况下，这仗也不可能取胜。可梁王拍着桌子怒吼道："你这胆小鬼，我看你是怕死才不敢去吧！"周处义正词严地回应道："并非我怕死，我只是不想看到国家遭受损失，你就不怕因此误国吗？"

梁王一看周处给他噎回来了，就骗周处说："你先出战，我随后就领着大部队赶来增援，绝不会让你孤军奋战的。"周处当然不信司马肜的鬼话，可是他这时已经没有任何办法了，只能硬着头皮出战。

齐万年这边听说是周处领兵来了，正准备逃跑。不一会儿，探马又来报说周处只带了五千步兵。齐万年不禁喜上眉梢，转过头与周处决战。要说周处还真是条汉子，他只带五千步兵来战七万骑兵，愣是从早上打到了晚上，可是司马肜的增援却迟迟未到。最终，周处连同他带来的五千步兵全部战死。齐万年虽说赢得了胜利，却也是一场惨胜，损失上万兵马。

周处战死的消息传回晋军大营，梁王司马肜自然是最高兴的。可是，作为晋朝的掌权者，皇后贾南风却高兴不起来。周处死了，梁王却按兵不动，急需一场胜利来振奋朝纲的贾南风不得不将她的心腹宠臣孟观派上战场。于是，孟观被任命为征讨将军，领兵三万来到长安。

司马肜听说孟观来了，自然也不敢怠慢。他自己本身不怎么会打仗，上战场不过是为了捞资本。现在来了一个会打仗的人，司马肜乐得当甩手掌柜，干脆把自己的兵马全部交给孟观调遣。孟观果然是个猛人，领着人马就跟齐万年死磕，而且孟观打仗总是自己身先士卒，冒着滚木礌石、枪林箭雨冲杀在前。士兵们见主帅如此拼命，自然也就没有退缩的。两个月下来，齐万年被打得招架不住。

元康九年（299 年）春，孟观在今天陕西的漆水河一带与齐万年展开了决战。已经一败涂地的齐万年只剩下了为数不多的老弱残兵。自古起兵造反者都没有投降的说法，就算战斗到一兵一卒也要死战到底。孟观这边当然也清楚，齐万年不过是困兽犹斗，几个回合下来，孟观就生擒了齐万年，叛军顷刻被剿灭。

流民进川

就在齐万年于关中造反时，另一批流民为了躲避战乱，纷纷向南边的汉中逃窜。等到齐万年的叛乱平息，晋朝的粮荒问题却并没有解决。不仅如此，朝廷打仗的花费、人丁的损耗等，让晋朝的粮荒更加严重。不仅几十万老百姓没饭吃，就连一些为朝廷戍边的将军都没饭吃了。这其中就有戍守略阳的巴氏将军李特。

李特早在齐万年造反之前，就看到自己的族人不但要戍边，还要忍饥挨饿，不禁心急如焚，便向朝廷申诉："我巴氏自曹魏起，便为朝廷戍边，没有功劳也有苦劳，希望朝廷看在我们往日功勋的分上，发些救济粮给我们吧。"

可是，李特的申诉过了半年都没有得到回复。原来，他的这份申诉材料几乎是与楚王司马玮的军队一起到达洛阳的。这时的西晋朝廷已经打成了一锅粥，谁还管你巴氏有没有饭吃。然而，李特这人又特别执着，一次申诉不行，那就二次申诉，二次不行就三四五六次。总之，你不答应我，我便缠着你不放。

终于，朝廷不耐烦了，便下了旨意，说："既然关中、关西大饥，你们也不用戍边了，我朝皇恩浩荡，允许百姓入汉中吃粮，你们这些戍边的蛮子，也跟着去吧！"

于是，李特便带着自己的族人，跟随十几万从关中过来的流民一起进了汉中。汉中虽然是个粮食富庶的平原，可要一下养活这十几万的流民，也着实是养不起。很快汉中的粮食就告罄了，流民们便开始沿着栈道涌进四川。

朝廷一看流民入川了，大为恐慌，下令关闭剑阁天险，严防流民进入蜀地。原因很简单，司马氏虽然内部残杀得厉害，却并不希望全国其他地方也被搅乱。既然这批流民留在汉中，那就紧着汉中闹吧，西蜀可不能乱了。因此，你就是饿死，也得死在汉中。

这一下，流民们和汉中的老百姓都不干了。流民的理由是四川有粮，我们要去四川吃粮，有粮不给吃，没天理啊。汉中老百姓的理由也是四川有粮，就应该放流民去吃四川的粮，我们汉中的粮食，百姓自己都不够吃呢。

眼看流民们和汉中的老百姓就要打起来了，汉中的官员也不想看着汉中就这么乱下去，于是赶紧给朝廷发出警报，请求朝廷明示。西晋朝廷自己的乱子还没收拾过来呢，汉中又告急，就随便派了一个叫李苾（bì）的御史去汉中看看情况。李苾到了汉中一看，一面是嗷嗷待哺的流民，另一面是强硬护食的汉中老百姓，双方已经是剑拔弩张，互不相让了。

流民们和汉中百姓见朝廷派人来了，纷纷向李苾行贿。李苾收了人家的好处，便给朝廷上书说："灾民十余万人，汉中无法供给，若去下游荆州，水路凶险，倒不如就让他们去蜀中就食，否则一旦变乱自汉中起，朝廷将祸起肘腋。"

朝廷无奈，只得同意让流民进入四川吃粮。于是，包括李特在内的巴氏族人与十几万流民就这样顺利通过了剑阁天险，进入四川盆地。李特在经过剑阁的时候，看到蜀地山川如此险峻，惊叹道："拥有这么好的一块地方，刘禅当年居然不战而降，真是个庸才。"

当时，所有参与这一事件的晋朝官员都认为，巴蜀无非是流民们的暂时寄居地，等关内关外饥荒问题解决了，他们必将回到家乡。但等流民们入蜀之后，他们才发现，事情远非想象的那么简单。

萧墙之祸

齐万年的叛乱被孟观平定之后，贾南风的权势达到了顶峰。接下来，她要解决那个一直困扰着她的心腹大患——太子司马遹。正是贾南风这个愚蠢的想法，断送了她自己的性命，也给西晋王朝敲响了丧钟，甚至给整个华夏大地带来了灭顶之灾。

贾南风自己没有儿子，但是她的妹妹贾午怀孕了。于是，贾南风想用一招瞒天过海，让妹妹的儿子成为自己的儿子，这样她不仅有了继续掌权的政治资本，还能让这个儿子取代司马遹的太子之位。果然，贾午十月怀胎诞下一子，贾南风十分欣喜，取名司马慰祖，并立即展开她谋害司马遹的计划。

元康九年十二月二十九日，这一天的洛阳风雪交加。太子司马遹突然接到一纸诏书，说皇上身患重疾，请太子入宫侍疾。司马遹接到诏书后，马上就进宫了。然而，等待他的既不是皇帝司马衷，也不是皇后贾南风，而是一名侍酒女婢。于是，太子奉旨饮酒，喝得酩酊大醉。

此时，贾南风请出大帅哥潘安，让酒醉中的司马遹誊抄了两篇文书。司马遹这时已经醉到拿不稳笔，潘安甚至直接握住太子的手进行描补。第二天，贾南风便拿着太子誊抄的文书在晋惠帝面前告太子司马遹谋反。傻子皇帝竟然还相信了，当即下旨废掉太子，将其囚禁在金墉城。贾南风又借机以教子无方的罪名，杀掉了太子的生母谢玖。

贾南风的这一系列操作，都被司马家的王爷们看在眼里，尤其是赵王司马伦。司马伦听说太子被废，当即就要起兵杀贾南风，却被他的手下孙秀劝住了。孙秀让司马伦在太子被贾南风杀害之后再出手，否则太子回来就没司马伦什么事儿了。并且，孙秀还在洛阳散布谣言，说有人要迎立太子，废掉皇后。贾南风听说之后，果然起了杀心。

贾南风派了一个叫孙虑的人去给太子送毒药，孙虑被守将刘振劝住了。刘振认为，毒杀太子，将来东窗事发恐对己不利，不如直接断水断粮，让他自生自灭。然而，司马遹平时对下人非常好，金墉城内竟然有人偷着给他送吃的。半个月之后，孙虑觉得应该给司马遹收尸了，打开门一看，司马遹不仅活着，还被养得白白胖胖。于是，孙虑拿出毒药让司马遹吃。司马遹哪里肯吃，夺门而逃。孙虑追着司马遹一直追到了厕所，从袖中掏出一根捣药杵，对着司马遹就是一通乱锤，年仅二十三岁的司马遹就这样被锤死在了厕所里。

太子被锤死的消息不胫而走，赵王司马伦联合齐王司马冏（jiǒng）立即起兵杀进皇宫，他们先杀了贾南风的侄子贾谧，又将贾南风从宫中押了出来。这时，傻子皇帝司马衷也在兵丁的簇拥下走了出来，贾南风高喊："皇上救我，我若被杀，那离你被废的日子也不远了。"然而，傻子皇帝却没有伸出援手，眼看着自己的皇后被押入金墉城。

紧接着，赵王与齐王开始血洗贾氏一族，害死太子的一干人等全部被杀，就连那个刚出生的孩子司马慰祖也当场殒命。而贾南风则被司马伦给的一壶金屑酒夺去了性命，这个狠毒的恶婆娘最终死在了自己一手策划的阴谋里。贾南风死得罪有应得，然而，接下来的三百年乱世也在这一蝴蝶效应中开始搅动洪荒。

赵王司马伦在洛阳城里杀红了眼，甚至一些曾经跟他有过节的大臣也枉死在他的屠刀之下。接下来，司马伦把刀锋指向了淮南王司马允。司马允与司马玮当初一起起兵进入洛阳，在司马玮被杀之后，司马允就老老实实地待在洛阳，远离政局。尽管如此，司马允手中还掌握着一支军队，要大权独揽的司马伦自然不能容忍。

于是，司马伦在掌权之后，几次三番要升司马允做太尉。司马允心里很清楚，太尉只是一个虚职，并无实权，司马伦是打算收走他手里的兵。所以，司马伦推荐一次，司马允就拒绝一次。可事不过三，走投无路的司马允决定铤而走险，他找到了晋朝首富石崇，他俩一个出兵，一个出钱，准备在洛阳城里跟司马伦拼了。

这天，御史刘机又在司马伦的派遣下来到淮南王府。刘机一来就在司马允的面前唠唠叨叨地说了一大堆让他去当太尉的话。忍无可忍的司马允直接拔出刀来，一刀一个，将刘机和他的随从全部杀了。而后，司马允便率军攻打赵王府。

司马伦没想到司马允竟然会造反，他这边带着自己的军队仓促应战。双方打了一整天也未分胜负，却把洛阳城里的禁军搞糊涂了，看着两位王爷在洛阳城里开战，自己却不知道要帮哪一边。

这时，太尉陈准向晋惠帝请来了白虎幡，有了白虎幡就相当于得到了皇帝的认可，自然就可以调动禁军。而陈准本来是站在淮南王司马允这一边的，可当他派手下伏胤领着四百禁军去给司马允助战时，伏胤却被赵王的儿子司马虔收买了，当即叛变，帮助赵王。

可怜的司马允还以为是自己的援军到了，亲自上前去迎接伏胤，哪知道，伏胤趁司马允不备，一刀便将司马允砍成了两段。淮南王手下兵卒见状，立即作鸟兽散。司马允的三个儿子及数千同党，连同晋朝首富石崇一起被司马伦杀害，太尉陈准则自杀而亡。

杀掉了司马允，洛阳城里司马伦可以横着走了，他再也按捺不住自己君临天下的野心。作为叔爷爷的他，再也不想给自己的侄孙子下跪了。于是，司马伦带着百官和军队，闯进太极殿，逼迫傻子皇帝司马衷交出玉玺。司马衷虽傻，但也知道当皇帝的好处，他将玉玺抱在怀里，不肯轻易放手。一群大臣不由分说就上去抢，其中，义阳王司马威动作那叫一个迅猛，几乎把司马衷的手指头都掰断了。等到司马威把玉玺交到司马伦手中，司马衷一屁股坐到皇位上，哇哇大哭起来。

司马伦又命甲士将司马衷从皇位上拉下来，并按在地上向他行礼。司马衷被众人强按在地上，依然哭号不止。于是，司马伦就在他侄孙子的号哭声中，坐上了皇帝的宝座。中国历史上也出现了绝无仅有的一幕：叔爷爷竟尊奉自己的侄孙子为太上皇。而司马伦要封官的人太多，官帽上的貂尾都不够用，只能用狗尾来代替。

益州乱局

大量的流民从汉中平原涌进四川盆地。当时的四川被划分为两个州，即益州和梁州。流民们先来到了梁州，二话不说，张开嘴巴就开吃。吃得差不多了，一瞧西南边还有一个州呢，去吃！于是，扶老携幼便往益州去。益州军民听闻流民来了，吓得手足无措，便赶紧禀报给益州刺史赵廞（xīn），让他拿个主意。

赵廞能当上益州刺史，完全是靠着他和贾南风的姻亲关系。起初，赵廞对于流民的涌进也是十分担心的，他把益州流民的情况写成报告送往洛阳，想问问他亲家贾皇后的意见。哪知道，赵廞的报告送到洛阳时，贾南风已经被司马伦杀了。赵王一想，益州如此重要的地方，怎么能再让贾南风的人控制呢？赶紧换人。

于是，司马伦任命成都内史耿滕为益州刺史，改任赵廞为大长秋，即刻回洛阳述职。为防止赵廞抗命不归，司马伦还命西夷校尉陈总率军数万，进驻成都，逼赵廞交出益州印信。

司马伦本以为自己做得天衣无缝，可是他低估了流民的力量。朝廷的旨意到了成都，赵廞犹如当头挨了一记闷棍，被打蒙了："大长秋是皇后宫中的大总管，历来都由宦官充任，我那亲家怎么会让我一个大男人去当大长秋呢？这事不对啊！"赵廞立即派人私下去打听洛阳的动向。这一打听不要紧，传回的消息把赵廞吓了个半死——贾皇后被司马伦杀了，如今司马伦掌握了大权，还准备当皇帝。

赵廞一想，洛阳是坚决不能回去的，回去就等于羊入虎口，伸着脖子给司马伦砍。可是成都这边，耿滕还等着接班，益州印信坚决不能交出去，交出去自己就成丧家之犬了。既然亲家都不当这晋朝的家了，自己凭什么还要效忠司马家，横竖都是一死，干脆反了算了。

赵廞算了算自己手底下的兵，算完特别泄气，兵不够用，真打起来，能留下几个都是未知数。这时，赵刺史手下的幕僚出来说话了："大人您别气馁，如今流民不是涌过来了吗，足有十几万之多。如果大人想割地为王，只要笼络住这些流民，还怕没人替您卖命吗？"

赵廞一想："对啊，我还有十几万流民可用。"心里有了底的赵刺史立即下令，让益州各地府库大开，把粮食通通拿出来，让流民有多少吃多少。以往流民走过汉中及梁州时，当地官员都万分紧张，虽说也给赈济，但是比挤牙膏还困难。要是不抢着吃，那可真是要饿死的。独独走到益州，变天了，这位赵刺史出奇地大方，不仅敞开供应，还管饱。于是，流民大喜过望，皆说赵廞的好。

有了十几万流民的口碑，赵刺史接下来要做的就是寻找流民中的武装力量。很快，李特带领的这支巴氏戍卒就进入了赵廞的视线。李特他们这群人，跟普通的流民太不一样了，普通的流民只是为了要口吃的，而李特他们手里带着武器，几乎是一路抢劫到益州来的。

李特一共兄弟五个，老大李辅、老二李特、老三李庠（xiáng）、老四李流、老五李骧（xiāng）。其中李特、李庠、李流三人是最有雄心壮志和能力的人。而李特这些巴氏人在马背上长大，本来就是为朝廷戍边的军人。他们出手如电，深得快准狠之精髓，他们打着流民的旗号，成了合法的强盗，在本地人中恶名昭著，在流民中则威望甚高。

发现了这样一群人，赵廞简直如获至宝，他立即派人把李特兄弟请到成都，亲自设宴款待他们。李特为人比较稳重，在酒宴上并未有什么表现。可他的三弟李庠，却在这次酒宴上极尽卖弄，他见赵廞很是瞧得起他们这群要饭的，往日豪气顿时涌起，又加上多喝了几盏，便言语壮烈，一副英雄末路之相。

赵廞见此人不俗，便来陪他说话，一说起军旅之事，李庠慷慨激昂，雄论兵法。赵廞大喜，心说有这类人帮自己，何愁大事不成?他便顺着李庠的话，将李庠捧上了天："李玄序真乃一时关张也！"有了赵刺史的一番吹捧，李庠可就飘了。他当即表态，愿从赵刺史钧命！

有了赵廞的支持，李特率领的这群巴氏族人可算是在四川混出了头。他们公然聚啸山林，打家劫舍。八九成流民选择归附他们，此时的流民已经变成了具有一定纪律性的武装队伍。

这可把在成都城内准备接任益州刺史的耿滕急坏了。一方面，赵廞迟迟不肯交出益州印信，一副死猪不怕开水烫的做派；另一方面，流民在四川打家劫舍、胡作非为，眼见一个好好的益州就快让流民一锅端了。耿滕先是给朝廷上表，陈述流民如果盘踞益州，据山川之险，形成割据势力，必将成为朝廷心腹大患。接着，耿滕挺身而出，他要强行去接管益州印信，成为真正的益州刺史。

晋朝的成都分为太城与少城两个部分，益州的官署在太城内，成都郡的官署则在少城内。太城在东，少城在西，两边虽说就一墙之隔，却分别由不同的兵丁把守，想要强行进入并不容易。因此，功曹陈恂劝说耿滕放弃成都，退到犍（qián）为，等陈总的兵马到了之后再做打算。可耿滕是个急性子，他早就等不及了，对陈恂说："我是朝廷正式任命的益州刺史，谁敢拦我？"于是领着成都郡的人马就杀向了太城。

太城这边，赵廞早就和李特他们做好了准备，耿滕刚冲进太城，就发现李氏兄弟的人马已经在太城西门内等待了。这群流民被训练之后有模有样，打起正规军来也丝毫不差，这刚打了三五个回合，耿滕就被李特一刀斩落于马下。流民们顺势杀入少城，一番抢掠之后，赵廞占据了整个成都。

解决耿滕之后，赵廞回过头来要解决那个带着数万兵马准备进驻成都的西夷校尉陈总。陈总的人马从水路进川，刚走到泸州就听说耿滕被赵廞杀了。手下主簿赵模建议迅速进兵，趁赵廞还没有腾出手来，一举进入成都。可是陈总这人却是慢性子，他不在泸州沿沱江北上成都，偏要沿着长江继续走到宜宾之后，再沿岷江北上成都。

这一绕，半个月就过去了，赵廞这边早就安抚好了成都军民，等着陈总前来。可是左等右等，陈总一直没来，连赵廞都着急了，派出人马沿岷江南下，迎击陈总。双方在岷江渡口鱼涪（fú）津遭遇。按说，赵廞这边都已经发出战斗信号了，陈总就应该应战才是。可是陈总认为，他是朝廷派来驻扎的军队，不是来打仗的，耿滕是因为要抢赵廞的官位，所以才被杀了，他和赵刺史又没有任何仇怨，赵刺史不至于杀他。于是，陈总竟然按兵不动。

陈总不动，赵廞可等不及了。他的目的很明确，就是要学刘备，割据四川进取汉中，成就一番帝王之业。所以，晋朝派来的人马，管他是谁，一律赶出去。主帅无能累死三军，陈总就是这样的主帅。可他的士兵们不傻："人家都杀过来了，我们还按兵不动，这不是明摆着送死吗？"于是，几万人马还没开打，就已经四散崩溃，只有赵模带着剩下的残兵做了英勇的抵抗，最终不幸阵亡。而主帅陈总竟然学起了昔日的杨骏，只身躲进了草丛里，当然最终的下场也只能和杨骏一样，被刺成了筛子。

解决了耿滕和陈总，赵廞算是迈出了他帝王之业的第一步。此时的西晋朝廷里，司马伦正在逼着司马衷交玉玺，来不及管西南的事情。于是，自鸣得意的赵廞开始自称大都督、大将军、益州牧，并且建立政府，任命官员。他还封李庠为阳泉亭侯、威寇将军，招募流民阻断从汉中进入四川的道路，形成了一方割据势力。

就在赵廞割据益州一个月之后，他觉得李庠这个人太过骁勇，在流民中威望甚高，担心自己辖制不住。这时又有小人来进谗言，说李庠是异族，非我族类，其心必异，万一有一天这群蛮子倒戈造反，益州的主人可就不是赵大将军了。往往无能的领导都是这样，嫉妒手下有能力的，身边又全是各种进谗言的小人，赵廞就是这样的人，屁股刚坐稳，就要闹内讧了。于是，赵廞随便找了个理由，诱杀了李庠，同时还杀了他的三个儿子和几个侄子。

这下，李特和李流不干了："我们拼死拼活为你赵廞打天下，你却反过来杀我们的兄弟子侄，我们不杀了你誓不为人！"于是，李特和李流表面上接受了赵廞的安抚，暗地里却在笼络人马，屯兵绵竹，准备随时杀进成都。

赵廞也知道，李庠被杀之后，李氏巴氏这帮人肯定会对自己不利。于是，赵廞派手下将领费远带领人马北上接替李庠阻断蜀道。李特心知费远北上必走绵竹，决定打费远一个措手不及。费远刚在绵竹附近的石亭驻扎下来，李特就率领七千人马夜袭他们的营寨，并纵火焚烧粮草辎重。可怜费远这万余人，从睡梦中惊醒就被杀死、烧死、踩踏而死，惨叫声响彻夜空。

李特在放完火之后，趁夜疾行至成都城下，准备攻打成都。成都守军一看李特大军前来，又看不清来了多少兵马，一时惊慌失措，四散奔逃。而在成都的大小官员，包括赵廞，听说李特进攻成都，更是慌不择路，一点抵抗的准备都没做，连忙带着手下兵丁及金银细软，乘坐小船沿锦江向南逃跑。小船刚到达广都，手下兵丁一看，再跟着赵廞已是死路一条，干脆杀了赵廞全家，带着这些金银细软各自逃命。李特几乎兵不血刃，就进入了成都。

李特带领的这帮流民平日里就是打家劫舍的土匪，进入成都之后眼睛都绿了，就没有他们不抢的东西。李特非但不进行管束，反而纵兵大掠，整个成都城就这样被这帮流民洗劫一空。等到该吃的吃够了，该喝的喝够了，该抢的也抢光了，李特给司马伦上了一道奏章，详细陈述了赵廞的罪状，并表示愿意拥戴司马伦做皇帝，请朝廷派官员到成都接管益州。

司马伦这边还在头疼益州的事情该怎么解决，李特的奏章真是让他喜出望外。他马上以梁州刺史罗尚为平西将军兼益州刺史，派其率领七千人马去接管成都。罗尚到成都之后，益州之乱非但没有平息，反而越来越乱了。

不过这时，司马家的王爷们又打起来了。

五王起兵

司马伦当了皇帝，按说最高兴的应该是那个跟着他一同起兵诛杀贾氏一门的齐王司马冏。可是，司马冏这个时候却无论如何也高兴不起来。

原本司马冏以为，赵王当了皇帝之后，不说让自己总领百官，至少也会让自己担任录尚书事，掌握实权。然而，司马冏等了半天，却只等到了镇东大将军、开府仪同三司的任命，还让他出镇许昌。这个任命别说是司马冏了，换谁也没法接受。不给宰职之位也就罢了，现在连洛阳都不让待了，直接扔去许昌，这算什么事儿啊！

司马冏心里虽然不平，可还是乖乖离开洛阳，到了许昌。说来也巧，司马冏前脚刚到许昌，后脚许昌附近的老百姓就造反了。就在司马冏准备以镇东大将军的身份出兵镇压的时候，司马伦的诏书到了。诏书以司马伦的亲信管袭为镇东大将军军师，代替司马冏出征。

这就太欺负人了。"洛阳你不让我待，我忍了。现在许昌是我的地盘，我的地盘我做主，你管天管地，竟然管到我家里来了，还派个亲信将领来抢功夺权，是可忍孰不可忍！"等到管袭平定叛乱之后，被惹毛了的齐王司马冏杀了管袭，同时给成都王司马颖、河间王司马颙（yóng）、常山王司马乂（yì）以及新野公司马歆写去密信，相约一同讨伐司马伦。

五位司马家的王公立即联手发出檄文："逆臣孙秀，贻误赵王，现在我们司马家的王公们要联合天下兵马共同讨伐这个逆贼，如果还有谁执迷不悟，诛灭三族。"

于是，五位王公，五路兵马，一同杀向洛阳。洛阳城中的司马伦闻讯大惊，连忙找到他的宠臣孙秀问计。孙秀告诉他，五路兵马，有三路不必担忧。常山王和新野公没多少人马，河间王是个没主意的人，不会主动进攻。真正值得注意的是成都王和齐王的兵马。司马伦听了孙秀的分析，心里马上有了底，立即调兵遣将前去迎敌。

司马伦派张泓、孙辅率三万兵马迎战齐王司马冏。又派孙会、士猗（yī）率三万兵马迎战成都王司马颖，再命自己的两个儿子——京兆王司马馥和广平王司马虔率八千兵马作为接应。其他三路则未曾派兵。当然，其他三路也正如孙秀所言，都按兵不动，静观事态变化。

齐王司马冏这一路刚走到河南禹县，就与张泓、孙辅相遇了。两边倒是没多话，相遇就开打。张泓、孙辅上来就一阵猛冲，齐王军队哪见过这阵仗，赶紧往回跑，一路跑到颍水东岸才稳住阵脚。一口气跑了几十里，齐王这边人仰马翻，士兵们更是累得倒头就睡。到了夜里，张泓率军夜袭齐王营寨，幸亏齐王早准备了战船，在丢失了大批辎重的情况下，人都安然渡过颍水。之后，两军开始隔河对峙，陷入僵持。

成都王司马颖的大军从邺城出发后，走到黄桥就和孙会军遭遇了。两军接仗之后，成都王同样被打得向北溃退了二十里。再听说齐王战败，司马颖心都凉了，打算卷铺盖回邺城。不过，他手下倒是有个得力干将，这名手下名叫卢志，及时阻止了他打退堂鼓。卢志告诉他："胜败乃兵家常事，没有刚败了一阵就要跑的道理。明天你给我一万人，绕到敌人后方，咱们前后夹击，定能取胜。"

第二天，司马颖率四万大军在正面和孙会硬碰硬，两边打了两个多时辰，司马颖这边都快顶不住了，卢志的一万人才绕到孙会军的后面掩杀过来。孙会的军队见敌军从背后杀来，不知是何状况，顿时乱了阵脚，几乎全军覆没。司马颖乘势渡过黄河，直逼洛阳。

司马伦废晋惠帝自立本就不得人心，打了胜仗或许还能在洛阳城里坐得住，战败的消息一传来，洛阳城里立即人心浮动，乱作一团。孙秀正跟司马伦说洛阳城里还有数万精兵，如果背城一战，未必不能取胜；那边就有人传来急报，说左卫将军王舆反了，带着七百营兵杀进了南掖门。孙秀刚要派兵镇压，又有人来报，说洛阳城里的禁军也反了，已经杀到了宫门外。

洛阳城外，司马颖的兵马离着洛阳还有百里之遥，而洛阳城里，司马伦已经从皇帝的宝座上面滚了下来。王舆从金墉城里把司马衷又迎了出来，重新坐上皇位，百官又重新跪倒，高呼万岁。傻子皇帝一眼就看到了当时差点掰断他手指头的司马威，命人将其拖出去乱棍打死。司马伦被废为庶人，赐金屑酒，这回轮到他号啕大哭了。可惜为时已晚，几个宦官强行将酒灌入司马伦口里，没过多久，司马伦就七窍流血而亡。司马伦一死，司马伦的四个儿子、孙秀及其党羽，还有那些跟着他们废掉晋惠帝的一干人等，通通人头落地。

第二天，成都王司马颖第一个率军进入洛阳，接着是河间王司马颙。张泓等人听说司马伦被杀，立即向齐王投降，齐王这才整顿兵马开进洛阳。而其余两个按兵不动的常山王和新野公，此时也开足了马力奔向洛阳，生怕晚了摘不到胜利果实。就这样，五位王公的兵马总算在洛阳城胜利会师了。

晋惠帝还是本着雨露均沾的原则，对这五位功臣论功行赏。成都王司马颖为大将军、都督中外诸军事、假黄钺、加九锡，入朝不拜，剑履上殿；齐王司马冏为大司马、加九锡；河间王司马颙为太尉、加三锡；常山王司马乂复为长沙王、骠骑将军，统领左军；新野公司马歆封新野王、镇南大将军、都督荆州诸军事。

此次起兵，成都王司马颖居首功，封赏也最大，但是司马颖却以母亲生病为由，主动提出带兵回邺城，将朝中大权都交给了齐王司马冏。司马冏自然是志得意满，开始在洛阳大兴土木，作威作福。不过司马家的人已经杀习惯了，很快，这个松散的五王联盟内部就又开始相互厮杀了。

李特造反

李特在占领成都之后，又把成都让了出去，事后想想，肠子都悔青了。李特想着自己就是一介武夫，没有治理地方州郡的能力，于是，向朝廷请命派地方官员来治理益州。然而，令李特没想到的是，司马伦派来治理益州的人竟然是梁州刺史罗尚。

罗尚的到来让李特他们十分惊惧，罗尚可不是赵廞，他比赵廞要杀伐果决得多。更何况罗尚还带来了李特的老熟人辛冉。辛冉在罗尚接手益州之后就劝罗尚杀了李氏兄弟。只是李特的公关工作做得不错，"孝敬"了不少金银给罗尚，这才保住性命。然而，在一次给罗尚接风的酒宴上，辛冉特意走到李特身边沉声道："李特，我们以前同朝为官时曾见过面，你还记得？"

李特见辛冉目光如火，知道对方不是善茬，便赔笑道："当然记得，昔日我为边将，大人高居朝堂，今日大人还那么风光，小的却已沦落至此，惭愧。"辛冉并不理会李特的奉承，语气凶狠："你我故人相见，不是吉，就是凶，你好自为之！"说完，头也不回，上马绝尘而去，留下李特愣在当场。

很快，朝廷就发下明文，要将流民赶回老家。在赵廞时代，李特就已经成了这帮流民的头领，带着他们打家劫舍。罗尚来了之后，李特不敢再带着流民干抢劫的勾当，只能化整为零，让他们各自去打零工以养活自己。李特一看朝廷圣旨要驱赶流民，就以蜀中闹了水灾，粮食还没有收上来为由，为流民向罗尚请命，请罗刺史让流民们留到初冬，等有了粮食和盘缠之后再上路。罗尚这人并没那么好说话，流民出川的期限，铁板钉钉不容更改。

就在此时，朝廷的第二道诏书来了，封李特为宣威将军、长乐乡侯，李流为奋威将军、武阳侯。辛冉一看，既然要驱赶流民，李特这些巴氐人也应该在驱赶之列，现在居然让他们封侯拜将，将来必会成为蜀中的后患。因此，辛冉不但将朝廷诏书扣住不发，还让罗尚变本加厉地驱赶流民。

罗尚命令各级官员，只要有权的，就向流民勒索物品，一日不走，勒索一日，百日不走，勒索百日，直到流民全部走光才肯罢休。各级官员得到命令，挽起袖子，拿出看家本事，这个税那个费，就没有不要钱的，没钱就必须给东西，就连过城门都得付费，折腾得流民们苦不堪言。

李特打听到朝廷对他和李流封侯拜将的诏命被辛冉扣住的消息，心里愤懑难平。再加上罗尚为驱赶流民出了狠招，他这个昔日流民的统领决定为流民做点事情。于是，李特带着巴氐戍卒返回了他们的大本营绵竹，竖起了招募流民的大旗，为割据四川做准备。

原本李特已经将流民化整为零，现在要重新招募回来并不容易。这时，辛冉来帮忙了。辛冉听说李特返回绵竹，就认定李特反了。他立即在益州六郡大肆张贴告示：能送巴氐反贼人头一颗者，赏布百匹。

李特看了告示也不惊慌，夜里派了许多人马出去，等到第二天早上，人们再看时，告示上写的是：能送巴氐反贼人头及蜀中六郡豪门内流民人头一颗者，赏布百匹。

这下，整个益州的流民都炸了锅。那些在大户人家靠扛活打零工为生的流民们此时深感自己的人身安全受到了极大的威胁，急需一个强有力的保护伞，而现在能够给流民们充当保护伞的人是谁呢？只有绵竹的李特。不到一个月，就有两万余名流民投奔绵竹，李特声势大振。他自任统帅，弟弟李流为副帅，整饬军队，打造兵器，就此表明，他李特真的反了。

见李特真的造反了，辛冉觉得不用再等了，他要先发制人，趁李特这群流民还未训练成型，一举端掉绵竹这个反贼巢穴。于是，辛冉派广汉都尉曾元、牙门张显、刘并率兵三万，人噤声，马衔枚，准备夜袭李特大营。曾元这边刚要出发，忽见罗尚驾前督护田佐又领一哨人马赶来。三人原以为田佐是罗尚派来阻止他们出兵的，哪知田佐下马言道："明公得知各位将军今夜要袭流民，特派我前来相助。"

三万多晋军星夜兼程赶往绵竹，逼近李特大营。曾元一看，流民大营就在眼前，便下令进攻。晋军一声呐喊往里就冲，已经看清李特的中军大帐，只见帐中安卧一人，正是李特，毫无防范。流民果然是一群乌合之众。一时间，晋军人人争先，要斩李特人头。

等到晋军全部冲入大营，忽然周围杀声四起，只见黑夜中冲出无数流民，在晋军的侧翼和后方发起攻击。晋军只顾往前冲，并未提防两翼及背后，三万晋军顿时被流民军包了饺子，乱成一团。四位将领因为情况紧急，弄不清有多少敌军，只顾各自领军突围。结果前军急退，后军反应不及，自相践踏，死伤甚多。

流民军乘机掩杀，分别包围，田佐第一个倒霉，被人杀散部下，人头落地。曾元正在舍命冲杀，忽见田佐首级，大惊失色，慌乱间亦被流民杀死，栽落马下。张显见两个上级均战死，吓得肝胆俱裂，手中兵器不听使唤，也被斩落于马下。只有刘并冲出重围，奔回成都报丧。

李特获得大胜，心中大喜，好似当年的豪情壮志又回到心中。于是，他正式竖起造反的大旗，自称"镇北将军"，李流称"镇东将军"，下设文武百官。蜀中六郡流民一看，终于出现了一个带领流民打江山的人，成批来投。李特的流民军急剧扩大，粮食问题也随之而来。绵竹地处龙门山下，山地多而平地少，粮食本就有限，现在流民成批来投虽是好事，但仓中已无更多粮食供给。因此，李特乘胜，带着流民军到广汉官仓抢粮。

此时的广汉太守正是辛冉，他听说李特打过来了，二话不说，点兵接战。仇人相见分外眼红，这俩"故人"真不含糊，打得昏天黑地。辛冉虽然在官场上手段层出不穷，可到了战场上还真不是李特的对手。辛冉是一打就败，一败再败，最后败得自尊心实在受不了了，只能去向罗尚求助。罗尚赶紧派兵，结果梁州兵马到了广汉，见流民势大，吓得根本不敢出战，任凭罗尚再三催促，他们就是不动。

援兵不动，辛冉再也顶不住，趁自己这条命还在，赶紧撤出广汉，逃往德阳。李特兵入广汉，从此有了城市依托。兵精粮足的李特立即发兵成都，找罗尚算总账。罗尚也没比辛冉强到哪去，同样是打一路败一路，最后败得快撑不住了，只好派人向自己的老家梁州求救。梁州豪强此前见识过流民的厉害，也寄希望于罗尚在益州剿灭流民，便纷纷拿出资产支持罗尚，因此成都战事一时陷入僵持。

罗尚有梁州豪强支持，还能坚持一阵；但流民军这边仅靠广汉的粮草，难以为继。于是，李特想去向蜀中百姓征粮。蜀中百姓对于流民有着极大的怨恨，当然不可能拿出粮食给流民军。李特的办法也简单——效法当年刘邦的约法三章。他对周围的蜀民说："只要你们给我捐粮，从今以后，我李特不收你们税了，我的军队也绝不骚扰你们。"

从此，流民军纪律肃然，所过之处秋毫无犯。百姓见李特说到做到，心中对流民军的仇恨也渐渐缓解。李特还在辖区内废除各种苛捐杂税，而罗尚则变本加厉地对百姓进行搜刮。凡事就怕比，老百姓当然是谁对我好我就支持谁，因此百姓纷纷主动支援流民军，李特的粮草问题解决了。

李特与罗尚在广汉与成都一带僵持的同时，西晋朝廷里的乱局也随着司马衷的复位日趋平稳。身为太尉的河间王司马颙一心想找机会过一把权臣的瘾，如果他能够平定李特的叛乱，这可就算立了奇功。于是，他立即派督护衙博、广汉太守张征、南夷校尉李毅率军五千协助罗尚。

罗尚见状大喜，心说朝廷还没忘了咱，心里有了底的罗尚终于派兵出城了。他派督护张龟与督护衙博等人来战李特。李特见对方出兵大喜过望，派出他的两个儿子李荡和李雄率军迎击。

李特这一家子都不是吃素的，身为边将之后，从兄弟到儿子个个能打。

李荡的人马一出动，先遇上了张龟。张龟还没怎么打，就发现确实打不过，于是带着兵逃跑了。后面来的正是司马颙派来的督护衙博。衙博一看，心想张龟可真是人如其名，打仗玩龟缩，跑得倒是比兔子还快。他领着人顶上去，结果一碰面便被流民军打得满地找牙。

衙博和流民军交完手才知道，这哪儿是什么要饭的流民啊，比训练有素的正规军队还能打，难怪张龟要跑，自己也跑吧。张龟跑了不要紧，他是罗尚的人马，迟早还会再见面。可是衙博一跑，流民军就追上来了，而且紧追不放。衙博一路从广汉跑到绵阳，从绵阳跑到梓潼，再从梓潼跑出剑门关，来到广元昭化，进了葭萌关才算缓过气来，可自己手下的军队已经死伤大半。李荡、李雄在后面紧追不舍，追击过程中还不忘攻取沿途州郡。李氏兄弟在一鼓作气拿下巴西郡后，再围攻葭萌关。衙博再次兵败，弃关逃跑，流民军由此占领了整个川北。

太安元年（302年），李特称大将军、益州牧、都督梁益二州诸军事，建元建初，这摆明了就是要和西晋朝廷分庭抗礼，一个割据政权的雏形已在巴蜀大地上建立。李特率先在晋朝那摇摇欲坠的江山上撕开一道巨大的口子，而司马家的王爷们则直接撕裂了整个中原大地。

诸王缠斗

太安元年三月，晋朝的皇太孙司马尚夭折了。司马尚是晋惠帝的最后一个孙子，司马尚一死，也就意味着司马衷绝嗣了。那么由谁来做储君，就成了摆在朝廷面前的头等大事。众臣们商量之后，决定让司马衷的亲弟弟——成都王司马颖——来做皇太弟。

其实在司马家的人杀来杀去的过程中，众臣已经表现出对司马氏的极度失望。然而，成都王司马颖却让他们眼前一亮。首先，他不争权，不仅主动让出权力，回到邺城去侍奉母亲，甚至辞去了大都督的职务，连加九锡的殊荣也一并辞让了。其次，他体恤下情，他把自己的俸禄都拿出来给死去的将士们买棺木、抚恤家属，还打开粮仓赈济灾民。

但是众臣们都忘了，在他们面前还挡着一个人。这就是好不容易获得至高权力的齐王司马冏。司马冏当然不可能再让司马颖回洛阳来当什么皇太弟，于是，在他的一番操作下，清河王司马遐之子司马覃被立为皇太子，司马冏兼任太子太师。

司马颖这边正在兴高采烈地准备当储君，没想到却被司马冏的暗箱操作弄得竹篮打水一场空，心里顿时对司马冏萌生恨意。长沙王司马乂留在洛阳统领左军，在诸多事情上也与司马冏产生了矛盾，只是尚未撕破脸。这个时候，谁捅破这层窗户纸，谁就能挑动这三位王爷最为敏感的那根神经，从他们的互相残杀中，收获意想不到的利益。而一心想过权臣瘾的河间王司马颙在益州失利后，又来充当这一根搅屎棍了。

司马颙率先打出了反对齐王并支持成都王的旗帜，司马颖见还有人支持自己，就爽快地跟着起兵了，两路大军再向洛阳而来。司马冏一听说河间王和成都王起兵反对他，心里非常气恼："既然你们要来打我，我也不是软柿子随便你们捏，不过在收拾你们之前，我得先把在洛阳城里的长沙王司马乂收拾了。"于是命令手下将领董艾马上去骠骑将军府逮捕司马乂。

司马颙早在起兵的时候，就派人去告知了司马乂，要他做后援。因此，司马乂这边时时刻刻盯着司马冏的一举一动。董艾这边刚出发，消息就已经传进了司马乂的耳朵里。司马乂统领左军，这可是一支不容小觑的军队，于是，司马乂立即领兵入宫，关闭宫门。

董艾见司马乂领兵守宫门，便带兵前去进攻。一个说对方起兵谋反，另一个则说对方矫诏助逆。总之，双方打了一天，也没分出输赢。反倒引得很多人来看热闹，这其中就有傻子皇帝司马衷。

皇帝一出来，那便是宫女太监围成一堆，又是灯笼又是火烛，格外惹眼。

董艾这边正愁打不进去，一看皇帝出来了，他决定射杀皇帝制造混乱，趁司马乂左右难顾的时候，冲杀进去。于是，董艾这边的箭矢便全朝着司马衷这边射了过来。也是司马衷傻人有傻福，宫女太监倒了一地，他自己却毫发无伤，可是被吓着的司马衷开始大喊起来："造反了，造反了，司马冏要杀我！"

司马衷这一喊，洛阳城里的人明白了，原来是司马冏造反，司马乂是勤王。于是，洛阳城里的军队一齐向董艾发起进攻。董艾打司马乂打了一天都没分胜负，自然抵挡不住其他军队，很快兵败被杀。司马冏在家里还没搞清楚状况呢，突然自己就成反贼了，他想带着余兵突围，却被大司马赵渊生擒。司马乂命人将司马冏斩首，悬于洛阳东门，司马冏手下一干人等全部被杀。

河间王和成都王的军队还在路上，就收到了司马乂派人送去的诏书，说洛阳乱贼已经平息，二位王爷带着兵马哪儿来的回哪儿去吧。司马颙还想在司马冏和司马颖中间捞好处，却没想到司马冏是个菜鸟，一个司马乂就把他收拾了。但是，别着急，他还在找机会。

除掉了齐王司马冏，洛阳城里长沙王司马乂成了最有权势的人。但是司马乂也知道，众臣最看好的其实还是成都王司马颖，所以他掌权之初，凡事都派人去邺城请示司马颖。可时间一久，司马乂觉得朝政也就那么回事，不请示司马颖自己也处理得来，渐渐地，洛阳这边来人越来越少，司马颖心里对司马乂也越来越不爽。

司马乂手下有个参军叫皇甫商，皇甫商的哥哥皇甫重此时正担任秦州刺史。河间王司马颙一心想挑事儿，可是找不到理由。他手下有个叫李含的人看出了他的心思，就跟司马颙说："您向朝廷推荐皇甫重到洛阳朝廷里任职，等他路过长安时把他杀了，这样司马乂肯定要派兵来长安，您就有出兵的理由了。"

可是这个李含做事不周密，这么重要的消息竟然走漏了风声，让皇甫重知道了。皇甫重不等李含算计，自己领着兵就来攻打李含。司马乂觉得自己的兵太少，一面劝皇甫重罢兵，一面又调李含入洛阳做河南尹。哪知道，司马颙一边派兵去攻打皇甫重，另一边却暗中让李含联络侍中陈徽和中书令卞粹谋杀司马乂。得知消息的司马乂立即将李含、陈徽和卞粹杀了。

司马颙听说李含被杀，机会来了。他领着兵马就向洛阳杀过来，同时还邀约了在邺城的成都王司马颖。司马颖听说司马颙起兵，他更是豁出去了，起倾国之兵二十万，再次杀向洛阳。司马乂一看两路大军来了，他也派出了两路人马迎敌。一路是皇甫商，迎战司马颙的先锋张方；另一路是司马王瑚，迎战司马颖的先锋陆机。

张方是员猛将，打仗很有一套，皇甫商这边一路打一路败，最后败得仓皇逃回洛阳。而司马王瑚这边碰到的是陆机这么一个书生，别看他有二十万大军，司马王瑚只用了五千铁骑，就把他打得落荒而逃。司马王瑚这五千铁骑，个个高头大马，并且马的两侧各系两把长戟。冲杀时，带着长戟的战马一齐冲向敌阵，对方的士兵连短兵相接的机会都没有，就被冲散了，只剩下挨打的份儿。

虽然司马王瑚打败了陆机，但张方很快就到了洛阳城下。司马乂也放出了绝招，他把晋惠帝绑在了战车上，推到阵前。张方一看，皇上来了，立时傻眼，不知道自己是打还是不打。河间王只让他杀长沙王，可没让他杀皇帝，弑君的罪名他可担不起。于是，张方只得命令全军撤退。司马乂趁张方撤退之机，派兵杀出，把张方打得措手不及，大败而回。从此，司马乂找到一个制胜法宝，那就是晋惠帝，只要张方一来，他就把皇上推出来，一时间双方僵持不下。

很快，司马颖亲自率军来了，司马乂还是如法炮制，每次都能把司马颖的军队打退。司马颖也学聪明了，每次只派小股部队来叫阵，这支败了，再派一支来。于是，张方、司马乂、司马颖三支军队就这么一直在洛阳城里城外耗了一年的时间。

这一年其实三方的日子都不好过，没别的，主要是缺粮。张方和司马颖带的好歹是军队，大家忍一忍也就过了，可是洛阳城里的官员、百姓忍不了。

缺粮导致洛阳城里人心浮动，大家都已经厌烦了司马乂，最终，东海王司马越把司马乂绑了，交到了张方的军营里。

司马越到了张方的军营一看，悔得肠子都青了。为什么呢?原来张方的兵士们此时已是东倒西歪，饿得连站起来的力气都没有了。可当司马越想带着司马乂回洛阳，已经来不及了。张方对司马乂恨得牙痒痒，他直接把司马乂绑在柱子上活活烧死了。

司马乂一死，司马颖立即率军进入洛阳，经过一番操作，司马颖终于如愿以偿地当上了皇太弟。按理说，皇太弟就应该在洛阳主政才对，可司马颖还要继续作秀，装出一副自己对权力并不眷恋的假清高模样来，很快，他又带着大军回到了邺城。

司马颖虽然回到了邺城，可是朝廷的政务都要通过他的认可才能生效。于是，洛阳到邺城这六百里之间，每天往返的快马不计其数，都是给司马颖传递奏本的。久而久之，洛阳城里的大小官员就开始抱怨了："本来我们再坚持坚持就赢了，都是这个司马越，把司马乂绑去送给张方，才导致我们现在的局面。"司马越心里本来就窝着火，又见自己成了众矢之的，越想越气愤，于是他又起兵了。

司马越起兵要打谁呢?当然是成都王司马颖。为了给自己出兵找个名正言顺的理由，他竟然还把傻子皇帝司马衷带上了，美其名曰"御驾亲征"。并且司马越传檄四方，废了司马颖的皇太弟，重新立司马覃为皇太子。司马越一路北上，队伍不断壮大，走到安阳就已经发展到十几万人马了。司马颖见司马越率领十几万大军绑着皇帝杀向邺城，一时没了主意，赶忙找人来问计。东安王司马繇给他建议："既然皇上都来了，还打什么啊，赶紧投降吧。"

司马颖哪里是肯束手就擒的人，而且投降之后是什么下场，他自己也十分清楚。既来之则战之，他立即命令手下将领石超率五万人迎战司马越。司马越绑人有一套，打仗却是一塌糊涂。十几万大军打不过石超的五万人马，一交战就被打得丢盔弃甲，还被石超攻入了中军大帐。司马越一看石超攻占了他的中军大帐，他也顾不上还在大帐中的晋惠帝，自己带着手下残兵逃了。

石超进入中军大帐一看，皇上在大帐里，肩膀上还中了三箭。此时，晋惠帝身旁的侍中嵇绍站出来，挡在这群当兵的面前，保护司马衷。这位嵇绍不是别人，正是被司马昭杀了的竹林七贤之一——嵇康的儿子。此时，他却做起了晋惠帝的忠臣。司马衷对石超央求道："这是我的忠臣，别杀他呀！"石超回道："奉皇太弟的命令，只留陛下的性命，其他人格杀勿论。"于是，嵇绍被石超一剑抹过脖子，血溅到了晋惠帝的龙袍上，傻子皇帝心疼得哇哇大哭，好几天都不愿意换衣服，说这上面有嵇侍中的血。

司马颖大摇大摆地把晋惠帝接入邺城。这回好了，晋朝算是直接迁都了，再也不用洛阳邺城两头跑了。司马颖在邺城设置百官，自己则以皇太弟的名义摄政。之前劝他投降的安东王司马繇全家被杀，只有他的侄子琅琊王司马睿只身逃出了邺城。

司马越兵败之后，跑到他的弟弟东瀛公司马腾那里。司马腾得知自己的哥哥被人欺负了，马上命手下将领安北将军王浚带着手下的乌桓骑兵去打司马颖。

司马颖见司马腾联手少数民族来打自己，又想到自己手下也有一位少数民族将领——匈奴左贤王刘渊。司马颖问刘渊能不能打退王浚。刘渊说能，但是他要回山西搬兵，南匈奴遗留的五大部曲均在那里。司马颖便放他去搬救兵了。

刘渊这一去，便如同打开了潘多拉魔盒，五胡乱华时代，到来了。

第三章

群雄逐鹿

成汉立国

李特在建元之后，继续带着流民军横扫川北，他的目标很明确——灭了罗尚的爪牙，攻取成都。

这一次，李特遇到的是新任广汉太守张征。张征的本事，比他前任辛冉可强多了，毕竟是带兵的出身，经验丰富。他见李特连战连胜，兵锋正锐，便避而不战，意图挫其锋芒，等李特三鼓而竭的时候再进攻。由于广汉早就被李特占领，张征无奈只能在成都附近依山建城，靠着山势抵御流民军。李特挥军仰攻，打了几日竟然一点进展都没有，他便与李荡分兵围城，打算来个多点出击。

谁知张征眼尖，见山下流民分兵，便趁李荡军刚走，李特军还没调配过来的间隙，忽然领兵自山上俯冲而下，直取李特大营。正在忙乱之中的流民军忽见一股敌兵神不知鬼不觉地杀了过来，一时间不知所措。进攻组织不起来，撤退却又不敢，因为张征是依山建城，李特为了攻城方便，竟然把大营扎在山腰，如果贸然撤退，不知失足落山的流民军会有多少！

部下见形势危急，赶忙劝李特逃跑。李特说："我和李荡刚刚分兵，离得并不远，他听到杀声必来救我，我们现在只需竭尽全力拦住敌兵，就能赢得一线生机。"果然，李荡忽然听到后面的喊杀声，回头一看，却是敌军趁乱偷营，连忙回军救援。可是山间道窄，李荡带领的人马多，一时竟拥堵在路口进退不得。

李荡大急，吼道："我父身陷重围，若救不出，我今日必自尽！"说完令部下给自己挂上数重甲胄，手持长矛，领一支亲兵，竟对着拥在路口的自己人开了家伙，他抖长矛连挑十余人，流民军大惊，皆散。李荡率亲军冲过窄道，猛冲张征军背后。晋军正在围攻李特，未料李荡回援如此之快，立马乱了阵脚。李特乘机组织反击，里应外合，晋军大败。张征见势不妙，想回城，却被李特父子合兵围困在山腰上。

此时李特突然做了一个令人意外的举动，他找来李荡等人商议，说是不是可以放了张征，以收川军之心。由此可见，李特人还算厚道，但他的想法未免有些幼稚，因此迅速被一个人否决了，这个人就是李荡。

在造反这一点上，李荡要坚决得多，人也比较狠，他手一挥，道："张征兵败，正好擒他，如果放虎归山，回头他收集残部卷土重来，那就麻烦了。"说罢，他率军全力猛攻。张征九死一生，突围而走。李荡穷追不舍，遇山爬山，遇水渡水，追得张征上天无路、入地无门，最后大喊一声，扭头力战，死于阵中。张征的儿子张存此次随父出征，亦被生擒。李特欲收川军之心，严令不许杀，放他回家，准其为父操办丧事。如此宅心仁厚，看来李特确实志不在小。

再说罗尚，他见李特与张征打得甚紧，便耍了个小聪明，忽然率军从成都出发，想乘机捞一把，得个渔翁之利。哪知李特早有准备，早派弟弟李骧率宗族一干人等，领一支偏师堵在成都门口。李骧见罗尚不老实，便佯装溃退，罗尚军果然来追，陷入李骧提前设好的埋伏圈里，被杀伤数千，大败而归。罗尚不服，再次派兵，李骧又退。这罗尚大概是属猪的，记吃不记打。他见李骧撤退，以为对方是怕了他们，于是追了上去，又陷埋伏，折损几千人之后，又一次大败而回。

张征死了，罗尚又接连大败，李特心里高兴，他挥军直逼成都，就在成都之北扎下大营。鉴于流民军人数众多，连营怕遭偷袭，李特下令，让大部队分散驻守于城外各村中，与百姓混住在一起，做长期围攻的打算。

可惜，李特打错了算盘。成都城北的百姓看似普通，却也是保甲一方的民团，他们平时务农，战时可立即变身为战士。李特让部队分散与村民杂处，无异于将流民军架在一堆干柴之上，只要一点星火，便可瞬间化为烈焰。

果然，看出端倪的成都守军立即展开了行动，他们要点燃这堆干柴，将李特和他的流民军一锅端了。谁去点火呢？罗尚手下的从事——任明毛遂自荐，他要去李特军营诈降，然后伺机点燃这把火。

任明偷偷潜出成都北门，直奔李特大营。见到李特，任明大哭，说他早就想投降，无奈罗尚不听，这次偷跑出来，就是来报告成都内情的。李特被他忽悠了，就饶有兴趣地问："城内形势如何？"任明答道："城内已经无粮了。"

李特大喜，认为这是进攻成都的天赐良机，对任明的话没有任何怀疑，还放他回成都去了。任明回到成都，对罗尚说一切就绪，现在要做的，就是上书朝廷，请求支援。

此时的李特可谓是兵强马壮，就靠成都城外的民团和城内的败军，这把火根本烧不起来。为了能迅速形成大火燎原之势，唯一的办法就是让流民军分军。于是，罗尚立即写折子发往洛阳，请求朝廷增兵。在那个交通不便又兵荒马乱的年代，这一去一回就是好几个月，等朝廷的援兵进入川境，已是来年春天了。

西晋朝廷这一次派来的是荆州刺史宋岱和建平太守孙阜，两人领兵从湖北杀向四川。李特听说朝廷又派兵马来了，立即派儿子李荡分兵迎击，自己率一支军队留守成都北面。任明见李特分兵，心知机会来了。

李荡大军走远之后，任明立即通知罗尚出兵，同时告知城外各村首领，见到成都出兵之后，立即行动。于是，罗尚当夜便向李特大军发起了进攻。城门打开，憋了好长时间的成都军出动了。李特见敌军行动，马上令各村驻军集合，准备应敌，谁知各村民团突然发难，将流民军团围困在村中。流民军虽然善战，但祸生肘腋，完全没有防范，吃了大亏，死伤惨重。

罗尚的人马已杀到眼前，李特召集军队不成，只好硬着头皮迎战，结果兵力悬殊，再次大败。李特心中不服，率军死战，连战两天两夜，寡不敌众，终于败走。罗尚引军穷追不舍，李特一边战斗一边退走，他确实是个优秀的统帅，流民军虽败，但士气居然不衰，败退也很有章法。罗尚毕竟是常败将军，看此情形，怕拖久了出变故，便停止追击，主动撤军了。

此战李特虽败，但还是保住了性命，如果他找到李荡，整顿人马，吸取教训，以他之能，日后的成就还很难讲。可历史就是这么有趣，命运竟然和他开了个十分险恶的玩笑——他的判断出错了。

也许是连日的胜利令他那迅速增强的自尊心难以承受此次败绩，在罗尚停止追击后，李特竟然认为罗尚是顶不住流民军的顽强抵抗而败退了，这种判断让他下了一个很离谱的命令——追击罗尚。

追击的结果就是：罗尚被惹怒了。"本打算放你李特一马，但你李特竟如此不识趣，那就看看谁更厉害！"罗尚一扫往日晦气，提兵应战，两军连拼三十余里，李特终究兵少，最后杀得刀缺弓断，无力回天，终于彻底惨败，手下将帅死伤累累，被斩首者十之七八，李特自己也战死疆场。可叹一代枭雄，壮志未酬便殒命沙场。

李特一死，不待罗尚下令，川民就已经按捺不住了，多年累积的怒火转化成强大的战斗力，开始全面反扑，大有不把流民军赶出西川誓不罢休之势。

流民军已是一败涂地，死伤累累，剩下的也多是老弱残兵。无奈之下，李荡、李雄兄弟二人和李特的弟弟李流只得收拾残兵，逃回绵竹，再次隐遁山林。虽然是残兵，但人数也不少。于是流民军分为南、北两营，分别把守各个要塞。

不久，消息传来，晋军各路猛攻，布置在德阳、涪城等地的流民军分支均败，罗尚督军猛进，直扑北营。北营的头领，就是那杀人成性的李特家的二小子李荡。

李荡一听说罗尚派军来袭，顿时血贯瞳仁，杀父之仇不共戴天，既然来了，就决一死战！他找到李流，表明死志，李流听了大为振奋，他亲自率军迎战，令李荡、李雄跟着自己，说必破罗尚。

再说罗尚，要让他打头阵，吓死他也不敢，他这次总督各军，派出来冲锋的，却是督护常深、牙门左汜（fán）、黄訇（hōng）、何冲等人，以常深为总制。常深令左汜、黄訇、何冲三人各领一军，分三拨轮番攻击北营，直到攻破为止。要说这也是不错的办法，可惜，他们遇到的是李荡。

李荡才不管三七二十一，一个冲锋就杀了出来，只拣人多的地方打，好似当年的楚霸王项羽。晋军本就不是流民军的对手，虽杀了李特，但从某种意义上来说，此事除了耍了诡计，还有些侥幸。而这次双方兵力相当，且李氏叔侄三人皆是拼命之人，军威大振。

常言道，哀兵必胜。流民军将三路晋军杀得大败，罗尚在后督战，一听前方又败，马上轻车熟路地往成都跑。李流、李荡、李雄紧追不舍，竟一直追到成都城下。罗尚慌忙入城，李荡一马当先，欲擒仇人，不料仓促间竟被敌军长矛刺中，身负重伤。李流见侄儿受伤，立刻鸣金收兵。罗尚这才捡回一条命，回城里继续窝着，死也不出来。

李荡当夜伤重而亡，可叹一员虎将，大仇未报，自己先殒命了。

李荡一死，流民军群龙无首，顿成一盘散沙。李流见此状，心中千愁万绪化为一股，准备投降罗尚。就在此时，李特的幼子李雄站了出来，坚决阻止李流投降。可是李流已经派自己的儿子李世带着投降书去见孙阜了。

李雄见李世投降了孙阜，他立即回到自己的营中开了一个中层以上的领导干部会议，会议的主旨就一个——坚决不能投降。李雄的理由很充分："第一，我们和蜀人有着天然的仇恨，投降不仅不会得到优待，甚至可能就地被蜀人杀了。第二，我们就算投降，也不可能留在蜀地，必然会被赶回老家。可现在的老家，赤地千里，旱灾不断。总之，想要活命，就不能投降；想要富贵，那就更加不能投降。"

李雄这个简短的会议开得很成功，思想工作也做得很到位，大伙儿一琢磨，觉得李老幺说得对啊，不能投降，投降就是死。大伙儿想要富贵的，就跟着李老幺干吧!

正在李雄准备单干的时候，一个人突然闯进了他的大营，来的人不是别人，正是李雄的表哥李离。李离是李雄的姑父李含的儿子。原来李流投降是李含出的主意，并且李世去德阳时，还带上了李离的弟弟李胡。李离不愿意投降，也不愿意让自己的亲弟弟李胡去当人质。现在还能组织人马对抗罗尚、孙阜的，就剩李雄了。于是李离掉转马头，快马加鞭赶来见李雄。

李雄开完会后，一直在想怎么打下一仗，李离来了把事情一说，跟李雄一合计，准备夜袭晋军大营。但是，李离心里也有他的小算盘，他对李雄说："如果今夜偷袭成功，你该如何谢我?"

李雄也没多想，毕竟是表兄弟，就说："你说怎么谢就怎么谢。"

哪知李离一句话出口，竟把李雄噎了半天。李离说："你我虽都姓李，但不同宗，只是表兄弟罢了。所以我要你答应我，大事若成，你在蜀地称王三年后，让位于我。"

李雄听后仿佛不认识自己这个表兄，整个人愣住了，心中五味杂陈，甚至杀了李离的心都有了。可是转念一想，这不还没成事吗?生死关头，不如先答应他。李雄立即从游离惊恐的状态转为满面堆笑，道："好，我答应你。"

李雄从自己的大营里挑选出数千名精壮战士，与李离的部曲合兵一处，突然向对面的晋军营寨发起攻击。孙阜这边还在看李流的投降书，以为自己平定巴蜀立了大功，正沾沾自喜，突然一队流民军就杀了过来，打得他措手不及，败退数十里。

再说罗尚。他前次败入成都，观察了几天形势，觉得流民军不成气候，便再次出城，来到前线军中。正好看到李流送来的人质，罗尚十分高兴，认为流民必降，也没做任何准备，谁知当夜又遭偷袭，全军大乱。

罗尚反应不慢，扭头就跑，反正不是第一回了，直奔成都而去。他以为，此番进了成都，大门紧锁，流民军就又没有办法了。可人算不如天算，李雄等人追赶如飞，罗尚前脚刚入成都，李雄后脚便赶上。成都城门尚未关闭，李雄等人已然入城，夺了城门，流民军大肆杀入。罗尚跑得飞快，由另一城门逃出，奔大城而去。李雄等紧追不舍。

罗尚入大城之后，便不再出来，完全不顾城外哭爹喊娘的残余晋军。流民军这一仗打得痛快，将围攻东、北大营的晋军打得一败涂地，李雄、李离率军穷追猛打，一路打到汶山（即汶川）。晋汶山太守陈图不敌，被杀于阵上，流民军又占领汶山。这场仗不但把罗尚打得心惊胆战，更把蜀地百姓吓得失魂落魄。

李特等人刚入川时，衣衫褴褛，本地百姓并不买账，且多有轻视。李特等人啸聚山林时，蜀民虽怕，心中却更轻视。等耿滕被杀，李特等人参与成都之乱，蜀民才知流民军的厉害，由轻视转为害怕。后来李特连破罗尚，蜀民皆惊，由害怕转为投靠。不料李特突然死了，蜀民毕竟与流民不睦，便由投靠又变为对抗。本以为李特已死，流民军不足为患，万没料到晋军又是一场惨败，连成都也丢了。流民军再次席地连天，唬得蜀地百姓心胆俱裂，只当李雄等要报复，必受其屠戮。

为了避免被流民军屠杀，百姓自发向豪门大族的屋檐下跑去。而豪门大族为了自保，除接纳大量百姓组织为民团外，还修建了大规模的城坞，彼此相连，互通信号，所有的粮食纳入城坞，坚壁清野。于是麻烦来了，李雄、李离的军队断粮了。

这人要是时来运转，打瞌睡都有人递枕头。李雄这边一缺粮，青城山脚下一位姓范的大户便给他们送粮来了。并且李雄不仅得到了粮食资助，连他那位投降派叔叔李流，也变成了主战派，巴氏李家又拧成了一股绳。

事情还得从这个范大户说起。范大户名叫范长生，他的原籍并不在都江堰青城山，而是在今天的重庆涪陵。流民入川后，由于连番战乱，涪陵被破坏得很严重，人烟稀少，土地荒芜，兵匪不断。于是，范长生就带着自己的族人来到青城山下，依托都江堰这个水利工程孕育出的膏腴之地，安排千余家居民在青城安家，开荒种田，修坞建堡，打算自种自吃，同时自保。

正所谓饱暖思淫欲，范长生自从当了大户之后，他思的就不只是这些了。他找到罗尚手下的参军徐轝（yú），求他给自己弄个汶山太守当当。徐轝收了范长生的好处，就真跑到罗尚那里去替范长生讨官。罗尚因为吃了败仗，还在气头上，再说汶山都被流民洗劫过了，还去那里守什么？

气不打一处来的罗尚，把徐轝臭骂了一顿："我堂堂将军都败了，他姓范的一伙丧家之犬，灭什么贼？汶山刚被洗劫，粮尽城残，很难驻守，你去了，除了分我的兵，还能有什么效果？只怕你不去还好，去了反倒削弱我大城的防卫力量，罢了，你先候着吧。"

徐轝被罗尚臭骂一顿之后，更是气不过，心说罗尚这人真是庸才，如此看来，必有兵败身死的一天。他出了大城，竟然去投奔李流。

李流原本一心想投降官府，万没料到还有官府的人来投降他的，赶忙请入，把徐轝当活神仙对待。徐轝见李流善待他，非常感动，涕泗横流，说道："我知道你们缺粮，没事儿，我给你找！"

他找的不是别人，正是他的青城老乡范长生。他到了青城，将罗尚如何昏庸，李流怎么开明，添油加醋地说了一番，最后劝道："我看呐，这四川，迟早是巴氏的天下，我们倒不如投了李氏，将来建国，也算开国功臣。"

范长生本是平头百姓，眼光还没有徐轝长远，一听同乡如此说，觉得在理："是啊，罗尚自己都保不住，怎么保护我们？这么看，投靠李氏，有何不可？"于是他立刻痛快地答应了，不但答应，还把千余户居民带来的粮食也献给流民军，作为见面礼。

投降不重要，粮食最重要，李流大喜过望，重赏范长生，把他当作开国元勋对待。流民军有了吃的，士气为之一振，上下一心，打算占领全川，李流由投降派转为主战派。正当李流摩拳擦掌准备与李雄、李离等人好好干一番事业时，噩运不识时务地降临了——他病了，并且这一病就卧床不起了。

李雄见叔叔倒了，赶忙照应，毕竟是长辈，虽曾有过不和，但值此沉疴之际，还是孝字当先，李流道："可惜你父兄之仇尚未得报，我死后，我直属部下恐怕不会服你，你差人将所有将领都叫来。"

李雄连忙令人通知各部将帅，等全来到李流病榻旁，李流道："骁骑将军（李雄）高明仁爱，有见识，多奇谋，足以担当大事，我兄李特英武，可惜天所不容，你们要像对待我兄那样对待我侄，拥其为成都王。"诸将流涕，莫不叩首。

太安二年（303年），李流病故。李雄在众人的拥戴下称王建制，打出了成国的旗号，并很快占领了四川全境。

刘渊起兵

刘渊带着司马颖的使命回到山西左国城，他走进匈奴人的总部，那里，五部匈奴的头面人物们，正在焦急地等着他。

刘渊，字元海，是昔日南匈奴左贤王刘豹之子。刘渊自幼好学，文武兼备，身高八尺，相貌堂堂。他曾在洛阳为质，那时曹魏政权尚存，司马昭、司马炎都很器重他。刘豹去世之后，晋武帝令其代理左部帅，后来又因为成都王司马颖的推荐成为宁朔将军、监五部军事。

他一走进大厅，人们便将其围住，嘘寒问暖之后，便问到了中原战事，一听司马氏自相残杀已经到了如此地步，不禁面面相觑："河南、河北、山西，无处不战，动辄十余万兵马厮杀，诸侯王们不惜血本地投入人力物力，主体民族严重内耗，难道天佑我匈奴东山再起吗？"

刘渊的叔叔刘宣说道："司马氏骨肉相残，复兴就在此时！"他双目放光，紧盯着刘渊，"左贤王姿器绝人，干宇超世，若应天意恢复我大匈奴，不虚此生也！"

话音刚落，大家齐齐拜倒，公推刘渊为大单于。什么司马颖，什么王浚，什么争权夺利，什么大晋朝，见鬼去吧，匈奴复起了，大单于复起了！今日于汉地起事，直捣京师，岂非天意？

永安元年（304 年），匈奴复立，刘渊自称汉王，改元元熙，尊刘禅为孝怀皇帝，设百官，公然宣布独立。没错，刘渊竟然尊刘备那个不成器的阿斗为孝怀皇帝。不仅如此，刘渊还将汉高祖以下数位汉帝立为神主，日日拜祭。

因为刘渊想得清楚，山西起事，意在中原，虽说兄弟们是一帮匈奴人，但天下汉人居多，若以少数种群驾驭多数种群，必要尊其先祖，认同其文化，否则人心不服，难以长治久安。自东汉黄巾大乱以来，足有百年，但不少人仍以汉为正统，曹魏篡汉，司马氏篡魏，皆非正主。以先汉为名，出师天下，何愁人心不附？所以，先立他几个汉室人物做做虎皮再说。

正在刘渊意气风发地坐上王位时，忽听有人来报，并州刺史司马腾闻听大王自立，大惊失色，率军前来征伐。刘渊一笑，正怕他不来。

此时，司马越已经联合乌桓，打败了邺城的成都王司马颖。司马颖无奈，只好带着晋惠帝艰难地逃回洛阳。对于司马颖，刘渊其实并未食言，他在称王之前，还派了自己的儿子领兵前去救援邺城。可惜，司马颖败得太快，没等匈奴大军赶到，邺城已经换了主人。刘渊这才登上汉王的宝座，决定与司马家争天下。现下司马腾竟然不知死活地前来挑战，刘渊正好一战立威。

司马腾听说刘渊在左国城称王，身为山西最高长官的他，自然不允许自己的地盘上出现一个匈奴政权。于是，他派手下将领聂玄领兵前来讨伐刘渊。

而刘渊在左国城称王之后，不到二十日就聚集了五万人马，正愁找不到出兵的理由。聂玄这一来，刘渊可是太高兴了，两军在山西文水摆开阵势。不到一日，聂玄的晋军就被刘渊的汉军打得一败千里。司马腾只好带着残兵以及并州两万多百姓逃亡山东。至此，刘渊一仗获得了整个晋北地区。

光熙元年（306 年），成都王司马颖在绝望中自缢；同年十一月，痴傻皇帝司马衷被司马越毒死，司马炎的幼子司马炽称帝，是为晋怀帝，改元永嘉，司马越则成了八王之乱后的晋朝实际统治者。然而，刘渊此刻已经在山西摩拳擦掌，准备进攻长安洛阳了。

司马越为了抵御刘渊的进攻，任命那位闻鸡起舞的名将刘琨为并州刺史，同时将邺城交给自己的弟弟司马腾。司马腾早已逃跑，刘琨不得不从河南出发，在沿途招募士卒乡勇前往晋阳，最后仅以五百人守住了一座孤零零的晋阳城。而刘渊大军则绕过晋阳，占领了除晋阳以外的整个山西。

石勒投汉

刘琨这边守住了晋阳，司马腾却把邺城丢了。在这里，十六国乱世里的一位赫赫人物出现了，这就是著名的奴隶皇帝——石勒。

石勒是羯族人，羯族属于暗白人种之一，曾经居住在今天的东伊朗一带。汉朝时期，匈奴人的势力远至西亚东伊朗一带，一部分东伊朗人便被匈奴人当作奴隶带回了东方草原，这些留在草原上的东伊朗人后来便形成了一个新的民族——羯族。

石勒早年的经历十分坎坷。他的父亲曾是一个部落的小头目。然而，等到石勒二十岁时，已是天下大乱、民不聊生。很不幸的是，这位曾经的小头目之子，却被卖给山东人师欢当奴隶。但石勒本人健壮有胆力，雄武好骑射，在众奴隶中颇有威名，这也使得他的主人师欢对他非常赏识，甚至免除了他的奴隶身份。

此后，石勒又与他的奴隶小伙伴桑汲一起召集了几十个人上山落草，最终又率领牧人数百，投奔到司马颖手下将领公师藩的帐下。此时，这个奴隶娃子才以石为姓，以勒为名，唤作石勒。

投奔公师藩之后，石勒获得了前队督兵的小官职，并且领着队伍和司马越、司马腾、司马模这些司马家的王公们作战。可惜寡不敌众，他们这群人被司马家的王公们打得几乎全军覆没，主将公师藩逃亡至白马渡，却被兖(yǎn)州刺史苟晞(xī)斩杀。桑汲与石勒逃出生天之后再次落草，竟然很快又招募到上万兵马。这一次，桑汲自称大将军，石勒为前部先锋，直奔司马腾镇守的邺城而去。

面对这一万土匪兵，司马腾显得镇定自若。他派上一次击败公师藩的邺城守将冯嵩，带领三万人马出战。然而，令司马腾万万没想到的是，这三万正规军却被一万土匪兵打得大败而回。司马腾十分奇怪地责问冯嵩："你三万正规军竟然打不过一万土匪，这是怎么回事？"

冯嵩一脸无辜："将士们已经许久没发军饷了，日子过得还不如土匪，这仗怎么可能打得赢？不如你拿一些自己家的钱出来鼓励将士，或许咱们能反败为胜。"

司马腾一听就怒了："你怎么不把你家的钱拿出来？"

冯嵩道："我那点家产还不够塞牙缝呢！王爷你守着邺城，有数亿家资，倘若邺城失守，你那些钱财可都要献给土匪了。"

司马腾一听这话，觉得有点道理，于是命人拿了一些米和布劳军。可司马腾这人实在吝啬得紧，士兵们分到的米也就够几天的口粮，分到的布连一身衣服也做不了。这样一来，邺城的兵士都不肯为司马家卖命，大家领完东西就散了。司马腾见此情形，赶紧收拾东西准备逃跑。可是上亿的家资，根本没有车辆来装，最后他只能收拾些金银细软向南逃命，却被桑汲的手下李丰追上刺死了。

桑汲与石勒这群匪兵顺势攻入邺城，在城内大肆烧杀抢掠，发了一大笔横财之后，竟然一把大火将繁华的邺城烧了个精光。烧完邺城之后，这群土匪举兵向南，直奔兖州而来。没错，他们要找自己的老仇家苟晞报仇雪恨。

兖州在今天山东的菏（hé）泽市，属于鲁西南的山区地带。尽管石勒手下有许多训练有素的骑兵，在山地上却施展不开。再加上，苟晞与他的弟弟苟纯、部将王赞都是久历战阵的老将，又依托地利，并不惧怕石勒这帮匪兵。几场战斗下来，双方各有胜负，陷入了对峙的局面。

苟晞知道，这帮土匪以石勒军战斗力最强，所以他尽量避免与石勒硬碰硬，而是去捏桑汲这个软柿子。于是，他先派弟弟苟纯在东武阳埋伏一支三千人的军队，又请冀州刺史丁绍切断桑汲与石勒北逃的后路。做好安排之后，苟晞决定第二天以优势兵力正面进攻石勒。石勒寡不敌众，一定会向桑汲求援，此时苟纯军若在东武阳伏击，使这群土匪首尾不能相顾，便可一战将之歼灭。

果然一切尽如苟晞计划的那样，石勒军正在和苟晞正面硬抗时，桑汲军遭遇了苟纯的伏击，被打得大败。幸亏石勒发现右军出了问题，及时赶回救出了桑汲。随后，苟晞军拍马赶来，桑汲与石勒再次大败，逃往河北，又被丁绍打得落荒而逃，石勒与桑汲在乱军中失散。最终桑汲在冀鲁交界的乐陵遇到了司马腾旧将田兰，被田兰斩杀。

石勒从山东、河北一路逃亡，辗转来到上党（今山西长治）。在这里活跃着一支数千人的土匪队伍，头目叫作张背督。石勒本想投奔张背督，可转念一想，现在整个山西除了晋阳，都被刘渊占领了，不如自己劝说张背督一起投奔刘渊，也好交一份像样的投名状。

于是，石勒找到张背督说："如今刘渊占据了并州，你认为你还能在上党这个地方待多久？"

张背督也深知自己的处境，一听石勒说这话，便道："石兄既然说这话，想必是有良策要教我，请讲。"

石勒道："我看刘渊必成大业，将来整个天下都有可能是他的，不如咱们一同去投奔刘渊如何？"

张背督想了一夜，第二天一大早便将自己的土匪队伍交予石勒，一同前往黎亭投奔刘渊。刘渊见石勒来投，十分高兴，封石勒为辅汉将军、平晋王，张背督为亲汉王。

石勒投奔刘渊之后，刘渊可谓如虎添翼，先后又招抚了山西山东多支土匪队伍，势力进一步壮大。石勒也深得刘渊信任，被任命为都督山东，征讨诸军事。

兵发洛阳

永嘉二年（308年），刘渊正式称帝，改年号为永凤。从此，匈奴人的战争号角便将整个中原大地撕裂开来。

刘渊在称帝之后进行了一系列军事部署：他任命刘聪、王弥率领三万人守太行；石勒、刘灵率领三万人守山西。次年又将都城迁至平阳（今山西临汾），准备对西晋进行进一步的军事打击。

此时的刘渊在战略上面临着两个选择：一是南下夺取西晋的国都洛阳；二是东进占领河北和山东。就在刘渊准备东进之时，出现了一个叫朱诞的晋朝小军官，让刘渊改变了决定——先进攻洛阳。

司马越毒杀晋惠帝的事情引发了西晋内部的诸多不满，晋怀帝司马炽也对司马越的专横跋扈忍无可忍。司马炽当了一年的皇帝之后，渐渐扶植起自己的势力，在各地散布司马越的过失，打击司马越的威信。自己的权威受到挑战，司马越自然不会坐视不理。他直接带兵回到洛阳，杀死皇帝身边的十多位大臣，并调换了宫中的全部侍卫。身为左积弩将军的朱诞也是被司马越调换的皇帝近卫之一，因此，他来到刘渊的帐中，带来的正是晋朝君臣不和的消息。

刘渊听到这个消息，认为晋朝现在人心不齐，正是攻取洛阳，一统天下的好机会。于是，他立即命汝阴王刘景率五万精兵攻打黎阳（今河南浚县）。刘景带着五万精兵浩浩荡荡向黎阳进发，而防守黎阳的车骑将军王堪是个菜鸟，他不好好防守，反而领兵出城，想拒敌于城外。没想到，只一仗就被刘景率领的五万精兵打得大败，黎阳也被汉军顺利占领。

然而，刘景这家伙生性残暴，进城之后竟然纵兵抢劫杀人，又把黎阳三万多百姓全部投入黄河淹死。消息传到平阳，刘渊气得暴跳如雷，大骂刘景："老子是要夺取天下的，夺取天下的第一步就是夺取民心，现在你如此残杀百姓，天下百姓怎么会支持我？"

刘渊立即将刘景贬为平虏将军，让他带兵返回，另派儿子刘聪和将军王弥带兵进攻洛阳。刘聪的战法并没有刘景那么激进，一竿子就往河南插。为了不让自己的大军有后顾之忧，刘聪决定先拿下尚未被攻占的上党。

上党太守庞淳倒是一个守城之将，尽管几仗下来都被刘聪打败，可上党城池依然牢不可破。庞淳清楚自己并非刘聪的对手，再不求援恐怕上党不保，于是他连忙向司马越求援。司马越急派淮南内史王旷、将军施融和曹超率五万人马增援上党。

王旷等人渡过黄河之后，施融认为太行山险峻，刘聪久在太行镇守，熟悉地形，因此建议王旷先不要过太行山，可以在山下一边侦察，一边等待刘聪出山，用平原地形摆开阵势，迎击汉军。可是王旷立功心切，反骂施融胆小。王旷认为对方都是骑兵，山地对骑兵最不利，反而有利于自己的步兵，根本无须担忧山地作战的地形限制。

然而王旷没想到，整个山西的地形本就是三山夹一谷，而太行山中又多这样平坦而空旷的峡谷。刘聪早已在上党周围的谷地摆好"口袋"，正等着王旷大军前来。果然，王旷大军一到峡谷，就遭遇了汉军骑兵的四面掩杀，王旷拼了命才从重围之中带了一万多人逃脱，其余人马全部丧命于谷中。在上党等待救援的庞淳一看这情形，知道大势已去，干脆开城投降了。

占领上党之后，刘聪和王弥的大军乘胜渡过黄河。对于汉军的骑兵而言，渡过黄河就意味着一马平川，南岸几乎无险可守。果然，汉军一上岸就与镇守黄河南岸的平北将军曹武打了一仗，毫无悬念地胜了。紧接着又与从长安赶来增援的将军淳于定打了一仗，又胜了。大军如入无人之境般向弘农郡（今河南西部一带）开进。

西晋弘农太守垣延本来打算出兵，却见曹武和淳于定大败而回，顺嘴问了问这两位："汉军战斗力如何？"这两个败军之将异口同声："汉军太厉害了，咱们根本不是他们的对手，我们看你这点兵马也是打不过的，不如一起逃跑吧！"

垣延听他们这么一说，不禁笑了起来："既然汉军这么厉害，那我开城投降算了，还逃什么啊！"

曹武和淳于定吓了一大跳："我们晋朝还有战斗力，各地勤王的兵马也都在陆续赶来，鹿死谁手还不一定，何必急着投降呢？"

垣延继续笑道："我是要诈降。"于是，三位将领当即定下计策，等汉军到了宜阳，垣延就献城投降，曹武和淳于定则带兵在城外设下埋伏。

果然，刘聪一到宜阳，垣延就献城投降了。刘聪自然对垣延有所怀疑，因此，他并没有进城，而是率军驻扎在城外。垣延见刘聪中计，便派人给刘聪的军营送去好酒好肉，甚至还安排了歌舞表演，以示自己劳军的诚意。刘聪这一路辛苦，见到美酒美食和美女，便照单全收，当晚就在营中燃起篝火，大摆筵席。汉军军士们也放松了警惕，喝得酩酊大醉。

等到夜半三更，大营里的汉军个个睡得如死猪一般，垣延带着军士在汉军营中四处放火。曹武与淳于定埋伏的人马也乘势杀出，冲入汉军大营一通砍杀。此时的汉军方从睡梦中惊醒，见敌军冲杀而来，毫无还手之力，连主帅刘聪都被困营中，呼救不得。

幸好王弥带了一支部队在远处安营，见刘聪大营火起，又听汉军呼救，立即带领人马赶来营救，几轮冲杀，方才将刘聪从乱军之中救出。两人飞马向北逃出，垣延三人拍马来追，一路追过了黄河才被汉军甩开。等刘聪再收拢人马时，五万精锐已损失了一半以上。

刘渊接到刘聪败北的消息，立即又派刘曜、刘景率军三万，增援刘聪。等到汉军再次聚拢，刘聪、刘曜、刘景、王弥四员猛将带着五万多铁骑又渡黄河，直奔宜阳而来。这一次，两军二话不说就开打，垣延根本不是这群猛将的对手，而刘曜更是身先士卒，直接冲上城头。宜阳城门洞开，汉军一拥而入，迅速占领了宜阳城。垣延在城破之际开南门逃跑，却被刘曜追上，成了刀下亡魂。

宜阳一破，洛阳门户大开，刘聪兵分四路，洛阳城立即被汉军包围。

此时，洛阳城里的司马越见刘聪大军兵临城下，立即慌了神。正在他一筹莫展之际，一位叫北宫纯的西凉人跳了出来。北宫纯的官职是西凉督护，原本是来洛阳出差的，没想到还没有回西凉，就被困在城中了。

北宫纯见到司马越就对他说："今晚我带着一千西凉兵去劫刘聪营寨，你就等我好消息吧。"

尽管刘聪在上次被劫营之后，多了几分小心谨慎，不仅在营寨多加岗哨，还设置了绊马桩等障碍设施，却仍没能挡住北宫纯这一千西凉兵。北宫纯带着他的一千西凉兵在刘聪营里杀来杀去，如入无人之境，等其他营寨的援兵赶到时，北宫纯竟带着人马迅速撤回了洛阳城内。

刘聪这边天亮之后清点兵马，竟损失了两千多军士，呼延颢（hào）和呼延翼两员大将都被北宫纯劈死了。刘聪怒不可遏，率军猛攻洛阳。可是洛阳是百年古都，深沟高垒，重兵守护，刘聪在城外攻了半个月，损兵折将不说，竟无半点进展。情急之下，刘聪决定带一队兵马去嵩山拜神，祈求山神护佑，可还没走多远，北宫纯又来袭营，并且这回是大白天就敢来。刘聪赶紧回援，又被北宫纯杀了几千军士，两员大将刘厉与呼延朗相继做了亡魂。

刘聪接连被北宫纯偷袭，竟然一点办法也没有。洛阳城攻不下不说，连去嵩山拜神也不行。刘聪只好向刘渊打报告，请求退兵回山西。汉军第一次进攻洛阳竟以失败告终，极大地刺激了刘聪，而当他卷土重来时，这座古都也迎来了灭顶之灾。

占据河北

就在刘聪攻打洛阳失利之际，刘渊果断命石勒、刘灵率领五万兵马东进，攻取河北和山东各州郡。与洛阳这种重兵防守的坚城相比，河北各州郡显然要脆弱许多。石勒领三万人马，从太行山一出来，就接连攻下巨鹿和常山等州郡，可谓势如破竹，轻松占领了河北的要塞。

此时的石勒一改往日的土匪头子那蝗虫过境一般的纵兵劫掠，反而军容齐整，军纪严明，从不克扣兵士的粮饷，对河北各州郡百姓更是秋毫无犯，很快就赢得了河北各州的民心，队伍迅速壮大到十万之众。与此同时，一个叫张宾的汉人也投奔到石勒麾下，成为石勒早期最重要的谋士之一。

在张宾的筹划之下，石勒很快拿下了博陵、高阳、中山等州郡，俨然把半个河北收入囊中。然而，一块难啃的硬骨头同时也摆在了石勒的面前，这便是幽州的王浚。一听石勒要与王浚硬碰硬，张宾第一个提出了反对意见。首先，王浚也算是晋朝的名将之一，不仅军事经验丰富，手里又握有幽州雄兵，手下还有祁弘那样的猛将，石勒未必是其对手。其次，王浚与辽西鲜卑关系密切，必要时还可以联络鲜卑各部加入，实力远在石勒之上。因此，张宾建议石勒先取河南，再图幽州。

可是石勒这个人偏偏不信邪："你王浚不是实力强吗？我偏要打这实力强的。"于是，他把张宾等人留在冀州，自己率领十万大军去打王浚。

王浚也不是吃素的。见石勒亲领十万大军前来，他一方面任命猛将祁弘为主帅，鲜卑人段务勿尘为副帅，率领幽州全部兵马在边境严防死守；另一方面又从鲜卑各部借来几万兵马作为后援，前后大军共计十二万，比石勒的人马还多了两万。于是，二十几万兵马就在幽冀两州的交界处摆开阵势，一场昏天暗地的大战就此展开。

河北之地除了太行山与燕山，就是一片大平原。石勒大军与祁弘大军几乎是一字排开，除了前后左右的阵形外，没有什么战术可言，只能硬碰硬。几阵冲锋下来，石勒军被打得大败。石勒不甘心，亲自带兵冲锋，依然被祁弘打得退了回来。就这样来来回回杀了一天一夜，石勒大军死伤惨重，不得不往太行山脉退去，一路退到飞龙山（今属石家庄）才依靠险要地势稳住了阵脚。

祁弘见石勒依山据守，一面在前方挑衅石勒下山迎战，另一面则派段务勿尘带兵从飞龙山后的悬崖绝壁攀岩而上，去袭击石勒的营寨。石勒果然没能经受住挑衅，再次率军与祁弘正面交战。随后段务勿尘偷袭石勒营寨得手，从山上直扑石勒后军，石勒军腹背受敌，瞬间全军大溃，一路向南逃去。

祁弘率军在后面紧追不舍，与石勒同为汉军主帅的刘灵跑慢了一点，被祁弘追上斩落于马下。石勒命悬一线，幸得张宾率兵赶来，以三千弓弩手射杀祁弘的追兵，祁弘前军皆被射死，祁弘本人也被弩箭射伤，被段务勿尘带兵抢回，当晚就因伤势过重一命呜呼了。段务勿尘见主帅阵亡，也无心再战，只好带兵撤回幽州。

石勒此战，虽说损兵折将，但将幽州军主帅祁弘射死，也算扳回一局。好在冀州仍在汉军手中，只需稍做休整，便可重振雄风。然而，时局不等人，刚刚解了洛阳之围的司马越，此刻正好腾出手来。听闻石勒战败，他立即命车骑将军王堪、北中郎将裴宪率兵五万征讨石勒。

石勒刚准备休养生息，又听说王堪率五万兵马前来，不知所措的石勒打算放弃冀州退回山西，被张宾及时制止。张宾建议石勒背水一战，以精兵三万驻守黎阳以逸待劳，趁晋军刚渡黄河，还来不及整军之际，打他个措手不及。石勒采纳了张宾的建议，从军中挑选了三万精兵来到黎阳，等待王堪。

在接到晋军已到黄河岸边的消息之后，石勒命军士埋锅造饭。饱餐一顿之后，石勒下令烧毁营寨，并对军士们讲："五万晋军就在眼前，而我大军如今已是无营可守、无粮可食，后方冀州又全是伤兵。为今之计，只有我们在此与敌死战，才有一线生机！"

石勒一言，三万人马群情激奋，全军高呼："情愿死战！"

随后，晋军渡过黄河，正在整军之际，石勒率领三万大军如利箭般奔向晋军。王堪这边还没回过神来，石勒就已经拍马来到眼前，晋军顿时慌乱不堪，逃跑的，相互踩踏的，跳入黄河的，死伤无数。王堪正准备向南逃跑，被石勒追上斩落于马下。裴宪见王堪战死，石勒军向南追去，自己脱下盔甲丢掉武器，扮成普通百姓，向北逃往幽州投奔王浚。

石勒乘势攻取白马、仓垣等黄河北岸州县，又将广宗、清河、平原、阳平等地收入囊中，占据了冀州全境。刘渊闻讯大喜，加封石勒为镇东大将军，镇守河北。至此，除刘琨防守的晋阳与王浚的幽州，黄河以北尽归汉国所有。

攻克洛阳

永嘉四年（310年）七月，刘渊在接连的胜利之中，走向了人生终点。病重的刘渊自知时日无多，于是，他任命宗室刘欢乐为太宰，刘洋为太傅，刘延年为太保。让儿子刘聪任大单于、大司马，是为太子刘和的顾命大臣；刘裕为齐王，任司徒；刘隆为鲁王，任尚书令；刘义为北海王，任抚军大将军兼司隶校尉；侄子刘曜为征讨大将军。一系列安排之后，到了月底，刘渊便驾鹤西去了。

太子刘和一即位就放出了大招。他对老爹刘渊临终前的安排极为不满，给自己的这帮兄弟如此大的权力，让他们个个手握重兵，这不是给自己留隐患吗？于是，他找来自己的舅舅呼延攸商量，准备诛杀刘聪、刘裕、刘隆和刘义。

然而，刘和虽然当了皇帝，听命于他的人却不多。他先是找来宗室刘盛、刘钦、刘安国、刘濬等人商议。刘盛一听说要诛杀四王，当即表示反对，被刘和杀了。有了刘盛这个先例，其他人迫于无奈，只好答应。于是，刘和决定兵分四路去分别击杀各王。

武卫刘濬与尚书田密被安排率领一千人马去杀北海王刘义，两人一出宫就决定反水。刘濬说："现在刘聪手里还有些兵马，我们不如先去投奔刘聪，集合兵马之后，再回过头来击杀刘和。"两人先是来到北海王府，把刘和要杀他们四兄弟的事情告诉了刘义，刘义心惊肉跳，赶紧叫来家眷人马，跟随刘濬一起投奔刘聪。

此时，赶去杀刘聪的这一路人马由刘锐和马景率领，两人走到半路，突然看到刘璿和田密也带着人马赶往刘聪那里。马景本来正在心里暗自琢磨，定神一想，不对，这两个人叛变了！于是，他也来不及去杀刘聪了，立即让刘锐紧闭城门，以防刘聪带兵入城。

刘裕和刘隆就没那么幸运了，成了刘和的刀下鬼。刘聪在军营见到赶来的刘乂、刘璿和田密之后，得知刘和要杀他们四兄弟，且刘裕和刘隆已经被杀的消息，心中悲愤不已。先帝尸骨未寒，刘和竟然手足相残，这样的人岂能为帝？他也不顾什么手足之情了，直接领兵攻城。刘和这边据城坚守，刘聪一时间竟未能破城。

刘聪在汉国的威望仅次于先帝刘渊。因此，守城军士中有很多人都心向刘聪。到了夜里，有人偷偷打开了城门，放刘聪大军入城。刘和的军队还没回过神来，就被刘聪大军打得丢盔弃甲而逃，死伤殆尽。刘聪带着刘乂、刘璿等人冲进皇宫，要杀刘和，刘和无处可逃，跑到刘渊的灵堂躲避。刘聪闯进灵堂，对刘和说道："你不如随先帝一块儿去吧！"手起刀落，刘和便上了路。

刘和一死，众人一致拥立刘聪为帝。刘聪虽然很想当皇帝，但自己毕竟不是嫡子，于是假意再三推脱，众人一再坚持，刘聪这才登基称帝，并立刘乂为皇太弟。一场夺宫之变就此落幕。

刘聪当了皇帝之后，一心要雪洛阳城下之耻。因此，他第一件要做的事情就是进攻洛阳，灭了晋朝，统一天下。于是，他派刘曜领兵四万，直奔洛阳，又命石勒、王弥等将领，各率军数万，向洛阳进发。

刘曜大军与石勒的两万骑兵先在渑池会师后，很快攻陷渑池，又与王弥会师。大军会合之后，主帅刘曜决定兵分三路：刘曜由渑池向西，经洛川进入陕西；王弥向南，攻颖河、汝水、开封等河南重镇；石勒自成皋向东，取新蔡、许昌等地。很快，洛阳四周均被汉军攻占，洛阳成了一座孤城。

西晋权臣司马越见洛阳势孤，一方面让晋怀帝发诏书，征四方诸王入京勤王；另一方面，他准备亲自带着四万大军杀出重围，逃回自己的封地。司马炽怎么可能让他带兵离开洛阳，死死拉着他的袖子不肯放他离去。司马越见状，只得哄骗晋怀帝："陛下，我是去杀敌，不是要逃跑，等我打退了敌兵就回来。"

司马越命自己的心腹李恽、何伦带着少量老弱残兵留在洛阳监管司马炽，自己则带着大军一路往东突围。司马越走后，洛阳城里一时间盗匪横行，敌军还没打进来，城内先乱了套。

何伦以为司马越走了之后，自己就是洛阳城中的老大，不仅对司马炽指手画脚，还带兵抢劫大臣，调戏公主，逼得晋怀帝忍无可忍，打算联合竟陵王司马楙（mào）诛杀何伦。可惜保密工作做得太差，何伦正要带兵去杀司马楙时，司马楙早已脚底抹油，一溜烟逃得无影无踪。晋怀帝无奈之下，只得给青州刺史苟晞发去一封勤王密诏，把自己的遭遇写得那叫一个惨，苟晞接到诏书，看得潸然泪下。

此时的青州，苟晞还在和王弥的手下曹嶷打仗，接到晋怀帝的诏书，苟晞也不管曹嶷了，立即引兵向西，赶奔洛阳营救皇帝。曹嶷趁苟晞西进之际，乘势攻取了临淄和青州，并带兵追着苟晞打。苟晞一路来到河南项城，竟然被杀得只剩几千兵马。

也是在项城，司马越的大军被石勒拦住了东去的道路，一连半个多月都没能突破石勒的包围圈，司马越急火攻心，得了一场大病。他自知死期将至，便将太尉王衍唤来，嘱咐他："我死之后秘不发丧，你一定要带兵回到东海老家。"说完一口老血喷出，司马越就这么撒手人寰了。

司马越死后，王衍与襄阳王司马范悄悄带兵绕过项城，由西南再转向东南，想用迂回绕道的方式回江淮。可惜石勒也不是吃素的，得到王衍逃遁的消息后，石勒立即领兵三万追击，竟然还真追上了，他将四万晋军和司马越、司马范、王衍等人及其家眷团团围住，一通乱砍乱杀。晋军死的死，降的降，一时间死尸遍地，堆积如山。司马范与王衍等晋朝忠臣也通通成为石勒的俘虏。

　　石勒还是一个孩童时，曾跟随亲族去洛阳贩卖货物，其声音洪亮有斧钺（yuè）之气，时任宰相的王衍路过，听到了石勒的叫卖声，说了一句"此胡儿日后必为天下患"。于是，他派人去追杀石勒，幸好石勒跑得快，否则那时就已毙命。如今王衍成了石勒的阶下囚，石勒当然要找他问一问当年的旧事了。

　　王衍见了石勒，先是说自己多年不问政事，晋朝衰亡，并非自己的过失。石勒冷笑道："公名声传遍天下，身居显要职位，年轻时就被朝廷重用，一直到头生白发，怎么能说自己没参与朝廷政事呢?为祸天下，正是你的罪过。"王衍又说石勒有帝王之相，劝他自立。石勒又冷笑："你们搞坏了晋朝的天下不算，还要来害我吗?"于是，石勒命人在半夜推倒墙壁，将王衍活活压死了。

　　司马越死了，四万大军连同家眷都没了，洛阳城里的李恽、何伦也逃跑了。晋怀帝成了笼中之鸟，在洛阳城里做困兽之斗。此时，王弥、刘曜、石勒三路大军围攻洛阳，刘聪又派呼延晏率兵三万以作增援。此时的晋军，早已成了无头苍蝇，根本不知道自己要做什么，呼延晏大军从平阳出发，连胜十二仗，很快来到洛阳城下。

　　而离洛阳最近的王弥军，也不等刘曜与石勒到来，先行杀进了洛阳城。洛阳城内一时之间火光冲天，惨叫连连，无论贵族还是平民，此时的命运都一样，无人能在这群匈奴虎狼的屠刀之下逃出生天。

　　呼延晏见王弥已经攻入洛阳，自己也带着兵士冲进了洛阳皇宫。这群匈奴人一进皇宫，眼珠子都快看直了，就没有他们不抢的东西，皇宫瞬间被洗劫一空。而留在皇宫里的宗室、大臣们也都没能幸免，倒在了匈奴人的屠刀之下。

　　晋怀帝情急之下带着人从西明门逃出，一路上空无一人，连土匪盗贼都已被汉军杀了个精光。在晋怀帝跌跌撞撞、慌不择路之际，刘曜大军正从西明门进城，晋怀帝被刘曜当场活捉，成为匈奴人的俘虏。

　　刘曜进了洛阳一看，王弥和呼延晏把能抢的东西都抢得差不多了，心里那个气啊，恨不得把这两人生吞活剥了。毕竟刘曜才是这次行军的主帅，又是汉国宗室，哪有主帅还没来，手底下的人就先把战利品瓜分了的道理？但刘曜气归气，又不能说什么。于是，他来了个更绝的，把晋朝皇陵挖了，将墓中的陪葬品悉数取出，作为自己的战利品，司马懿、司马师、司马昭、司马炎、司马衷的尸骨被扔得乱七八糟，真是死了也不得安宁。这还不解恨，刘曜又来到后宫抢宫女，竟然把晋惠帝司马衷的第二任皇后羊献容抢来，作为自己的王妃。接着，刘曜一把大火把洛阳古都烧成废墟，洛阳城中数万百姓也为这座古都殉了葬。

最倒霉的要数石勒。因为司马越和王衍耽误了时间，石勒赶到洛阳之后，还以为自己走错了路，城内到处是火灭后的焦土飞灰，到处是洛阳百姓的尸骸，到处是红着眼睛吃尸骨的野狗和乌鸦……石勒此时别说抢劫，连废砖烂瓦都没给他剩几块，他只好带着大军撤出洛阳，移驻许昌。

刘聪在平阳得到了攻克洛阳的消息，喜出望外，立即封赏有功之臣。封王弥为齐公，拜大将军；石勒为征东大将军；刘曜、呼延晏赐重金。一通封赏之后，刘聪一面命刘曜领兵向西进攻长安，一面让呼延晏将被俘的晋怀帝押送至平阳。

长安之战

在接到刘聪的命令之后，刘曜立即领兵杀向陕西。留守长安的南阳王司马模立即派出手下将领赵染率军御敌。然而，赵染却以此要挟司马模给他一个冯翊太守的官职。司马模也不知道哪根筋搭错了，既要让赵染去卖命，又拒绝了赵染的要求，还把冯翊太守这个官职给了索綝。赵染哪里还肯为司马家卖命，他立即去往平阳投奔刘聪。

刘聪见赵染来投，大喜过望，立即封他为平西将军，并给了他两万兵马，命他与刘雅一起帮助刘曜攻取潼关。有了赵染的助力，历来被看作是一道天堑的潼关也被轻松拿下。原因很简单，潼关大部分守军以前都是赵染的部下，老上司打来了，自然没多少人会真心为晋朝卖命。

潼关失守后，刘曜与赵染继续西进，准备攻取下邽（今陕西渭南东北方向五十里）。在下邽，他们遇到了当年在洛阳打退刘聪的西凉猛将北宫纯。汉军对北宫纯的名头那是闻之胆寒，因此，赵染给刘曜建议，智降北宫纯。

北宫纯这个人和吕布类似，虽然有勇，却无谋，只知道横冲直撞，脑子转不过弯。于是，刘曜先命刘雅率军挑战北宫纯，刘雅这边一接仗就败，一败就跑。而北宫纯见刘雅败逃，二话不说，领兵就追，一路追出十多里远，正好掉进刘曜命人挖的大坑里。赵染率兵顺势杀出，将坑外的晋军全部斩杀，又将北宫纯从坑里捞出，将其五花大绑后带去见刘曜。

刘曜是个爱惜勇将之人，不但亲自为北宫纯松绑，还对他好言劝降。北宫纯一想，自己已经被俘，而晋朝又到了日暮之际，再加上自己也是胡人，没必要为司马家陪葬，于是归降了刘曜。北宫纯一投降，汉军兵锋直指长安。

长安城里的司马模惊恐万分，与司马家的众多王爷不同的是，这个司马模自打跟着司马越起兵，就一直是个菜鸟，跟谁打都是败。现在唯一能倚靠的猛将北宫纯投降了，他又派了一个汉军的手下败将——淳于定出战，结果不用说，又是大败而回。等到刘曜大军将长安城团团围住时，司马模再也派不出兵马了，只得开城投降。可惜，司马模遇到的是刘曜这么个浑不懔的主儿，即便他投降，也是格杀勿论，甚至还把他的王妃刘氏赐给自己手下的奴隶为妻，极尽羞辱。

汉国皇帝刘聪得知刘曜轻取长安，龙颜大悦，下诏封刘曜为中山王，拜车骑大将军、雍州牧，镇守长安。当初司马模不给赵染冯翊太守的官职，致使赵染降汉，汉军尽取关中之地。但司马模将冯翊太守给索綝也不无道理，因为这位索綝对于西晋而言，可谓一位大大的忠臣。

刘曜占据长安，关中各州郡皆望风而降，唯有冯翊太守索綝不降，索綝带领人马前往安定（今甘肃临泾），投奔安定太守贾疋（yǎ）。此时，贾疋正准备去长安投降，被索綝劝阻。索綝说："贾太守，我们在这里要兵有兵，要粮有粮，人心也归于晋朝，为什么要投降呢?您只要竖起拥晋的大旗，必能招来数万人马，再以关西作为基地，何惧他刘曜!"

贾疋听到索綝这番言论，觉得有道理，当即决定不投降，扯起大旗拥护晋朝，跟刘曜对抗到底。果然，贾疋大旗一竖，关西义军纷纷前来，不久就拥有了十多万之众，可见刘曜在长安是多么不得民心。贾疋被推举为平西大将军，领兵五万，来夺长安。

长安这边，刘曜亲自带领北宫纯、赵染等诸将，率军五万前来御敌。两军在黄丘摆开阵势，大战了整整一日，竟然未分胜负。正在两军陷入进退两难之际，北宫纯看到了向他冲过来的索綝。正当北宫纯也准备冲过去，与索綝交战时，只听索綝一声大骂："你这叛国贼，今日还有何脸面出来见人?"

别看北宫纯是员猛将，却是个老实人。这老实人有一个致命的缺陷，那就是脸皮薄，一旦有人揭了他的短，他就立即羞臊得想找个地缝钻进去。被索綝这么一骂，北宫纯立马带兵离开了战场。

北宫纯的撤退对他自己来说不要紧，但刘曜就惨了。原本汉军阵形严整，晋军没有丝毫可乘之机，两军打得难解难分。北宫纯带兵离开后，汉军阵形立即被撕开了一条大口子，索綝正好率军冲入汉军阵中，一通厮杀之后，汉军口子开得越来越大，贾疋又乘势杀入汉军阵后，将刘曜的中军团团围困。

刘曜在晋军的包围圈中几番冲杀，也没能冲出来，赵染也被贾疋阻隔在包围圈外，不能救援刘曜，眼见刘曜就要被索綝包饺子了，留守长安的刘雅也顾不得长安城了，率领全城两万兵马，硬是杀出一条血路，拼死将刘曜从索綝的包围圈中救出，刘曜被流矢射伤，退保甘渠。眼见汉军损失惨重，刘曜心有不甘，于是，他率军杀奔池阳（今陕西泾阳附近），掳走了池阳七万百姓，返回长安。

刘曜等人回到长安，屁股还没坐稳，贾疋这边就率领大军杀了过来。刘曜本已受伤，不能再战，加之汉军连连战败，士气早已跌落谷底，如今未加休整，如何再战?刘曜只能且战且退，轻松到手的长安城还没捂热就又丢了。然而，刘曜也并非一无所获，长安府库中的金银财宝，以及士兵、婢女八万多人，悉数被他带回了平阳。贾疋夺回的长安，不过是一座庞大的空城而已。

刘曜让长安得而复失，刘聪并没有对他过多责罚，只是将他中山王的爵位削了，仍拜其为龙骧大将军，行大司马之职。而贾疋进了长安之后，立即拥立秦王司马邺为皇太子，以长安为都，西晋就算又有中央了，还能再苟延残喘一阵子。

石勒南征

刘曜在长安败北，石勒却在河南杀得起劲。那么石勒在杀谁呢?留在项城的西晋青州刺史苟晞。苟晞之前来洛阳勤王，走到项城时却只剩下了几千人，进退不得，只好留在项城驻扎下来。苟晞与王赞两人各领了一千多人马分别驻守蒙城与阳夏。彼时，洛阳陷落之后，王弥因不满刘曜将繁华的古都烧成一片废墟，退走山东。石勒却因在洛阳毫无所获退驻许昌。两人之间就隔着苟晞和王赞驻守的这两座城。

其实，对洛阳之战最为不满的人就是石勒。其他三人抢得盆满钵满，只有他什么也没捞着。并且，石勒垂涎已久的山东也被王弥抢占了，这让他更气不顺。他已经占了河北，现在又占着豫西，如果能把山东也囊括进来，这汉国的江山，他就占了一半以上了。对于石勒而言，他就有了和刘聪分庭抗礼的资本。

当然，此时他还不能将自己的野心公然暴露，否则就是偷鸡不成蚀把米，他还要以攻打晋朝残余势力的名义去攻打王赞与苟晞。从石勒当土匪开始，苟晞就一直是老对手。石勒对于苟晞也十分崇敬。如果苟晞能够归顺自己，那对石勒来说就是如虎添翼。因此，石勒亲率大军去进攻驻守蒙城的苟晞。

荀晞就剩了一千多人马，蒙城又是一个小城，既没有深沟高垒，也没有充足的粮草军械，纵然荀晞有着丰富的军事才能，也"难为无米之炊"。很快，石勒大军来到蒙城，荀晞虽然做好了充足的应战准备，怎奈寡不敌众。石勒大军瞬间攻破蒙城，荀晞成了石勒的俘虏。

石勒问荀晞投不投降，荀晞义正词严："我乃晋臣，岂能投降胡狗？"

石勒最忌讳别人说自己是胡儿，甚至连胡字都不想听见，现在荀晞竟然骂自己是胡狗，自然不能忍！于是，他将荀晞的脖子用铁链拴住，骑着马拉着荀晞跑："你不是骂我是狗吗？现在就让你尝尝当狗的滋味。"

荀晞一开始还跟着跑，后来实在跑不动了，被石勒骑马拖着在地上磨出了一道长长的血印。石勒再问荀晞投不投降。荀晞疼痛无比，只得答应投降。石勒立即任命荀晞为左司马，在他军中效力。

荀晞投降后，坐镇山东的王弥慌了，他立即写了一封信，并让自己的老乡刘暾（tūn）亲自送去给曹嶷，催促曹嶷发兵攻打石勒。可惜，刘暾中途被石勒部将孔苌（cháng）捉住，并搜出了密信。石勒见信后大怒，当即杀了刘暾，还要率兵进攻王弥。

石勒的冲动再一次被谋士张宾拦了下来。张宾告诉石勒："王弥现在实力雄厚，如果强行进攻，我方必定损失惨重。我现有一计，可破王弥。"

石勒一听张宾有主意，十分欣喜，让他快快讲来。张宾道："王弥手下有员叫陈午的大将，镇守蓬陂。这陈午是并州流民，与您是同乡，我可以去劝说他倒戈攻打王弥。王弥若想保存实力，必然会请您帮忙。到时我们将计就计，王弥必死于您手。"

石勒立即采用了张宾的计策，先去劝陈午倒戈。陈午被说服后，带兵杀向王弥，王弥果然来请石勒帮忙。石勒也装傻充愣，带兵去给王弥解围，陈午一见石勒来了，假装不敌，率军退去。王弥为了感谢石勒，给他送去了大量的美女、珠宝，这些当然都是他从洛阳抢来的。石勒顺势给王弥回信，邀他到许昌一聚。王弥也没多想，大摇大摆地就来了。

王弥一来，石勒大摆筵席。两人又是叙旧，又是把酒言欢，气氛好得跟亲哥们儿一样。正值酒酣耳热之际，石勒突然发问："怎么不见你的好友刘暾呢？"

王弥打了个马虎眼："他送我的家人回青州了。"

石勒哈哈大笑："不对吧，他不是去叫曹嶷来打我了吗？"

王弥突然一愣，惊出一身冷汗："你这是什么话？哪有的事啊！"

石勒收起了笑，拿出王弥给曹嶷的密信，王弥知道事情败露，当即准备逃离。石勒安排好的伏兵冲了出来，将王弥及其随从乱刀砍死。王弥死后，石勒给刘聪上表，说王弥谋逆，已被自己平定了。刘聪哪里相信石勒的话，心想："分明是你石勒想夺山东，故意诱杀王弥。你狼子野心昭然若揭，我不除你，日后必为我心腹大患。"

刘聪要打石勒，却被陈元达劝阻，理由是晋朝未灭，不可自相残杀。刘聪采纳了陈元达的建议，对石勒言语惩戒了一番，又任命他为幽州牧兼并州刺史。这样一来，石勒即使杀了王弥，也休想染指山东。于是，石勒在豫西转悠了一圈之后，将目标对准了南方。

石勒之所以要打南方，是因为洛阳陷落之后，西晋的琅琊王司马睿在王导等人的帮助下，在南方建立了一个较强的政权。并且刚刚归降的苟晞，也连同他的弟弟苟纯与部将王赞一起出逃，想去投奔司马睿，但被石勒的手下王阳发现，将他们射死了。之前一直觊觎北方的石勒，这才发现，原来南方才是未来的肘腋之患。在巩固了河南的地盘之后，石勒开始训练水军，建造船只，准备南征。

永嘉五年（312 年），石勒率军南下，准备进攻寿春（今安徽寿县）。寿春作为扬州的治所，历来是南方的重镇，并且寿春一旦失守，石勒的大军就可以一直杀到长江边，这对住在建康的司马睿而言，是一个极大的威胁。因此，司马睿也急忙整军备战，以纪瞻为都督，带重兵镇守寿春。

可惜天公不作美，石勒率军一路赶来，正好遇上江淮地区的春汛，大雨一连下了十几天，不仅道路被大水淹没，就连石勒的军营也被大水淹了。为大军囤积的大量军粮不是发了霉就是长了芽，石勒大军陷入进退两难的境地。再加上北方人不适应南方气候，瘟疫横行，大军非战斗性减员就损失过半。而石勒的军营里，此时说什么的都有。有劝他撤兵的，也有劝他进军的，甚至还有劝他投降晋朝的，石勒听烦了，跑去找张宾商量对策。

张宾说："将军攻陷洛阳，把晋朝皇帝俘虏到了平阳，把洛阳的财富抢劫一空，把洛阳的人口屠戮殆尽，把皇宫的女人悉数抢走，甚至还挖了司马氏的祖坟，烧毁了洛阳。对于晋朝而言，您的罪就算拔光了头发也数不过来，降晋自然不可取。如今唯一的办法就是退回您的大本营邺城。"

石勒也想退回邺城，可是万一晋朝大军从背后追来，又该如何是好?张宾又说："将军可先派人押运辎重北去，再派一员大将佯攻寿春，等辎重都北返之后，再徐徐撤退，晋军必不敢来追。"

石勒于是命孔苌带兵佯攻寿春，辎重则由张宾率部北撤。孔苌作为先锋，带着两千人马，扬言要进攻寿春。寿春守将纪瞻先是命城外的居民全部撤回城内；又在港口准备了五十艘粮船，每船只设两名士兵看管，并且告诉守船兵士，敌兵来抢时只管逃跑，不要和他们交战；再命祖逖和桓彝埋伏一千人，守在港口，准备伏击敌兵。

孔苌的人马很快摸进港口，发现有这么多粮船，饿极了的北方兵见粮就抢。晋军士兵纷纷跳江逃走，孔苌命人将粮食全部运走，可跳上船的北方兵这才发现，船上既无船桨也无篙竿，根本没办法运粮。孔苌无奈，只得让兵士将粮食背上岸来，准备用马匹驮走。

正在这帮北方兵搬运粮食之际，祖逖与桓彝的兵马一齐杀出。孔苌这边毫无防备，士兵们只顾搬粮，甚至连兵器都还没从地上拾起，就被晋军一通砍杀，几乎全军覆没。多亏石勒及时率军赶到，救出了孔苌。纪瞻这边不知石勒的虚实，不敢追击，只得退回寿春。而石勒却只得望江兴叹，从此再无南来之机了。

石勒开始集结兵马缓缓撤退，晋军见石勒大军撤去，竟然不带辎重，纪瞻也不敢贸然追击，只得放石勒从容北去。可石勒退去的同时，也遇到了麻烦：军粮没了。他还得命人筹备军粮。然而，石勒大军从南方撤回来这一路，竟然都在坚壁清野，一粒粮食也没给他们留下。因为此时的安徽、河南一带，正是乞活军活动的地方。乞活，顾名思义，乞求活命，乞活军，既非晋朝政府武装，也非民团，而是由流民自发组成的队伍。此番石勒北行，便遇到了大股乞活军拦截，行进颇为艰难。

没了粮食不要紧，这帮羯族人在十六国时期是出了名的吃人狂魔。石勒大军这一路，就是靠着吃人才回到了黄河南岸。然而，到了黄河边，石勒傻眼了，他们没有船只渡河。因为黄河上的船只都被一个叫向冰的土匪抢去了。石勒先派鲜于丰去攻打向冰，没想到向冰这群悍匪竟然把石勒的正规军打败了，石勒只好亲自出马收拾这群悍匪。土匪出身的石勒一出手，不仅抢到了过河的船只，还抢到了大批的粮食。石勒挥军渡过黄河，准备向他的大本营邺城进发。但石勒没想到的是，他刚渡过黄河，就有人来报，邺城丢了。

再战河北

石勒这次可真是偷鸡不成蚀把米，不仅没拿下寿春，老窝都让人端了。石勒心里琢磨：在这北方地界上，除了刘聪，还有谁会去端他的老窝呢？其实，端他老窝的还真不是刘聪，而是留守晋阳的刘琨。

刘琨趁汉军南下之际，迅速在晋阳发展壮大自己的势力，并且向晋北出击，接连拿下忻州、吕梁、阳泉等地，还进一步联络雁门关外的鲜卑拓跋部，与拓跋部首领拓跋猗卢建立了联盟。拓跋部占据平城（今山西大同），而拓跋猗卢又被晋朝册封为代王，建立了以平城为都城的代国。刘琨正是在拓跋猗卢的帮助下，占据晋北，进而派自己的侄子刘演进军防卫空虚的邺城，并且一举拿下。

对于汉国皇帝刘聪来说，刘琨就像插入他汉国内部的一枚钉子。可刘聪此时只想着进攻洛阳和长安，根本无心去管刘琨。刘琨实在做得过分了，他也不过是派一支军队去骚扰一下刘琨而已，结果接连被刘琨暴揍，只能灰溜溜地滚回平阳。这回石勒一听说自己老窝被刘演占了，领兵就要打回去。张宾再次出来阻拦："如今刘琨实力强劲，邺城又易守难攻，我们刚从南方撤回来，部队也才刚吃上饱饭。如果贸然进攻邺城，久攻不下，刘琨又来增援，我军将陷入绝境。"

石勒这边正气得吹胡子瞪眼，听张宾这么说，一时也没了主意："我们该去往何处？"

张宾笑道："回襄国（今河北邢台）去。"

于是，石勒大军绕过邺城，回到襄国，这才算有了落脚之地。石勒在襄国越想越气："想我半年之前还叱咤南北，搅动风云。没想到，去了一趟江淮，混得竟然比赤壁战败之后的曹孟德还惨，连老窝都让人占了。"

虽然失了邺城，但刘琨把他失散多年的母亲送到了襄国，并且劝他降晋。石勒给刘琨送去金银珠宝，以示感谢，但投降却是万万不能的，他越想越不甘心，怎么办呢？他把目标瞄准了幽州的王浚。

为什么是王浚呢？因为当时在石勒的周边，只有王浚是个比较好捏的"软柿子"。洛阳陷落之后，大批西晋士族人口逃往幽州投奔王浚，王浚也有了割据称雄的野心，甚至还谎称晋怀帝下了密诏，让他做尚书令，统领百官。之后，王浚竟然大模大样地举行社坛祭天，任命百官，俨然一个未加冕的皇帝。利令智昏的王浚听说石勒回到襄国之后，坐立难安，他立即派手下将领张豺率军进驻苑乡，对襄国形成军事威胁。

石勒见张豺到了苑乡，正愁找不到理由出兵打王浚，没想到王浚自己送上门来了。石勒立即派大将夔安、支雄等人率军猛扑苑乡。张豺自恃手里有几万人马，并未加以防范，没想到石勒大军突然扑杀而来，一下子就冲破了苑乡守军的防御外沿，吓得张豺赶紧收缩兵力，拼命防守，同时派出快马，通知上级王浚——他顶不住了，快派支援！

王浚手里其实也是有撒手锏的，这个撒手锏就是鲜卑的段氏。这个段氏日后在云南建立了大理国，没错，就是金庸小说里南帝段皇爷那一支。不过这都是后话了，目前这支段氏还在东北的冰旮旯里受着冻呢。此前，段务勿尘就和祁弘一起出兵打过石勒，可惜祁弘被张宾射死，段务勿尘没过多久也病死了。现在鲜卑段氏的掌门人是段务勿尘的儿子，段疾陆眷。

王浚一接到张豺的求援信，马上给段疾陆眷送去了一封求援信。接到王浚的求援信，段疾陆眷也没有耽搁，派出自己的弟弟段匹䃅（dī）、段文鸯和族弟段末柸（bēi）领兵前去增援王浚。张豺军驻守苑乡，鲜卑军进驻渚阳，两军对襄国形成了掎角之势。

面对鲜卑段氏的威胁，同样身为胡人的羯族石勒也不是尿包软蛋。他认为鲜卑军都是些娃娃兵，没什么可担心的，只要击垮鲜卑兵，张豺就会变成张菜，根本不足为惧。石勒一面命张宾留守襄国，在襄国构筑深沟高垒；一面亲自领兵杀向鲜卑军。由于石勒的轻敌冒进，他刚带兵冲入鲜卑军阵，就被段末柸率军截住后路，陷入鲜卑军的重重包围之中。石勒带兵奋力拼杀，终究无济于事。就在石勒快要被俘时，一员小将突然从阵中杀出，将石勒从鲜卑军的包围圈中救出，这员小将不是别人，正是石勒的侄子石虎。

石虎同样是十六国时期十分重要的一位人物，他的这一出场，让他的叔叔石勒对他大为改观。石虎这个人虽然勇猛，但是脾气暴躁，性格更是暴虐无比，动不动就喜欢杀人，石勒差点儿就因此将他杀了。最后还是石勒的母亲出来劝阻，说石虎是一员不可多得的猛将，石勒才放下杀心。如今看来，还真如石勒母亲所说，石虎果然勇猛异常，也因此赢得了石勒的信任。

经此一役，石勒当晚就召开了紧急会议，石勒道："敌军逼迫甚紧，现下又将襄国团团围困，我军若不快速突围，等到他们军队齐整，武器装备、攻城器械增加时，就算孙武、吴起这样的军神复生，恐怕也难以逃出生天。所以，我准备再挑选些精兵强将，出城迎战。"

石勒话说完，又是一通争吵。有人要速战速决，有人要打持久战，有人准备去劫敌军粮草。石勒又转回头来问张宾的意见，张宾不紧不慢地说："我看段氏鲜卑，最勇猛的莫过于段末柸一部，只要拿下段末柸，鲜卑必震恐，到时他们就毫无胜算了。"

石勒连忙问计，张宾起身对众将道："段末柸的军队驻扎在襄国北门，我们可以暗中在北门外围的二十多道栅栏上凿个小门，寻个机会，趁段军不注意，突然由小门冲出，直冲段末柸大帐，以迅雷不及掩耳之势杀了他，段军必败。"

于是，石勒命孔苌为先锋，率军先凿开北门栅栏。接着，石勒又在城上擂起战鼓，以喊杀之声吸引敌军注意力。鲜卑军不明所以，争相往襄国城楼上观望，丝毫没有察觉危险已经靠近。忽然，羯族军从另一个方向朝着鲜卑军一通扑杀，鲜卑军一个没注意便被冲得七零八落，想要再形成有效战斗力已是痴人说梦。段末柸虽然勇猛，率军死战，但孔苌也不是吃素的，与段末柸打得不分高下。而城内的石勒见孔苌得手，立即率军杀出，鲜卑军瞬间大溃，逃亡三十余里。段末柸也因寡不敌众，被石勒生擒。

鲜卑军经此大败，狼狈退回渚阳，不肯再战。而段氏兄弟毕竟手足情深，得知族弟被擒，段疾陆眷派人给石勒送来重礼，希望与石勒谈判，赎回自己的兄弟段末柸。最终双方达成协议，只要鲜卑军退回辽东，石勒就放了段末柸。不仅如此，石勒还收段末柸为义子，赠送了他大量金银财宝，段疾陆眷送来的重礼也一并奉还。段疾陆眷感念石勒的恩情，立即退兵返回辽东，任凭王浚催促，他就是不发一兵一卒。

大战刘琨

石勒与鲜卑段氏结盟之后，便想一鼓作气占领幽州。而张宾却告诉他："王浚已然是掌中之物，可以不必着急。当务之急，是要夺回被刘演占据的大本营邺城。"正在此时，刘聪也开始对晋阳的刘琨下手了。石勒不配合刘聪打刘琨，却要去占幽州，这会让皇帝怎么想？

于是，石勒立即派侄子石虎为先锋，又以张宾为主帅，率军三万去攻邺城。刘演一见羯族大军前来，正准备据险而守，哪知石虎一来，不管三七二十一，见面就开打。刘演哪里见过这种阵仗，再加上石虎勇猛异常，刘演毫无招架之力，只得放弃邺城逃跑。

刘演的不管不顾，可坑苦了手下这群汉军俘虏。石虎可不管你是俘虏还是降卒，只要是汉人，通通活埋。石虎的凶残暴虐也可见一斑。石虎这边正在挖坑，石勒率军赶到，看到石虎便问："你在做什么？"石虎道："正要挖坑，把这帮汉人活埋了。"几千俘虏见到石勒，更是哭作一团。

石勒赶紧下令："兔崽子，既然他们都已经投降了，怎么还要坑杀？赶紧给我都放了，否则我先埋了你！"并且石勒给全军下令：今后凡有投降者，一律免死，不可擅杀。

刘演这边丢了邺城，还只是坑了几千降卒，而刘琨那边，不仅丢了晋阳，还坑了他的父母。这又是怎么回事呢？

刘聪在刘曜长安失利之后，便腾出手来拔除刘琨这颗钉子。刘聪先是策反雁门附近的少数民族，占据了雁门关一带，切断了刘琨与拓跋猗卢之间的联系。刘琨当然不能坐视不理，如果没有了鲜卑拓跋部的支持，自己又将重新回到困守孤城的境地。于是，刘琨留下将领郝诜（shēn）、张乔镇守晋阳，自己则率军去雁门平叛。

刘琨刚走不久，刘聪便派刘曜率军八万直扑晋阳。刘琨本来兵就不多，自己又将主力都带去了雁门，郝诜和张乔哪里是刘曜这八万大军的对手。刘曜来到晋阳城下，二话不说，直接强攻晋阳，郝诜与张乔不敌，晋阳顺势被刘曜攻下。刘曜进城之后，先杀了刘琨的父母，接着留下刘丰担任并州刺史，驻守晋阳，自己则带着大军一路向北，去追击刘琨。

刘琨此时已在雁门平叛，突然听到晋阳失守，自己的双亲被杀，气得大哭不已，几乎昏厥，连夜带兵向南奔来，要找刘曜报仇。刘曜大军也向北杀来，很快两军在野外遭遇了。刘琨气昏了头，根本顾不上阵形，见了刘曜就是一阵猛冲猛砍，刘曜比刘琨冷静得多，他兵分数路，从三面围攻刘琨。刘琨虽然一路猛杀，却毫无章法，在重重包围之下，依然像疯了一般砍杀，若不是他的军士强行突围救走自己，恐怕刘琨就要殒命沙场了。

刘琨败走之后，一路向北，去找他的盟友拓跋猗卢。拓跋猗卢听说刘琨之事后，对他很是同情。一番休整之后，拓跋猗卢命自己的长子拓跋六修率兵三万，与刘琨收容的一万旧部作为先锋，自己则亲率二十万大军，带着侄子拓跋普根、大将卫雄、范班、箕澹等人南下晋阳。

很快，刘琨和拓跋六修的先锋军便在汾河东岸与刘曜的汉军遭遇了。

刘琨这边全军缟素，个个骑着白马，身着白衣白甲，为刘琨的父母戴孝。所谓哀兵必胜，刘琨见了刘曜，那更是仇人见面分外眼红，二话不说，又是一阵猛杀。当然，这回有拓跋六修为他整军，不用担心阵形章法的问题，刘琨得心应手，更是杀得昏天暗地。

两军在汾河岸边杀了三四个时辰也未能分出胜负，这时，拓跋猗卢的大军也赶到了，刘曜只见黑压压一片，自己瞬间被二十万鲜卑大军围得严严实实。汉军从没见过这么大的阵仗，吓得狼狈逃窜，溃不成军。刘曜这边拼命杀出重围，自己身负重伤，幸得手下大将傅虎为他挡住追兵，刘曜这才顺利渡过汾河。等刘曜再回头去看时，傅虎已经战死于乱军之中。

刘曜拍马赶回晋阳，知道晋阳也守不住了。于是，刘曜重操旧业，干起了在洛阳时的勾当，将晋阳府库连同百姓抢劫一空，又掳走晋阳数万百姓，最后一把大火将晋阳城烧成废墟。然后，刘曜马不停蹄地朝着平阳逃跑，刘琨和拓跋猗卢带兵猛追。有了上一次在长安逃跑的经验，刘曜这次也算从容，在刘琨和拓跋猗卢的追击下，安然无恙地逃回了平阳。

刘琨这边已然被仇恨冲昏了头脑，想要拓跋猗卢与他直扑平阳，一举灭了匈奴汉国。拓跋猗卢还算冷静，如今半个晋朝都在匈奴人手中，靠自己这点人马想灭了汉国未免有些痴心妄想，这事还得从长计议。于是拓跋猗卢给刘琨留下了箕澹、段繁两名勇将镇守晋阳，又送给他骏马千匹、牛羊无数，还有大量粮草补给，助他重筑晋阳城，恢复力量。

刘聪被刘琨打败，心中气恼，又无力再战，只好拿留在平阳的晋怀帝撒气。他命晋怀帝装成奴仆，在光极殿大宴群臣时，让晋怀帝给文武百官倒酒。晋怀帝无奈，只好系着围裙戴着小帽赔着笑脸伺候这帮匈奴人，稍有不慎还会遭到这帮匈奴人的嘲笑和责骂。很多投降的汉臣看了，不禁放声痛哭，刘聪命人将这帮汉臣轰出殿外，又想到这群人竟然还心念旧主，于是第二天，刘聪便下令将这些投降的汉臣通通杀掉，连同晋怀帝也被毒死了。

占领幽州

晋怀帝被刘聪毒死的消息很快就传回了长安，在长安当了两年皇太子的司马邺终于做上了皇帝，这就是晋愍（mǐn）帝。司马邺登基之后，很快做出了一系列人事安排：任命江东的琅琊王司马睿为左丞相、大都督，关内的南阳王司马保为右丞相、大都督，凉州张轨为太尉、凉州牧、西平郡公，幽州王浚为大司马，并州刘琨为大将军。一系列安排之后，晋愍帝还下了命令：请诸侯举兵伐汉。

可惜，司马邺虽然当了皇帝，他的命令却没有一个人执行。首先说司马睿，他比司马邺还着急做皇帝，只不过建康比长安晚收到消息，被司马邺捷足先登，他当然不可能听司马邺的命令！再说司马保，他就是胆小如鼠之辈，能待在自己的封地里自保就不错了。凉州张轨离得实在太远，并州刘琨还没恢复实力，而幽州王浚则被石勒灭了。

司马炽被毒死的消息传到幽州之后，王浚就准备着手代晋称帝了。正当王浚把他的这一想法说给手下人听时，立即招致西晋诸多逃亡过来的大臣反对。王浚心想："我就是告知你们一声，又没说同你们商量，你们哪来那么多叽叽歪歪!"于是，王浚在幽州展开了一场"大清洗"，将反对他称帝的西晋大臣通通抓来杀了，闹得幽州人心惶惶。多数人见王浚这里待不下去了，便继续往北，去投奔辽东的慕容廆（wěi）。

鲜卑慕容氏的事情后面会有详细描述，这里暂且不表，先说说王浚。一心想当皇帝的王浚在幽州搞得众叛亲离，可他又十分需要人支持他。这个时候，石勒刚夺回邺城，正准备对王浚的幽州下手，又见王浚急于当皇帝，便给他送去了一封书信，说自己愿意支持他做皇帝。

王浚一开始觉得石勒是在戏弄自己，石勒刚刚拿下冀南，实力正盛，怎么会来支持自己当皇帝？见王浚不信，石勒马上派出一名叫王子春的说客。

王子春说："我们石将军确实要才能有才能，要兵将有兵将，要地盘有地盘，他之所以支持您为帝，主要是因为您的血统正啊！您看三皇五帝到如今，能辅佐明君开创霸业的胡人不少，可是没有一个胡人能够做皇帝。我们石将军也想称帝，可是天子的天道气数不在他，而在您，如果强行为之，不仅帝位不保，反会招致杀身之祸。您看项羽当年如此强大，但天下却归了刘邦，这就是天命不在他。如今天命在王大司马，而不在石将军，石将军又岂敢以萤烛之光去比日月？所以，石将军现在向您俯首称臣，并不是他实力不强，能力不够，而是天命所归不敢违抗，您又有什么奇怪的呢？"

王浚听王子春这么一说，心里边也觉得自己是天命所归，该他当皇帝了，不禁喜上心头。于是王浚当即许诺封王子春为列侯。随后，王浚派人去往襄国视察石勒的驻地，查探石勒是否真心要拥立他当皇帝。

石勒经过一番精心安排，又对王浚派来的人好吃好喝好招待，临走还不忘送上大量金银进行贿赂。这人回到幽州便对王浚讲，石勒确实对王浚忠心不二，他府库里已经空了，兵卒也都是些老弱残兵，根本无法和王大司马对抗。王浚从此对石勒放下戒心，一心准备登基称帝。

石勒一通马屁把王浚拍得晕头转向，真把自己当真命天子了。而石勒这边很快就集结了十万兵马，准备开赴幽州。石勒也不着急，大军不紧不慢地向幽州进发，走到易水南岸，却被幽州督护孙纬拦住了去路。石勒便在原地安营扎寨，等着王浚来接他。果然，王浚派人给孙纬送信，说石勒是来投奔自己，拥立自己称帝的，让孙纬赶紧放行。

王浚身边有头脑较清醒的人跑来提醒他："国与国之间的事情，大司马还是小心为妙，万一被石勒偷袭了，到时候咱们可就追悔莫及了。"王浚被他的皇帝梦冲昏了头脑，不但不听劝，还对手下人说："如有再进言者，通通处死。"此外，王浚还在蓟城摆下酒宴，等着给石勒接风。

石勒这边日夜兼程，一路畅通地来到蓟城之下，到达时已是深夜。守城兵士一听是石勒到来，立即打开城门放他入城。可是，石勒十万大军进城足足用了快两个时辰，守城官员一看要出事，连忙通知城内兵卒连夜逃离。

等到天亮，蓟城迎来第一缕曙光时，大家再看，整个蓟城除了那个还在做着皇帝梦的王浚，所有兵士跑得干干净净。老百姓竟还拿着酒食迎接，石勒简直有些感动，令部下大饗一把，然后把良心挟在胳肢窝里，大吼一声："爷爷来了！"纵兵大掠幽州。可怜幽州百姓为王浚所累，犒劳了一只白眼狼。

当王浚听说石勒已经杀过来时，什么都晚了，他一抬头，见本属于他的厅堂上，站满了羯族人，他就这么被俘了。王浚被押来见石勒，石勒特开心："想不到取幽州如此容易，王浚，你不是一直很牛吗？你不是一直瞧不起我们胡人吗？今日有何话说？你以为你当个官就比我高贵多少？来呀！将王浚妻子带来！"

王浚被押上，抬头一看，石勒拥其妻而立，怒上心头，骂道："胡奴，敢调戏你爷爷，凶逆如此！"石勒笑道："你身为封疆大吏，坐视匈奴围攻洛阳不救，今日却要做天子，是你凶逆呢，还是我凶逆？你还专任奸暴，杀害忠良，肆情恣欲，不体恤百姓，此乃天要杀你，不是我要杀你！来呀，将他押回襄国，斩首示众。"

王浚被杀之后，石勒的势力又迅速扩张，很快就控制了整个河北地区，又从各地掳掠了五万多户人口注入襄国。汉国皇帝刘聪看到石勒如此动作后，不禁大惊，却又因为几次攻打长安的失利，无力对石勒进行有效的约束，竟然放任自流。

西晋灭亡

建兴四年（316 年），西晋王朝迎来了气数将尽的时刻。

此前，刘曜几次攻打长安都是得而复失。汉国皇帝刘聪对他也没有过多苛责，反而每次进攻长安，都任刘曜为主帅。然而，刘曜几次三番的进攻，搅得长安附近的老百姓没法按照时令种植粮食，司马邺的西晋朝廷出现了粮荒，经济一度崩溃。无奈之下，司马邺也做起了挖坟掘墓的勾当，将长安的西汉皇陵盗掘一番，靠挖出来的陪葬品勉强度日。

远在平阳的刘聪得知司马邺竟然要靠盗掘西汉皇陵来勉强度日，认为西晋王朝已经日薄西山，准备再次出兵进攻长安，一举灭了西晋。这一次，他依然以刘曜为主帅，率领十万大军，发动对西晋的灭国之战。刘曜得知自己再次为帅进攻长安，心下自然是百感交集，他对刘聪说："陛下，之前我净打败仗，虽然您没有责怪我，但是我自己觉得没脸活在世上。这些年我厉兵秣马，就是想为您夺取关中，一雪前耻。如若这次不能拿下长安，平定关中，我就战死沙场，不回来了。"

刘聪见刘曜这么有决心，对于此次灭晋之战又增添了几分信心。刘曜带兵出发之后，刘聪又给石勒下令，命他去进攻晋阳刘琨，牵制刘琨与拓跋猗卢，使其不能率军南下，救援西晋。

西晋这边见刘曜十万大军来势汹汹，广发勤王诏书，邀请各路诸侯发兵勤王。司马邺担心这些诸侯不肯发兵，更是派大臣去亲自催促。而他第一个要催促的人，就是建康的琅琊王司马睿，被派来催促司马睿的是殿中都尉刘蜀。

刘蜀到了建康，宣读完司马邺的诏书，司马睿不为所动。一开始推说江南有杜弢（tāo）之乱，等杜弢被灭之后，司马睿又说杜曾还在。刘蜀知道司马睿在敷衍他，不禁跪地痛哭道："杜曾不过是我朝的疥癣之疾，早一天晚一天平定都无妨。而刘曜领十万大军前来，大有要灭掉我朝的气势，如今长安危若累卵，如您再不发兵，恐怕当今皇上又要重蹈怀帝的覆辙了！"

听到刘蜀这番哀求，司马睿无奈之下，只好问手下将领："你们谁愿意带兵北伐？"司马睿手下这帮人都知道司马睿的心思，大家面面相觑，就是没一个人愿意站出来。但还是有一个愣头青说话了，这个人就是祖逖。这祖逖与刘琨是好友，两人闻鸡起舞的故事被人传颂至今。

司马睿见祖逖愿意去，心里那个悔啊，心想自己为什么要多此一举呢? 不过司马睿还有更绝的："祖逖你愿意去救长安，你就自己去，我一个兵也不给你，只给你一个奋威将军、豫州刺史的头衔和一千人三日的口粮，以及三千匹布。其余的物资，你自己去想办法。"

祖逖也没和司马睿讨价还价，他立即回到扬州故地，带了一百多名旧将和家属渡江北去。等船行到中流，祖逖向南回望，挥拳击楫道："此去若不能恢复中原，则如大江，一去不返。"众将一听祖逖之言，人心更加振奋。祖逖过江之后，以淮阴为基地，开始打造兵器，招募将士，仅十余日就募得人马两千有余。然而，已经没有等祖逖做好准备再出发的时间了。

刘曜大军很快渡过黄河，直逼长安而来。这一次，刘曜一改之前猛冲猛打的个性，来了个稳扎稳打，步步为营。他先进攻长安外围的冯翊（píng yì，今陕西韩城），拿下冯翊之后，他竟拍马向西，去进攻北地（今宁夏吴忠），想切断司马邺向西逃窜的后路。

然而北地却是一座易守难攻的坚城，北地太守麹（qū）昌一面拼命进行防守，一面派人去长安求援。司马邺急忙任命麹允为大都督，率军三万去救援北地。刘曜得知麹允率兵来救北地，便命人找来无数柴草，堆放在北地城外。又命人伪装成逃难的百姓，一路向南，让他们见到麹允的大军就说："北地已经被汉军占领，麹昌也战死了。"

　　果然，这些逃难的"百姓"见到麹允的大军便将这番话一说，麹允坐在马上远远眺望北地。此时，刘曜命人点燃柴草，顿时浓烟滚滚直冲云霄。麹允见北地周围浓烟四起，以为北地已失，大叹一声，带兵退往磻石谷（今陕西铜川北，磻音 bō）。

　　刘曜骗走了麹允的援军，便可从容地进攻北地了。北地太守麹昌苦战十余日，终因孤立无援，被刘曜攻破北地城，当场战死，北地守军全军覆没。拿下北地之后，刘曜开始进攻麹允退守的磻石谷，麹允只有三万人，而刘曜十万大军黑压压地压过来，从气势上就给人以恐惧之感。麹允接仗就败，根本不是刘曜的对手，磻石谷很快就失守了，麹允率残军逃回长安。刘曜大军很快抵达泾阳，开始围攻长安。

　　司马邺见情势危急，再度发出勤王诏书，可毫无作用。上邽的南阳王司马保不仅不发兵救援，还切断了给长安的供给。祖逖的军队远在淮阴。凉州张轨一年前去世了，其子张寔（shí）承袭父位，成为新的凉州之主。张寔倒是发了五千兵马去救长安，可凉州在今天的甘肃武威，与长安相距一千多里，远水难解近渴。刘琨被石勒打得大败，只身逃往辽东投奔鲜卑段氏。而代国的拓跋猗卢因传位问题，导致代国内乱，自己被儿子拓跋六修杀死，拓跋六修又被拓跋普根杀死，整个代国四分五裂，也不可能发兵救长安。

　　另外还有三路兵马赶到了长安附近，他们与其说是来救长安的，不如说是来看热闹的。三路人马分别是安定太守焦嵩的两万兵马、新平太守竺恢的两万兵马，以及弘农郡长宋哲的一万兵马。而长安城外还有散骑常侍华辑招来的三万人马。各路大军加起来，总数也有八万，可就是没有一路敢去攻打刘曜，都坐看刘曜进攻长安。

　　刘曜大军连攻带围，打了长安数月，长安外围的兵马愣是没有出来打过一仗，这些人一个个都心怀鬼胎。焦嵩因看不起麹允，扬言麹允不走就不进兵。竺恢更是如此，他来就是等着看索綝和麹允笑话。宋哲最为神秘，他来的目的或许只有天知道，不过此后他却拿着晋愍帝的遗诏去建康拥立司马睿为皇帝，这也是司马睿称帝的唯一合法依据。华辑是个胆小鬼，长安城破之时，他第一个逃到秦岭山里躲了起来。只有凉州张寔派来的大将王该率领五千人马与刘曜大战一场，全军覆没。

而在长安城内的晋愍帝司马邺，此时真可谓如坐针毡，度日如年。长安城里早就没有了粮食，现在连老鼠都吃光了，百姓更是到了易子而食的地步。当司马邺听说凉州兵马已全部战死时，他知道，不会再有援军来救长安了。于是，司马邺与索綝、麹允商议一番之后，决定出城投降。

司马邺原本派侍中宗敞带着降书去刘曜营中请降，谁知半路被索綝截了。索綝竟然让自己儿子带降书去刘曜营中谈条件。索綝的儿子见到刘曜就说："城中的粮食至少还能吃一年，您想攻克长安，还需付出惨痛代价。如果你答应封我父为车骑将军、开府仪同三司、万户郡公，我父就可以献城纳降。"

索綝真是太小看刘曜这帮匈奴人了，没有十足的把握，他们敢围攻长安数月之久?死到临头了还敢去讲条件。刘曜二话不说，拔出刀来，当场就把索綝的儿子杀了，并且命人把尸体抬回去给索綝："你们告诉晋军，有兵就来战，有粮就坚守，如果没兵没粮，就赶紧出来投降，别在老子面前耍花招。尤其是像索綝这样的，我见一个杀一个。"

索綝无奈，派宗敞出去请降。这一年的十一月，晋愍帝司马邺将自己绳捆索绑，口含玉璧，光着身子坐上羊车，羊车后面还拖着一口棺材，在风雪中前往刘曜军营投降。隆冬时节，西北风又冷又冽，天上还下着鹅毛大雪，司马邺被冻得瑟瑟发抖，上半身变得僵紫。连刘曜都看不下去了，匆匆接受了玉璧，烧了棺材，又命人取来羊皮大氅给司马邺穿上，让他不至于被冻死。接着，刘曜将司马邺及一干晋朝大臣押送平阳，交刘聪处置。

刘聪在光极殿举行了盛大的献降仪式，司马邺向刘聪行三跪九叩之礼，麹允见状大哭，被刘聪关入牢中，当晚便自尽了。刘聪封司马邺为光禄大夫、怀安侯;又认为麹允是忠臣，追封车骑将军、节愍侯;唯有索綝，刘聪称其为奸臣，斩于市曹。同时，刘聪又晋封刘曜为秦王、大都督、都督陕西诸军事，镇守长安。

从司马炎篡魏称帝，到司马邺雪地请降，曾经不可一世的西晋王朝，在走过五十二年之后，就此灭亡。

第四章

东晋纷乱

祖逖北伐

建武元年（317 年）三月，琅琊王司马睿在建康接受了宋哲带来的晋愍帝遗诏，遗诏让他"摄行大位"。司马睿精心准备一番之后，自称晋王，改元建武，并设置百官。虽然他没有立即称帝，但已然是晋朝的实际统治者了。由于司马睿建立的这个晋朝偏安江东，因此又被称为东晋。

同年，在淮阴练兵的祖逖开始向安徽进发，很快就占据了安徽北部大片地区，兵锋直指豫、兖二州。要兵进河南，祖逖就必须打通谯郡。这个谯郡就是曹操的老家，今天的安徽亳州。然而，此时的谯郡却被乞活军占据着。为首的两个人分别叫张平、樊雅，两人都是中原流民，后来加入乞活军，并在乞活军里拉起一支队伍，占据了谯郡。

祖逖这边急于向河南进发，却被一支乞活军拦住了去路。祖逖也不管对方是汉人还是胡人，他决定先打通谯郡再说。然而，祖逖手下一名叫桓宣的参军出来阻止了他。桓宣对祖逖说："大家其实都是自己人，都是我晋朝的子民，何必兵戎相见呢?我与张平、樊雅有过一面之缘，不如让我去劝降。"

能不动刀兵就解决谯郡的问题，祖逖求之不得。他立即派桓宣入城，去劝降张平与樊雅。桓宣入城之后，对张平与樊雅晓以大义："二位都是当世英雄，如此混日子能混到什么时候?不如跟随我们祖逖大将军，一起恢复中原，成就一番伟业。"张平与樊雅当即答应，并集结军队等待祖逖前来收编。

祖逖派来收编这支乞活军的人叫作殷义。这殷义来到谯郡城内，不仅说话阴阳怪气，十分欠揍，言语之间还对张平和樊雅极尽羞辱。他指着府中一口大锅道:"这玩意儿放在这里就是个废物,不如拿去熔了铸成兵器。"

张平立马就急了:"这是帝王镬(huò),以后咱们北伐成功,天下太平时还要用的,怎么可以毁了?"

殷义立即阴阳怪气起来:"到时候你脑袋保不保得住都是问题,你还想保一口破铁锅?"

张平听见殷义这话,认为祖逖并非诚心收编,他二话不说就把殷义的脑袋砍了,并高悬于谯郡城楼之上。祖逖见殷义被杀,也没追究缘由就翻了脸,立即领兵来攻城。张平这边则把城门一关,带兵死守谯郡。

祖逖在城下一连攻了好几天,也没把谯郡攻下来,最后还是桓宣劝降了张平手下的谢浮,趁张平不备,杀了张平,谯郡才被祖逖攻破。樊雅带着援兵赶来,却不想张平被杀,于是与祖逖大军一通厮杀。祖逖这边都是训练有素的正规军,与樊雅的乞活军一交手,顿成碾压之势,将乞活军杀得大败,樊雅也战死了。其余的乞活军见主将阵亡,纷纷投降了祖逖。

祖逖占了谯郡,算是打通了进入河南的最后一关。然而,乞活军却像幽灵一般缠住了他,刚解决完张平和樊雅。另一路乞活军首领陈川又派手下将领魏硕带兵来谯郡周边各县劫掠,并且试探祖逖的虚实。结果祖逖派韩潜去追击魏硕,把魏硕杀得大败而逃,韩潜又对魏硕紧追不舍,一路追到了蓬陂。

陈川偷鸡不成蚀把米,不仅损兵折将,还丢了几座城池,自己确实不是祖逖的对手,怎么办呢?他也要找棵大树来抱,而离他最近的大树不是别人,正是石勒。陈川与石勒在河南打了六七年,如今陈川献城来投,石勒高兴得快蹦起来。石勒立即派自己的侄子石虎带兵五万去收蓬陂。

石虎领兵五万,雄赳赳气昂昂去收蓬陂,路上他就听说,江南来了个祖逖,愣是把陈川打得投降了石勒,此番出兵不但要接收蓬陂,还要击退祖逖。石虎耳朵听着,心里却不在乎:"什么祖逖,没听说过。刘曜都不敢惹我们,王弥、王浚又如何?刘琨又怎样?靳准什么下场?江南军素来胆小如鼠,就凭我这五万兵,还不立刻将祖逖的人马踏平了?"

石虎目空一切，走得正欢，一时间伏兵四起，将他那五万骄兵围在中间，石虎慌乱间没了章法，被祖逖一仗杀败。石虎战斗经验丰富，见情况不对，令全军马上撤退，同时在撤退中迅速组织防御，以免被祖逖军击溃。祖逖率军追击，与石虎围着豫州展开了追逐战。石虎虽败，心智倒还清醒，他认为要找帮手，便往陈川处跑，祖逖就追，石虎大喊："陈川开门，我来救你了！"陈川一看："哟，羯族军来了，快开门接进来，我要与他们商议如何对付祖逖！"

他把门一开，石虎就进来了，然而祖逖跟在石虎后面，也进来了。陈川差点吐血，心说："石虎，你这是来救我的还是来坑我的？"事到如今也没办法，陈川只好与石虎合兵一处，和祖逖硬抗。人多确实有点用，祖逖军硬是被拦在城内，双方谁也奈何不了谁。最后双方以城中为界，各占一半，棋布错峙。

石虎与陈川合兵之后，陈川的乞活军逐渐被石虎吞并了，陈川本人被石虎送去襄国，交予石勒，至此，乞活军的一支中坚力量便消亡了。石虎在豫州打得艰难，而石勒经过一番操作，顺利当上了赵王。石虎被授予单于元辅之职，统领军事。于是，石虎留下桃豹继续与祖逖对峙，自己回襄国任职去了。而另一边，刘粲与李矩、郭默、赵固、魏该等人又打起来了。这是怎么回事呢？

原来祖逖一进入河南，就有荥阳太守李矩、河内太守郭默以及河东太守魏该来投。这三位此前也是流民，算是乞活军的一部分，平时各自为政，战时结成联盟，互帮互保。三人见祖逖不仅打得陈川投降石勒，还是东晋朝廷任命的豫州刺史，是河南正牌的统帅，于是，三人一合计，干脆归顺祖逖，名正言顺地做晋朝的太守。与此同时，驻守洛阳的汉国大将赵固竟然献出洛阳，投奔李矩，李矩立即引他来见祖逖，由此赵固也归顺了东晋。

汉国皇帝刘聪在平阳得知洛阳丢了，而且祖逖已经收复了河南、安徽大片土地，他再也坐不住了。刘聪此时已经杀了皇太弟刘乂，让自己的儿子刘粲做了太子。为了给太子树立威信，建立军功，刘聪便命太子刘粲率军十万攻打洛阳。汉国十万大军一来，赵固哪里是对手，被刘粲打得落荒而逃，洛阳顷刻间又归了汉国。赵固一路逃到阳城山（今河南焦作），李矩、郭默、魏该的援军才赶到洛阳，赵固又率军杀回洛阳，与大军合兵一处，在洛阳城外与刘粲对峙。

如此对峙下去也不是办法，李矩等人商议了一番，决定夜袭刘粲。刘粲是皇子出身，虽说也经历过战阵，但平日奢靡的生活过惯了，时常在军中饮酒作乐，因此到了夜里，汉军大营里防备松懈，个个睡得如死猪一般。果然，李矩这一偷袭，刘粲的汉军被杀得大败，只得放弃洛阳逃回平阳。晋军袭营时，李矩命军士们高喊："生缚刘粲，以赎天子！"

刘粲回到平阳，就建议刘聪杀了司马邺，刘聪起先还在犹豫，刘粲说："周武王当年难道想杀殷纣王吗?还不是怕他成为日后的祸患。现在祖逖所过之处，投奔者众多，这其中一个很重要的原因就是祖逖打着迎回天子的旗号，如今只有杀了司马邺，才能动摇祖逖北伐的决心。"

建武元年冬，晋愍帝司马邺在平阳被刘聪杀害。消息传到江东，已是第二年的三月。司马睿在众臣的建议之下登基，正式成为东晋的皇帝。

而在蓬陂的祖逖现在面临的却是一个十分尴尬的局面。由于祖逖与桃豹谁也灭不掉谁，因此，祖逖干脆在蓬陂屯田，继续跟桃豹耗着。桃豹这边军粮也出现了短缺，见祖逖屯田，他也命令军士放下武器去放牧。此时看蓬陂城，东门外，祖逖的军队在种地；南门外，羯族的军队在放牧；一座城池，两种生产方式共存，实乃奇观。

时间一久，桃豹的心理产生了变化，为什么呢?人家汉人种地，一收就是好多谷子，一吃就吃很久，吃不完的还能存放；而自己这边吃牛羊，杀一头，少一头，新下的崽，还得养大才行，就算是这样，牛羊也快吃光了，再吃下去，就得吃人了。

祖逖很清楚桃豹的心理变化，他让运粮队想办法给桃豹送几袋粮食过去。运粮官莫名其妙地望着祖逖："怎么着，我们还要拿粮食来养他们?"祖逖笑而不答，同时命令军士准备上千个装满土的粮食口袋，再筑一座高台，将假粮食口袋全堆上去。

很快，高台筑成，粮食袋子满满当当地堆在上面，一派丰收景象，让对面的羯族人看得眼饱肚中饥，桃豹心里将信将疑："就这十几个月的时间，祖逖种了这么多粮食出来？我倒要抢他几袋子瞧瞧。"

一天，晋军运粮队的几个人背着粮食上高台，途中似乎累得走不动了，坐地上歇息。桃豹一瞧正好，给我抢！几个羯族士兵冲过去就抢，晋军一见，撒腿就逃，几袋粮食就落入了桃豹手中。桃豹回到营中，抽出匕首，将粮袋子划开一看，白花花的大米，亮晃晃地摆在眼前，颗颗饱满，粒粒诱人，桃豹一屁股坐在地上，颓然长叹："祖逖军如此丰饱，我军饥饿不堪，这仗还怎么打下去呢？"

于是，桃豹立即写信给石勒求援："我军如今人饿马饥，速速给我弄些粮食来，否则蓬陂就不保了。"石勒刚刚称王，桃豹不仅不给他献礼，反而跑来找他要粮食，他心中大为不爽，可又挺无奈，如果让祖逖突破蓬陂，那他这个赵王就当不安稳了。于是，石勒安排了一千头驴，满载粮食，让将军刘夜堂领队去接应桃豹。

其实祖逖也缺粮缺得紧，他这些招数都是用来蒙蔽桃豹的，目的就是让桃豹去找石勒要粮食。果然，石勒现在给桃豹送粮来了，他的计划也可以施展了。祖逖派将军韩潜、冯铁埋伏在汴水附近，等敌军半渡时发起攻击，直接把千头毛驴连着粮食全部截获，敲锣打鼓回到蓬陂。桃豹一看粮食被劫走了，那还打个屁啊，他立即弃关逃走了。

祖逖见桃豹不战而走，大喜过望，他立刻宣布：向石勒进攻！祖逖的这一口号一出，很多原来还处于观望态度的河南武装纷纷转了向，前来投奔祖逖，祖逖的队伍越来越壮大，地盘也越来越多，几乎占据了整个河南，成为名副其实的豫州刺史。

眼看着祖逖的势力越来越大，石勒坐不住了，他派骑兵一万人，给祖逖来个远程奔袭，本想一战破之，谁知竟为祖逖所破，一万人损失几千，剩下那几千不服，接着打，又被破，再损失几千，几乎全军覆没。

占领河南后，祖逖开始鼓励农桑。自元康九年开始，足足二十一年，地几乎无人种，桑麻也几乎无人理，每个人每天都在面对战火，随时都在担心自己的妻儿老小被捉、被杀，甚至被他人吃掉。当祖逖到来的时候，中原百姓才明白，原来，能安心种地，也是一种奢侈。

到这个地步，石勒明白，只要祖逖在，他是没机会进河南了。但是，祖逖却很有可能入河北。为了避免与祖逖再发生武力冲突，石勒命人去范阳，修缮祖逖的祖坟，把祖逖的祖坟修得金碧辉煌。然后，他又给祖逖去了一封信，大致内容是："祖逖兄弟，咱俩也别打了，你占河南，我占河北，大家开市场做贸易，互通有无可好？"祖逖接到信后，将信放在案头，也不给石勒回信。石勒左等右等，不见祖逖回信，想着干着急也没用，干脆自己先开市，看他祖逖来不来做生意。

石勒一开市，河南人自然不拒绝，只要不打仗，干什么都好。于是两地生意往来频繁，由于胡人不会治理，河北比河南要凋敝得多，所以河南这边获利甚丰，是河北的十倍。祖逖将收取的赋税皆用于养兵，一时间兵强马壮，士卒北顾而砺刀，祖逖仰天长啸，收河北进入了他的日程。你和我做生意，我当然乐得赚你的钱，拿你的钱养我的兵，然后再打你。

正当祖逖在河南干得风生水起时，一个消息传来：他的好朋友刘琨因为卷入鲜卑段氏的夺权纷争，被段匹磾杀害了。与刘琨的公子哥性格相比，祖逖确实务实得多，只可惜刘琨一代名将，未能战死沙场，却为鲜卑人所杀，祖逖未免为他感到惋惜。想想昔日两人为司州主簿时，日日闻鸡起舞，何等畅快，只是这乱世一来，命运却变得截然不同了。

就在祖逖厉兵秣马，准备出兵河北收拾石勒的时候，一件让他头痛不已的事情也赶了上来：东晋朝廷以戴渊为大都督，前往河南，取代了祖逖，成为北伐的新任领导。戴渊祖上曾在吴主孙权手下做过左将军，他的父亲官至会稽太守。戴渊少年时性格顽劣，甚至以抢劫偷盗为乐，连大将军陆逊的孙子陆机他也敢抢。但是作为高干子弟，想出人头地总是有办法的，戴渊也是如此。他三十岁时被举孝廉，来到洛阳后，先跟赵王司马伦，后来又跟东海王司马越，最后他又回到江东，跟了琅琊王司马睿。

如今，戴渊摇身一变，成了晋朝的大都督，带着圣旨来接管祖逖的兵马和地盘了。祖逖心里那个恼啊："我在河南收复失地，恢复农耕，让百姓安居乐业，过上太平日子，这有什么过错?如今我正要扩大战果，进攻石勒，皇上为何要摆我一道?"

祖逖不知道，司马睿原本以为他没有兵，即使招募也不过几千人，等这些人不能打了，祖逖也就回来了。可是司马睿没想到，祖逖竟然在河南混得越来越好，不仅收复了整个河南，而且手下还有了数万精兵。然而，司马睿此时遇到了一件更棘手的事情，那就是江州牧王敦随时可能造反。他之所以派戴渊前来接管祖逖的军队，其实是为了防王敦。

戴渊到了河南，宣读完圣旨，便接收了祖逖的军队，而后只是密切注意着南面王敦的动向，再也不思北进。祖逖这边壮志未酬，无法向北进军，心里那个急啊，结果急火攻心，没过多久，东晋的这颗将星便陨落了。祖逖的弟弟祖约接替了他豫州刺史的职务，而戴渊则以征西大将军的身份坐镇合肥，监视江州。

这世上的事情就是这样，你越是怕什么，就越来什么。祖逖一死，王敦真的反了。

王敦叛乱

这王敦是何许人也?怎么敢在司马睿的眼皮子底下公然造反呢?

提到王敦就不得不再提一个人，那就是司马睿的丞相——王导。西晋灭亡之后，司马睿在建康建立东晋，谁的功劳最大呢?当然是他的铁哥们儿王导。如果不是王导以琅琊王氏这个世家大族的脸面，去劝说各个世家大族拥立司马睿，司马睿就算拿着晋愍帝的遗诏，也不可能顺利登基。因此，司马睿对于王导的拥立之功可谓十分感激，任命王导为丞相，总揽朝政。

这王敦不是别人，正是王导的堂兄。王导在建康总揽朝政，王敦则兼任荆州刺史，江州牧，开府仪同三司，汉安侯，江、扬、荆、湘、交、广六州军事长官，同时他还有个显赫身份——驸马爷，他老婆是晋武帝司马炎的女儿襄城公主。

身份显赫的王敦，却是一个性情倨傲，目中无人且又狠毒之人。当年晋武帝司马炎的舅舅王恺，就是和石崇斗富的那位，他家有一个规矩，但凡王家来了客人，都要命女仆去劝酒，只要客人不喝，王恺就会当场把劝酒的女仆杀了。因此，只要是去王恺家里做客的人，基本都会被灌得让人抬回去。

王敦却不以为意，他知道王恺家的这个规矩，可与王导一起去做客时，任凭女仆如何劝酒，他就是不端杯。那女仆哭得梨花带雨，王敦也不理睬，气得王恺真要把那女仆当场杀了。最后还是王导看不过去了，端了王敦的酒一饮而下，才算救了那女仆一命。事后王导骂王敦怎么如此铁石心肠，害人性命?王敦反说："他要杀他自己的女仆，与我何干?"

就是这样的一个人，如今却摇身一变，成了东晋最有实权的封疆大吏，任谁是皇帝，心中都会顾虑。而且王敦只要一高兴，就会在家里敲着酒壶唱曹操的《龟虽寿》："老骥伏枥，志在千里；烈士暮年，壮心不已……"时间久了，王敦家的酒壶几乎没有一个是完好无损的，都被他敲出了疤。

王敦唱谁的诗不好，偏要唱曹操的，这曹孟德挟天子以令诸侯，儿子又篡汉自立，王敦唱他的诗，让晋元帝心里怎么想?东晋实际上的地盘就八个州，两个在王敦手里，他又掌握六州兵权，若是要自立，完全有这个实力。因此，晋元帝一想到王敦，心里就发毛，如坐针毡。

正巧，这个时候梁州刺史周访死了，这可是王敦最怕的两个人之一，另一个就是祖逖。周访一死，王敦就开始蠢蠢欲动，他要找个机会试探晋元帝。周访死了，梁州刺史的位置空了出来，晋元帝就命湘州刺史甘卓去接任梁州刺史。这湘州刺史的位置，王敦便惦记上了，可他又不好意思自己去接，就给晋元帝上书，想让自己的心腹沈充去做湘州刺史。

湘州就是今天的湖南，不仅扼守潇湘与长江，还是重要的粮仓，如此战略要地，晋元帝当然不能答应王敦的要求："天下八州，让你王敦占了三州，那我还当什么皇帝，干脆让给你王敦来做得了。"于是，司马睿让他的叔叔谯王司马承去接任湘州刺史。可是司马承却对皇帝说："我去可以，但是有一个条件，您不能让我和王敦打仗。湘州刚刚经历大乱，还没有恢复过来，您要让我在湘州恢复三年，才可以动兵。"司马睿满口答应，暗中却在准备兵马，万一王敦造反，戴渊就是司马睿的一手准备。

司马承去湘州赴任，途经王敦所在的武昌。王敦被司马睿摆了一道，心里不痛快，却也不得不尽地主之谊，请司马承吃饭。席间，王敦阴阳怪气地问司马承："就凭你，能治理好湘州吗？"

司马承不敢得罪王敦，只能赔笑说："铅刀虽钝，岂无一割之用？"这话本是东汉班超的名言，司马承用在这里，虽是谦恭之说，却也有一番言外之意。王敦知道司马承这是拿话来压他，无非就是说司马承是插在他后方的威胁。可是王敦看得明白，根本没把司马承放在眼里，等到送走司马承后，王敦才对自己的谋士钱凤说："谯王自诩班超，我看他就是志大才疏，不用担心他。"

很快，祖逖身亡的消息传到了王敦这里，把王敦高兴坏了。王敦说："在晋朝中我最忌惮的，一个是南方的周访，一个是北方的祖逖。如今这两人都死了，那我还有什么好怕的呢？"真是人算不如天算，司马睿那边和戴渊一起算计祖逖，没想到王敦之所以迟迟没有发兵，就是因为害怕祖逖。这下可好，祖逖被气死了，王敦终于可以发兵了。

永昌元年（322 年）正月，王敦以刘隗（wěi）、刁协两人是皇帝身边的奸臣为由，打着"清君侧"的旗号从武昌出兵，水陆并进，进攻建康。晋元帝司马睿也发出勤王诏书，并昭告天下："我当亲统六军以诛大逆，有杀王敦者，封五千户侯。"

收到司马睿的勤王诏书，戴渊和刘隗立即带兵赶回建康。刘隗回京后，要求司马睿诛杀琅琊王氏全族。晋元帝对王导还是有感情的，毕竟很多事情还要倚仗王导，现在诛杀王氏全族，司马睿一时还不忍心。

就在晋元帝犹豫不决之际，王导也听说了刘隗让皇上诛杀王氏全族的事情，吓得直冒冷汗。他立即召集建康城中的王氏族人，一齐来到皇宫外下跪待罪。正巧尚书左仆射周颛（yǐ）入朝觐见皇帝，王导哀求他："伯仁啊，我以宗族百余口托付于您，希望您能救我们的性命啊！"

而周颛却假装没有听见，也不看王导一眼，就径直入内去见晋元帝了。见到司马睿，周颛便为王导求情："陛下，王导可是个忠臣啊，他帮您成就大业，为了您的江山社稷他也尽心竭力，如果他与王敦暗中有什么勾结的话，他怎么还会带着全家百余口在建康等着被您杀呢？"

晋元帝一想，周颛说得不无道理，便将诛杀琅琊王氏的事情抛诸脑后，还请周颛一同吃午饭，席间又喝了不少酒。等周颛酒足饭饱走出皇宫时，已是醉醺醺的状态了。王导见周颛醉酒而回，又在后面叫他。周颛这回因为醉酒，根本没听见，因此还是没有理睬王导。王导以为周颛也是劝晋元帝杀他的，从此便对周颛记恨上了。

到了下午，晋元帝午睡起来后，便召王导觐见。王导见了晋元帝，立即伏地痛哭："要说乱臣贼子，哪一代都有，如今却出在我们家，真是惭愧啊！"晋元帝因为听了周颛的话，也不诛杀王氏一族了，反而劝慰王导。王导不仅没受责罚，还当上了前锋大都督，统率京中各军。司马睿又命刘隗驻守金城（今江苏句容），周札驻守石头城。

对于司马睿的这个军事部署，建康城中的很多人都没搞明白。石头城是建康的门户，应该派一个得力干将去驻守才是，再不济也得派刘隗这种能与王敦死磕的人去驻守。周札当年是齐王司马冏的部将，司马冏被杀之后，才投奔了司马睿，这种人对司马睿能有多少忠心？不杀王导也就算了，还让他统兵，这不是给王敦打开了方便之门吗？

此外，晋元帝在他当上皇帝的一年之内，为了形成自己的势力，曾两次下诏整饬吏治，限制并削弱世家大族的力量。这些为加强皇权所做的改革，被称为"刻碎之政"，为晋元帝谋划这一政策的，正是刘隗与刁协二人。也正因这个刻碎之政，王敦的亲信桂阳太守程甫成了殉难者，这也是王敦对刘隗、刁协以及晋元帝心生怨怼的一个原因。

对刻碎之政大为不满的人不只王敦，还有东晋的其他世家大族。这些世家大族与琅琊王氏一样，在朝中把持朝政，在朝外掌握地方实权，东晋能够打仗的大部分军队也都掌握在他们手里。这些世家大族因为刻碎之政也遭受了沉重的打击，因此王敦起兵叛乱，他们大都采取观望的态度，这也使得晋元帝只能倚仗戴渊与刘隗招募的一群新兵蛋子去抵抗王敦的虎狼之师。

因为江东各世家大族皆在观望形势，王敦的大军几乎没有遭遇任何阻截，顺利推进到石头城下。驻守石头城的周札见王敦大军兵临城下，不仅军容严谨，军威浩荡，长江上的战船也是密密麻麻，遮天蔽日，吓得他一仗未打就开城投降了。

司马睿得知石头城投降了，立即派戴渊与刘隗反攻。刘隗手里的兵就是一帮扬州家奴，根本不能形成什么有效的战斗力。与这帮扬州家奴形成反差的，是刘隗自己的家奴，这群家奴跟着刘隗，在石头城里东拼西杀，愣是抵挡了王敦好一阵。可惜刘隗没有坚城作为倚靠，在王敦大军如潮水一般的攻势下，这帮家奴逐渐败下阵，被打得大败而逃。

刘隗这边败了，戴渊又带兵来继续顶上。戴渊带来的，可是跟随祖逖横扫河南的旧部，这些兵马当年在河南那是何等的英勇，乞活军如何？石勒怎样？通通被打得该投降的投降，该逃跑的逃跑。可是，如今祖逖被气死了，领兵的主帅变成戴渊，这些人已然没有当年跟随祖逖北伐的热血，只跟王敦的军队胡乱比画了几下，觉得希望不大，便撤出了石头城，只剩下戴渊还在前面傻冲。

等王敦的主力悉数进入石头城，戴渊尚未发现后军已经撤退，他带领的前军就被打得溃不成军，惨败而逃，王敦乘势率兵进入了建康。司马睿到这个时候才意识到自己的愚蠢，他居然让王导统领建康各军!王导对之前皇帝要杀他全族的事情心有不平，听说王敦占了石头城，他也不做抵抗，让王敦轻轻松松地占领了建康。

其实，这个时候还有一支人马准备去打王敦，那就是皇太子司马绍的东宫禁军。司马绍都已经跳上了马，准备率军去和王敦拼命，幸得中庶子温峤赶来，砍断了太子的马缰，这才将其拦住。

王敦占领建康之后，并未去觐见皇帝司马睿，而是在城里纵兵劫掠，官员府邸、各大商户，均被王敦手下劫掠一空。刘隗和刁协此时却逃入宫中，向晋元帝请罪。司马睿让二人在王敦尚未入宫之前赶紧逃跑。皇帝哭着对二人说："王敦的旗号是清君侧，他要杀的是你们，并不会为难我，你们赶紧逃出建康，或许还有一条生路。"

刁协比较倒霉，他带着家眷逃到句容，被手下杀了，并将他的首级送到王敦那里领赏。刘隗则带着他的扬州家奴一路向北，投奔了石勒。晋元帝看到王敦在建康城里胡作非为，也不进宫，便硬着头皮出来见王敦："现在刁协死了，刘隗逃了，你清君侧的目的达到了，该满意了吧?还不快罢兵回去。你若还不满意，那我回我的琅琊郡去，把皇位让给你，可好?"

王敦此刻确实想过一把当皇帝的瘾，听司马睿这么一说，心里还有些小激动。可他的谋士钱凤是个明白人，知道王敦的那点小心思，立即劝阻了他："司马睿在皇宫内可还有两万禁军，你要把他逼急了，他带着禁军跟你死磕，你是打还是不打?你若打了，那可就是弑君篡位，这个罪名你担当得起吗?不如咱们暂且退兵，反正朝廷已经在你的掌握之中了。"

王导这时也站了出来，劝说王敦要以祖业为重。王导的想法与钱凤不同，他的立场主要还是站在世家大族这边。司马睿再怎么不济，也是世家大族共同承认的皇帝。王敦如果真把司马睿废了，自己坐上去，不仅要遭到北方的士族围攻，南方的士族也会乘机反叛，这将是琅琊王氏的灭顶之灾，那王羲之的《兰亭集序》可能就不能与后人见面了。

王敦在众人的劝说之下，终于答应退兵了。晋元帝按照要求，给王敦加官晋爵，封其为武昌郡公、大丞相、都督中外诸军事、录尚书事。有了这个官爵，王敦可谓是东晋不穿龙袍的皇帝，建康城中的晋元帝成了摆设。

当上丞相的王敦开始在建康城中大肆屠杀异己。包括周颐、戴渊等晋朝忠臣皆被王敦杀害。后来王导到中书省办事，翻看记录，才知道那日他长跪宫外，周颐为他向晋元帝求情的事。王导拿着记录双手颤抖，眼泪夺眶而出，回到家中还久久不能平复。家人问其缘由，王导悲从中来："我虽不杀伯仁，伯仁却因我而死，幽冥之中，负此良友！"

就在王敦在建康城中大开杀戒之时，他的哥哥王含却从武昌赶来，哭着对王敦说："武昌已被甘卓占领！"

平定叛乱

原来，就在王敦出兵建康之际，刚到湘州不久的谯王司马承就得到了消息，想立即派兵去拦截王敦。只可惜，司马承接手的湘州刚刚经历大乱，可以说要粮没粮，要兵没兵。正当他一筹莫展之时，手下谋士虞悝建议他联络梁州刺史甘卓与广州刺史陶侃，共同发兵去战王敦。

王敦当时并不看好司马承，认为他志大才疏，不可能立即成为他的威胁。当然他还是不放心，于是，他命南蛮校尉魏乂率军两万去攻打湘州。司马承一面在湘州整顿军马粮草，一面派人给甘卓和陶侃送信，希望二人能够发兵相助。

司马承派去甘卓送信的人是湘州主簿邓骞。接到司马承的信后，甘卓陷入了两难，邓骞几次催促，甘卓还是举棋不定，不知道该不该与王敦为敌。邓骞看到甘卓这个样子，不禁哈哈大笑起来。甘卓不解，邓骞说道："将军如果不想与王敦为敌，就该与他一同造反才是。将军如今不曾与之同流合污，就该为朝廷平叛。您作为一州之主，万万不能蛇鼠两端。如果王敦拿下建康，其后必然回师武昌，转攻梁州。倒不如您现在趁其不备，先率军拿下武昌。武昌守军不过五千，而您拥兵数万，还怕打不过王含？只要拿下武昌，就相当于掐住了王敦的脖子，到时他军心必乱，不战自溃。"

甘卓一听邓骞说得有道理，立即点齐两万精兵，向武昌进发。梁州兵马来到武昌城下，对留守武昌的王含说自己是来助战的。王含也被王敦的胜利冲昏了头脑，当真认为甘卓是来为王敦助战的，甚至为甘卓大军准备好了一应吃食，派人送出城去劳军。可谁知城门刚打开，甘卓就立即率领两万精兵杀入城中，武昌遂被甘卓占领。王含知道自己上了当，立即乘船向建康逃去。

王敦听说自己的大本营被端了，暴跳如雷。他再次集结军队，要杀进皇宫，准备劫持晋元帝来逼甘卓退兵。钱凤见王敦又要去硬拼，立马把他劝住："皇宫城墙坚固，又有禁军守卫，一时难以攻下。如果甘卓率兵直奔建康而来，咱们就会腹背受敌。不如您派人前去安抚甘卓，再以大丞相、都督中外诸军事的名义让甘卓退兵回去，他必然会退兵的。"

甘卓占领武昌之后，陶侃也出兵了，他以参军高宝为先锋，率兵两万北上勤王。王敦见情势危急，果断采纳了钱凤的建议，不去挟持司马睿了，转而让人拿着大丞相的手札去武昌见甘卓。甘卓听说周颢和戴渊被杀，不禁痛哭，又想到大丞相的手札也是朝廷的敕书，只得退兵回到襄阳。高宝见甘卓退兵，自己还勤什么王啊，他也带兵回广州了。

得知甘卓退出武昌，王敦立即马不停蹄地赶回自己的大本营，一面买通襄阳太守周虑暗杀甘卓，一面命部将李恒率军南下，帮助魏乂进攻湘州。因为梁州刺史甘卓爱吃鱼，周虑便将其身边侍卫悉数骗去捕鱼，而周虑乘虚而入，带领人马冲入府中，将其杀害。

湘州这边，司马承本就没什么兵马粮草，魏乂大军一来，他连失好几座城池，李恒再来助战，司马承再度连战连败，最终被魏乂与李恒围困长沙百余日。魏乂在城下劝降，司马承大骂："我贵为宗王，为天子守城，宁可战死，岂能降贼！"魏乂和李恒见状，带兵猛攻长沙。长沙守军本就不多，且内无粮草，外无援军，又被困了百余日，早已精疲力竭，再无战斗力可言，没多久，长沙便被魏、李二人攻破。司马承拔剑自刎，虞悝与其余守军尽数战死。

经此一役，晋元帝司马睿气病了，卧床不起。永昌元年年底，司马睿病故，太子司马绍登基，是为晋明帝。王敦听到这个消息，心里微微一惊："他司马睿死了，应该禅位于我王敦才对，怎能将皇位传给他儿子？"王敦心里很是不平。可他也知道，司马绍这个人虽然年轻，但并不好对付。

不好惹的司马绍绰号"鲜卑儿"。鲜卑儿又如何？就算是太岁，王敦也要在他头上动动土。不信邪的王敦把自己的将军府从武昌移到了姑孰（今安徽当涂），与建康近在咫尺。王敦想当皇帝，钱凤想当丞相，两个被权力欲望冲昏了头脑的人撞到一起，可谓昏着迭出。

钱凤知道温峤是司马绍的左膀右臂，劝王敦杀了温峤，以绝后患。王敦便让司马绍下诏，以温峤为左司马，入王敦军中效力。司马绍无奈，只得让温峤入王敦军中。王敦本想找个过失杀了温峤，哪知温峤到了王敦军中，对王敦十分恭敬，事情又做得井井有条，不仅没有过失，反而深得王敦信任。

同时，温峤又主动与钱凤交好，并且经常在王敦面前夸奖钱凤，各种马屁拍得王敦与钱凤心花怒放，就差给他们行大礼了。正巧，此时丹阳尹出缺，王敦问温峤谁可担当此任。温峤推荐了钱凤。钱凤得知后，觉得自己应该谦恭一点，于是向王敦推荐温峤。两人推让了一番，最后还是王敦拍板，让温峤去丹阳赴任。

等温峤一走，钱凤反应过来了，大呼上当，可惜为时已晚。温峤回到建康，立即向晋明帝汇报了王敦军中的一切事情，让司马绍早做准备。司马绍于是以王导为大都督；让温峤与右将军卞（biàn）敦驻守石头城；以光禄勋应詹为前锋都督，驻守朱雀桥南；以尚书令郗（xī）鉴为行卫将军，护卫御驾。同时，命临淮太守苏峻、北中郎将刘遐、豫州刺史祖约、广陵太守陶瞻等人带兵入京，拱卫建康。

王敦在姑孰得知温峤在建康做的一切，气得七窍生烟，跳着脚大骂。骂着骂着，王敦眼一斜，嘴一歪，晕倒在地。众人连忙将其救起，但王敦已是病入膏肓。钱凤一见王敦此番模样，知道他时日无多，便问他："您要是有个三长两短，让王应继承您的位置如何？"

王敦本人没有儿子，王应是他哥哥王含的儿子，后来过继给了王敦。王敦知道王应并非成事之人，于是他给了钱凤三条计策：上计，解散军队，归顺朝廷，可保王氏一族永享富贵；中计，退守武昌，按时向朝廷纳贡，还能继续安稳地做一方诸侯；下计，趁一息尚存，赶紧顺江而下，要是运气好的话，说不定还能成功。所谓"人之将死，其言也善"，王敦临了还算不糊涂。可是钱凤早已利令智昏，他认为王敦的下计才是上计。于是，他立即整军备战，要一举攻下建康。

晋明帝这边也在商量先发制人，准备出兵攻打王敦。作为王敦族弟的王导，从小跟他一起长大，对王敦的脾气性格可以说是了如指掌。于是，王导给晋明帝建议："趁王敦病重，发一封诏书前去骂王敦，让他急火攻心，气死算了。我再带着王氏族人在建康城中高搭灵棚，给王敦开追悼会，让建康城中的所有人都以为王敦已经死了。您再下诏，只说讨伐钱凤，绝口不提王敦，京中将士坚信王敦已死，必定奋勇向前。"

老奸巨猾的王导真是处处维护琅琊王氏一族。晋明帝虽然知道王导用意，却也觉得这不失为一个好计策，于是，他下了一封言辞颇为犀利的诏书去骂王敦。王敦听了诏书，果然又气晕过去，醒来已不能下床，却还要坚持起兵。他命参军郭璞为自己占卜吉凶。郭璞更直接，他告诉王敦不用占卜，肯定打败仗，还说他今日必死。王敦大怒，斩郭璞祭旗，然后以王含为元帅，钱凤为军师，率军十万进攻建康。大军临行前，钱凤还问王敦，如果成功了，该如何处置司马绍？王敦哭笑不得，心说自己怎么找了这个脑残来做军师，只劝他好自为之。

建康这边，晋明帝司马绍已是全副武装，亲自带兵前来迎战。王含大军已至朱雀桥南，并在此处与应詹大战。温峤见应詹不敌，率三千人马杀入乱军之中，救出应詹，并放火烧了朱雀桥，王含大军因朱雀桥被烧毁，只得止步于秦淮河南岸。当晚，温峤、郗鉴、段秀、曹浑、陈嵩和钟寅六路人马趁夜渡过秦淮河，偷袭王含中军，王含前锋何康战死，中军大溃，死伤无数。

王敦还在姑孰等王含胜利传来捷报，好迎立自己做皇帝，没想到等来的却是王含战败的消息，心中又是一急，再度昏死过去。众人都以为王敦已经咽气了，没想到他回光返照，嘱咐道："我死之后，让王应立刻即位，设立百官，再来营葬。"说完就带着他未能实现的皇帝梦，咽下了最后一口气，时年五十九岁。

王敦死后，王应果然秘不发丧，将王敦用草席裹了，涂上白蜡，草草埋在议事厅地下。此时，沈充率军两万由吴郡攻入建康，与王含合兵一处，再战秦淮河。沈充这人有勇无谋，只知猛冲猛打，他领兵渡过秦淮河，二话不说，朝着应詹就冲了过去。应詹不敌，被打得大败，逃回了城内。沈充追至宣阳门，正准备攻城，却遇上了赶到救援的临淮太守苏峻。苏峻与沈充在宣阳门外大战一场，而在城中的应詹见援军赶来，再次冲出城来激战。沈充腹背受敌，立时大败，又因是背水一战，败军在争抢渡河的竹筏时，竟淹死了两千。沈充逃到青溪，再遇上北中郎将刘遐，接仗又败，最终只带了一百残兵逃离战场。

很快，王敦已死的消息就传遍了军中。司马绍这边还没怎么行动，王含与钱凤那边就乱了套。大家听说王敦死了，先是一愣，而后面面相觑，然后丢盔弃甲，一哄而散。王含和钱凤还准备领兵再战，转头一看，军营里到处是散乱的盔甲与武器，人却早已不知所踪。他俩满脸疑惑地望着对方，心里一合计，也连夜逃跑了。

晋明帝听到对面闹出了不小的动静，以为他们要攻城，赶忙派人去侦察。等到第二天天明，派去侦察的人回来报告，说那边已经没有人了，所有人都跑了个精光。晋明帝这才得知王敦已死，不禁大喜，立即下诏清剿王敦余党。

很快，王应和王含被荆州刺史王舒杀害，钱凤被浔阳太守周光杀害，沈充被吴兴守将吴儒杀害，首级均被送往建康。至此，王敦之乱被平定。

两赵争雄

南方的纷争暂告一段落，北方的乱局又开始了。而这北方的乱局，还得从刘粲说起。

太兴元年（318 年），汉国皇帝刘聪死了，传位给太子刘粲。刘粲一当上皇帝，就把他老爹留下来的十几个皇太后全部收入自己的宫中，日日与她们厮混，朝政被他交给大司空靳准全权处理。靳准掌握朝政之后，向刘粲诬告刘氏诸王谋逆。刘粲毫不手软，挥起屠刀把平阳城里的刘氏宗室杀得干干净净。

杀完刘氏宗室，靳准又发动了一场政变，将刘粲连同平阳城里姓刘的全杀了，这其中包括镇守长安的中山王刘曜的家人。唯有征北将军刘雅一人逃脱了追杀，前往长安投奔刘曜。刘曜听说平阳城中所有姓刘的全部被杀，自己的母亲与兄弟也在其中，悲痛不已。于是，刘曜立即集结军队，以刘雅为先锋，杀奔平阳。

走到半路，众人公推刘曜做皇帝，刘曜虽是刘渊的族子，血缘上却差得远呢，多亏靳准帮了他一个大忙，平阳城里姓刘的人都被杀光了，现在还在王爵位置上坐着的，就只剩刘曜了，刘曜不做皇帝谁做呢？于是，刘曜也不客气，他龙袍一穿，便打着御驾亲征的名义来征讨靳准。

刘曜出兵的同时，石勒也领兵西来，作为汉国的大将军，他也要来分杯羹。靳准先来进攻石勒，石勒却坚守不出。部将大为不解："难道您还怕靳准不成？"石勒道："不要着急，等刘雅到了，靳准肯定退兵。"

不久后，刘雅率军进攻平阳，靳准只得回军去救援平阳，石勒乘势掩杀，靳准大败，丢了几千人马才逃回平阳。面对刘雅和石勒两路大军，靳准根本守不住平阳，于是他决定与刘曜交好。但靳准转念一想，他把刘曜的母亲和兄弟杀了，刘曜表面对自己示好，之后会不会翻脸?正在靳准对归顺刘曜犹豫不决之际，他的堂弟靳康发动了政变，杀了靳准，带着汉国的玉玺归顺刘曜。刘曜大喜，带兵退守粟邑，留下石勒独自攻城。

石勒得知刘曜接收了汉国的玉玺，内心十分懊恼，他招来自己的侄子石虎，带着五万精兵猛攻平阳。靳康与靳明哪里是石虎的对手，只得求救刘曜。刘曜也不发兵，让他们放弃平阳，带领人马前来投靠。靳明无奈，只好放弃平阳，带着靳氏两百余口去投奔刘曜，刚走到粟邑，就被刘曜下令满门抄斩。当年靳氏玩了刘粲，现在却被刘曜玩了，真是报应不爽。

石勒大军直入平阳，得来的又是一座空城。于是，羯族匪军再次匪性爆发，将平阳劫掠一空，再放一把大火将整个汉国都城烧了。石勒烧毁了平阳，刘曜也没有怪罪他，反正他已经把都城迁到了长安。并且，刘曜认为自己此前是中山王，中山属于赵地。于是，刘曜废掉"汉"国号，改国号为"赵"，史称前赵。石勒觉得自己才是名副其实的赵王，因此，他也建立了一个赵国，史称后赵。从此，两个赵国在北方大地上开始了争夺战。

刘曜定都长安之后，开始向西扩张。他先是灭了天水的司马保，接着又平定了巴氏的叛乱，并且在平定巴氏的过程中，还收了两个重要的少数民族首领——氏族蒲洪与羌族姚弋仲。而石勒也在河北打败了占据幽州的鲜卑段氏，又出兵山东，进攻盘踞在那里的曹嶷。

经过一番休养生息之后，前赵国力大增，再加上周边少数民族投靠，现下可谓粮草充足，兵强马壮，刘曜便有了统一北方的打算。然而，刘曜若想一统北方，就必须要解除自己的后顾之忧。那么现在谁会是刘曜的后顾之忧呢?前凉张氏。

前凉张氏此前已经出现过。西晋灭亡时，凉州牧张寔派五千人马千里奔袭，赶到长安，最后全军覆没，算是为西晋最后殉葬的一支军队。西晋灭亡之后，凉州与晋朝之间，更是远隔千山万水。因此，张寔便割据凉州，成了西北之主。如今，张寔已亡故，世子张骏又年幼，于是，前凉国事便交由张寔的弟弟张茂全权处理。

刘曜认为前凉此时正是主少国疑之际，若不解决凉州问题，自己又如何东渡黄河去一统北方？因此，太宁元年（323 年），刘曜举倾国之兵三十万杀奔凉州，一路上烟尘四起，铺天盖地，前凉各郡见刘曜如此声势，吓得望风而降。刘曜手下将领见状，纷纷请缨出战，势必要一举攻克武威，灭了前凉。

然而，刘曜心里明白，他虽说有三十万大军，看起来声势浩大，扬起来的尘土遮天蔽日，可三分之二都不是自己人，是周边少数民族迫于刘曜的压力，才出兵跟来的。再说张氏经营凉州已有三世，势力根深蒂固，刘曜千里奔袭而来，未必有全胜的把握。只不过刘曜仗着人多势众，想逼降张茂罢了。在刘曜看来，自己驻军河东，张茂的降表应该十日之内便可送来。

张茂这边也召开了紧急军事会议。参军陈珍对张茂说："我观刘曜大军，不过是虚张声势，虽然人数众多，精兵却很少，大都是羌氏少数民族部曲，以刘曜现在的威望，还不足以让这些人死心塌地为他卖命。再加上刘曜东边还有石勒，他也不敢打持久战。您拨给我一万兵马，我便可让刘曜退兵。"

张茂听陈珍这么一说，觉得很有道理，干脆自己率领三万人马去会会刘曜吧。哪知张茂刚到前线，只见刘曜三十万大军排兵肃烈，军容严整，旌旗蔽天，只擂鼓之声，就把他震晕了。张茂见状，哪里还敢跟刘曜硬拼，他想了又想，还是决定投降。

但是，张茂投降归投降，不献城不纳地，还要刘曜封其为凉王，让前凉成为前赵的藩属。如果刘曜不答应这些条件，那么他将率凉州将士决一死战。第二天，张茂遣人将降表送到刘曜军中，并且送上一千匹马、几千头牛、十万只羊，以及美女、金银、珍宝等。刘曜收下了礼物，当即封张茂为凉王、凉州牧，随后带着大军返回长安。

不久后张茂病故，侄子张骏袭位，刘曜又封张骏为凉王，拜上将军、凉州牧。张骏则派参军王骘（zhì）出使长安谢恩。

刘曜见了王骘便问：“你能保证长期向我称臣吗?”

王骘答：“不能。”

刘曜问：“为何?”

王骘说：“昔日齐桓公于贯泽会盟诸侯，忧心自己威信不足，没人会尊其为盟主，结果诸侯们不仅很快就来了，还推举他为盟主。后来，齐桓公又在葵丘会盟，自视国家强大，盛气凌人，结果却招致九个诸侯国背盟。如果您的赵国能保持强盛，则凉州永不叛赵。如果赵国衰微，您都自身难保了，何况鄙州?”一番话说得刘曜无话可说，直夸张骏真会选人。

刘曜总算将凉州的问题解决了，可前赵的北边又出事了。怎么回事呢?原来是石勒派大将石佗经雁门关，进攻陕西北部的羌族部落，大败北部羌王盆句除，俘获三千余帐，牛羊无数。刘曜心说他正想找个机会去攻打石勒，没想到石勒自己找上门来了，这可就怪不得他了。

刘曜派大将刘岳领军自仇池出动，一路急行，突然出现在石佗后方，石佗哪知刘岳如此神速，惊慌失措，被刘岳从后方掩杀，斩首一千五百级，也包括石佗的脑袋。石佗军淹死于渭水者无数，大败而逃，俘获的人畜又被刘岳夺回去了。刘曜在长安闻讯大喜，又想到洛阳还在石勒手里，这可不行，得夺回来。于是，东、西两赵，中国北方最强大的两个胡族政权，终于开始了历史性的碰撞。

刘岳大军乘胜向洛阳开拔，石勒这边也立即派石虎前来增援。刘岳眨眼杀到，有骑兵一万五，精壮甲士五千，其余军兵一万，顺势就把石勒经营已久的盟津、石梁拿下了。后赵军队大惊，这刘岳难道是神仙，他是打哪儿冒出来的?正当洛阳守军对刘岳闻风丧胆之际，后赵军发现前赵军竟然退兵了。

原来，刘岳刚进兵到洛阳脚下，石虎大军便到了成皋（gāo）关，迫使刘岳不得不放弃洛阳，先战石虎。这成皋关其实就是虎牢关。虎牢北临黄河，南面皆为丘陵，地处洛阳东面，扼洛阳之水路咽喉。过了虎牢，再往前走，一马平川就能到洛阳，因此刘岳必须先破石虎。

石虎这次带了四万人马，都是随他平幽州战山东的骁勇之士，与刘岳的一万五千兵马于洛阳西面对峙。石虎不忿："我战辽西定山东怕过谁？"刘岳也不服："咱征仇池平凉州谁不怕？"双方是仇人相见分外眼红，一言不合便打起来了。

这一仗杀得日月无光，双方都秉着硬打硬冲的作战方针，你来我往，拼的全是精血。石虎有四万人，刘岳才一万五，照这个打法，人少的肯定打不过人多的，所以刘岳理所当然地败了。只是他败得不死心，没有逃回关中，而是躲进了刚拿下来的石梁堡，负隅顽抗。

石虎率军包围石梁，石梁只是个戍所，没有粮草，围了几日，刘岳残部饥饿难耐，杀马而食。古代战争中，马是士卒的双腿，杀马吃肉，这种行为无异于自杀。石虎明白，刘岳除了等待援兵，已别无他法。很快，前赵的援军到了。

前来救援刘岳的，是前赵镇东将军呼延谟（mó）。石虎一看，正好围点打援。原来，呼延谟并不知道刘岳被围，他这边快马加鞭，想赶去与刘岳会合，好两面夹击石虎。谁知他刚到，就陷入了石虎的包围圈。呼延谟急切间分不清东西南北，带着兵马撒腿就跑，石虎当然不会放过，他指挥人马大肆掩杀，阵斩呼延谟，杀死大半匈奴兵。

刘曜在长安闻讯大惊："刘岳乃军中大将，竟一战而败；呼延谟素有谋略，竟战败而亡。看来，我不亲自去，这局面收拾不了。"石虎见刘曜亲自领兵前来，他马上点齐三万骑兵，往函谷关开进。

当石虎带兵走到函谷关前的八陉山时，正与刘曜大军相遇。刘曜是带着火气来的，下手毫不留情，他令先锋部队发起猛攻。先锋官也姓刘，叫刘黑，这小子名黑，手也黑，冲着石虎的队伍就开了家伙。石虎虽然连胜刘岳、呼延谟，但没料到刘曜的嫡系部队厉害至此，人不畏死，马往前撞，石虎还没反应过来，便被杀了个人仰马翻，他这才知道遇到了不要命的。石虎打定主意，好汉不吃眼前亏，来日再战。他领败兵往后就逃，刘曜追击一场，令全军于洛阳附近的金谷扎营。

眼见刘曜大军就要攻克洛阳，解救被围困在石梁堡的刘岳时，一件匪夷所思的事情竟然发生在了刘曜的大军之中。这件令人匪夷所思的事情，按史书上的记载是："夜无故大惊，军中溃散。"这刘曜大军表面上什么事儿都没发生，三更半夜却突然全军大乱，马嘶人喊，自行溃散了。

蹊跷吧？不过别着急，十六国时期这样的神仙仗还有很多。

刘曜见军心已乱，忙收拾队伍退入渑池，本以为能在渑池喘口气。哪知半夜驻扎城外时，军中又惊，士卒再次崩溃。莫名其妙连续两次大溃逃，不战自败，刘曜只得撤回长安。刘曜越想越恼，真是见鬼了。其实，这世上哪有鬼，不过是刘曜被石虎偷袭了而不自知。

刘曜退回长安之后，石虎拿下了石梁堡，俘虏了刘岳以及他手下的兵卒。按照石虎的老规矩，将这些人通通活埋。刘曜经此大败，痛不欲生，穿上孝服，为刘岳和他的万余军士大哭七日，病倒在长安。病好以后，很不幸，他老婆刘氏死了。刘曜安葬完妻子，旋又纳妃，意志消沉，整日以酒色度日，不理国政。

五年之后，刘曜在前赵国内闹得天怒人怨，人神共愤。他整日沉湎酒色、大摆筵席也就算了，还接连大兴土木，为自己和他的父母大修陵墓。繁重的劳役让前赵百姓苦不堪言。石勒见前赵百姓死的死，逃的逃，正是灭掉刘曜的好时机。他命石虎领兵四万来攻前赵。

石虎大军从山西一路杀奔至长安，沿途五十余县皆不战而降，兵锋直指蒲坂（今山西永济），再往南走，就要入关中了。刘曜心里那个恨啊："当年老子在洛阳撞了鬼才让石虎侥幸立功。今日，我要再报洛阳之仇。"于是，他留下只有十多岁的太子刘熙和南阳王刘胤守长安，亲率十五万大军迎战石虎。

石虎深知刘曜难敌，想要避其锋芒，谁知刘曜一日千里，进军速度相当快，竟于山西高候追上石虎。石虎大惊，忙整军列队交战，仓促之间准备不足，被刘曜的人马杀入核心，难以组织有效抵抗，大败而去，部将石瞻被杀。刘曜仗着一股锐气，追杀两百多里，石虎大军死伤累累，盔甲、帐篷、马匹等丢失无数，一直败退到河南朝歌（今淇县），才稳住阵脚。

刘曜乘胜出大阳关，南渡黄河，再度引兵围攻洛阳。洛阳守将石生自知孤城难守，又闻石虎已败，六神无主，索性派人将告急文书直接送给了在襄国的石勒。石勒闻讯大惊："看来我必须亲自出马去会会刘曜了。"

刘曜围攻洛阳半月，石生死守待援，刘曜难以攻克。刘曜于是命人挖开洛水大堤，水淹洛阳。洛阳本已荒废，城内军民见大水来袭，只得将营寨转移至地势稍高的地方，继续与刘曜对峙。刘曜转而分兵攻取河南各州郡，准备据守河南对抗石勒。

咸和三年（328 年），石勒尽起十万大兵亲征河南，兵锋直指洛阳，同时令石虎自朝歌奔石门，出石门取道洛阳。石门位于河南西北，届时石勒在南，石虎在北，可两路夹击刘曜。

刘曜听说石勒亲征，不由得心生惧怕。说起刘曜这辈子，没怕过谁，唯独对石勒十分忌惮，两个人认识已经快二十一年了，可以说是知根知底。石勒纵横关东，无人敢敌，能力不是吹的，刘曜一直刻意避免与其争锋，可人算不如天算，这一天还是来了。

大军一进入河南，石勒就乐了。因为他认为此一战，必可生擒刘曜。石勒左右都大为不解，石勒解释道："刘曜十几万大军，不来攻我襄国，却在这洛阳城下空耗时日。如今三个月过去了，士气早已懈怠，只要刘曜不在虎牢关前拦阻我军，那么他一定会败在我军手下。"

于是，石勒率军直奔虎牢关。刘曜听闻石勒入河南，立即撤了洛阳的包围，令全军于洛阳西面列阵，南北纵横十余里，等着石勒来。石勒来到虎牢关前一看，刘曜竟未在此设一兵一卒。石勒大笑，这刘曜真是聪明一世，糊涂一时啊，看来这关中天下必然要姓石了。

石勒到了洛阳，放眼看去，洛阳城早已解围，刘曜军于洛阳西面列阵，石勒也不理会，领兵四万入城，其余皆驻扎于城外防守。入城后，石勒便派人打探石虎到了没有，忽闻探马来报，石虎早已到了洛阳以北，正在待命。石勒令他率军自北往西，冲杀刘曜的中军。石勒又令石堪、石聪各领精骑八千，自西向北，冲杀刘曜的前锋。两路人马派出后，石勒亲率中军出城，与石虎、石堪、石聪共击刘曜。

而此时的刘曜正在喝酒。匈奴人喜欢喝酒，刘曜自然不例外，时不时地"微醺"一把，已经成了习惯。也不知是紧张了想放松，还是真没拿石勒当回事，反正就这个节骨眼上，他喝高了。

其实，刘曜在洛阳西面摆开的一字长蛇阵，着实把石勒、石虎、石堪、石聪这几位镇住了。十五万人马的一字长蛇，粘着头连着尾，攻蛇头，蛇尾来；攻蛇尾，蛇头来；攻中间，头尾齐来。最好的破阵方法，就是分兵攻打蛇头、蛇尾，令其头尾不能相顾，同时己方主力在蛇头蛇尾陷入鏖战时，猛攻蛇背或蛇腹，一战可破。

石勒也是按照分兵击破的方式来排兵布阵，可是他只有几万兵马，怎么敌得过十五万大军?于是，石勒从洛阳城中杀出来之后，命令部队不得擅动，等待战机。

很快，石勒的战机就来了，只是他万没料到，这个战机竟然是刘曜给他创造的。刘曜喝高之后，不但走路摇摇晃晃，眼睛也斜了。他问手下地面为什么不平。手下心想："谁喝了那么多酒看地都不平。"接着刘曜又说了一句关键性的话："这里不平，把部队移到平地上去，现在就移。"

很快，前赵大军开始转移，一字长蛇阵立马变得扭曲。石勒见此良机，挥军杀出，一时之间喊杀声震天。北有石虎、西有石堪、石聪，各领人马冲杀而至，前赵军赶紧调整队形，试图应急，但为时已晚，长蛇成了蚯蚓，任人宰杀。十万精锐大乱，兵不知将在何处，将不知兵走何方。后赵军往来冲杀，毫不留情；前赵军组织不起有效的抵抗，终于溃败，四散奔逃。而此时的刘曜，还在马背上打瞌睡。

刘曜被手下拥着奔逃，可当别人都在地上跑时，唯独醉酒的刘曜往水边蹿，结果马蹄子突然被石头缝卡住摔倒了，把刘曜扔进了河里。当时天气尚寒，河水结冰，他一摔进去，就把冰撞碎了，跌得七荤八素，挣扎不起，后赵军四面包围，长矛乱戳，刘曜无法抵挡，浑身受伤十余处，被生擒。

洛阳城中，浑身是血的刘曜被抬到石勒面前，此时刘曜已然清醒，他望向四周，不禁长叹一声，高叫道："石王，尚忆重门之盟否？"这一声可谓凄凉之至，纵如石勒之辈，亦差点掉下泪来。

十七年前，匈奴汉国兵发洛阳，要灭西晋，领兵者正是刘曜、王弥、石勒。三人在向洛阳发起总攻之前，共起盟誓，约定此次用兵定当齐心协力，灭晋后情同手足。十七年过去了，言犹在耳，却物是人非。王弥早被石勒杀害，刘曜与石勒先是分道扬镳，后又刀兵相向，如今刘曜还成了俘虏。当年匈奴汉国的三驾马车，早已是分崩离析，情谊这东西，在利益面前，可值一文？

随着刘曜的一声长啸，石勒不由得心中一痛，竟无言以对，良久，他命谋臣徐光传话给刘曜："今日的局面，乃天意使然，你也别抱怨那么多。"

石勒给刘曜找了最好的医生，下令将刘曜带回襄国"疗养"。刘曜重伤不能骑马，石勒又给刘曜备下车辇，怕路上出事，还专门安排了医生与他同车，可谓关怀备至。但刘曜并不领情，虽是阶下囚，可大赵皇帝的架子还是那么足，无一丝垂头丧气之举。

石勒将刘曜软禁在一处小城邑中，每日照样好吃好喝好玩乐地供着他。刘曜毫不在乎，日日歌舞升平。石勒也搞不懂这家伙是演戏呢，还是真的乐不思蜀，便派人去让刘曜给他在长安的儿子写劝降信。刘曜拿起笔来，写了"匡维社稷，勿以吾易意也"十个大字。石勒大怒，将刘曜杀死，又命石虎、石生进攻长安。

尽管刘曜英雄一世，生的儿子却个个是厌包软蛋。前赵太子刘熙听说父亲被杀，石勒又派兵来攻，吓得要退往秦州。尚书胡勋忙劝："皇上虽然驾崩，但咱们国土完整，甲兵充足，长安之外有潼关，长安还有坚城，只要咱们齐心守业，不一定会败啊。"

南阳王刘胤则说："陇西那地方山多地险，可保无忧。石勒如此厉害，如果打到长安，我们就跑不掉了。"

胡勋又劝："一仗未打就先逃跑，这不是长敌人威风吗?石勒攻长安，你们跑秦州，那石勒攻秦州，你们又往哪里跑呢?"

刘胤被胡勋说得哑口无言，干脆下令让左右将胡勋拖出去砍了。有了胡勋这个前车之鉴，谁还敢开口说守长安。于是，大家伙一起作鸟兽散。唯有蒋英与辛恕两人没有逃跑，不过等石虎大军一到，他俩直接开城投降了，石虎不费一兵一卒就占领了关中。紧接着，石虎留下石生守长安，自己则带了两万精兵去攻秦州。

此时，前赵人心尽失，刘熙、刘胤两兄弟又都是尿包软蛋，秦州固然地势险要，可谁还肯为他们卖命?石虎一到秦州，刘胤先败于城外，石虎下令攻城，秦州瞬间被攻破。刘熙、刘胤以及跟随他们逃来的三千王公大臣，万余降卒，又被石虎按照老规矩坑杀了。氐族蒲洪与羌族姚弋仲见前赵亡了，赶紧向石虎投降。凉州张骏也向石勒送表称藩，前赵之地尽归后赵所有。至此，除辽东之外，石勒已一统黄河以北。

第五章

河北之战

燕国崛起

在石勒与刘曜在河南杀得不亦乐乎的同时，中国的东北方向，一股新兴力量正悄然崛起，这就是鲜卑七部之一的慕容部。

看过金庸先生的小说《天龙八部》的人都知道，小说里有一个人物叫作慕容复。这个慕容复一心想做的事情，就是恢复一个已经灭亡了几百年的慕容燕国。而这个所谓的慕容燕国，最早就是鲜卑慕容部在东北建立的。

这慕容氏在很久以前只是一个名不见经传的小部落，他们当时甚至没有"慕容"这个称谓。三国时期，司马懿率兵讨伐割据辽东的公孙渊，顺便拉拢辽东的少数民族，慕容氏的先祖率全族参与到这场战争当中，由于表现勇敢，作战机智，胜利后被封为率义王，并被允许率族筑城自保。

既然受到了曹魏的册封，曹魏朝廷自然也会给他们相应的冠冕。司马懿觉得这群胡人比较好糊弄，于是就赐了这位率义王一顶步摇冠。鲜卑人见首领戴的这个步摇冠甚是好玩，从此以后便以"步摇"称呼其首领，鲜卑语"步摇"的发音为"慕容"，久而久之，这个部落就被叫作慕容部。

到了晋武帝时期，慕容部首领的位置传到了慕容廆的手里。由于慕容廆在东北施行发展农业，兴建学校等措施，慕容部慢慢受到汉文化的感染，也逐渐成为辽东的一股割据力量。当然，在晋武帝时期，辽东少数民族对于后面所谓称王建国的事情想都不敢想，只是在一些部落与部落之间，难免产生些小摩擦，不过只是一般的部落冲突罢了。

然而，慕容廆却是个有野心的人。他知道当时的晋朝碰不得，但他还是没能按捺住自己内心的膨胀，把自己的邻居宇文鲜卑揍了。慕容廆打宇文鲜卑的理由也很简单："当年他们揍过我爹，我爹临死交代下来，让我给他报仇。"宇文鲜卑当时虽然很弱，却把自己挨揍的事情报告给了晋武帝。于是，晋武帝下了一封敕书，将慕容廆骂了一顿。

慕容廆见自己把宇文鲜卑揍了，晋朝不过是骂自己一顿，这买卖划算。于是，慕容廆接下来又把段氏鲜卑揍了。段氏挨揍之后，又告到晋武帝那里，晋武帝一看，这家伙屡教不改，不给他点颜色看看不行。晋朝大军一出动，慕容廆自知不是晋朝的对手，挨了一顿胖揍之后，再也不敢对鲜卑同族下手了。

可是慕容廆心里的气还得找地方撒出去，他把目标对准了辽东的一个小国，扶余国。慕容廆挥师攻打扶余国，扶余国与朝鲜半岛相邻，国土小，资源少，哪里禁得起慕容鲜卑的攻打，被慕容廆杀得大败，国王自尽。慕容廆大掠扶余国，抓了万余名扶余人做奴隶，尽兴而回。

司马炎心想："你竟敢在辽东兴风作浪，甚至还把扶余国灭了，难道上一次没把你打疼？"晋朝大军第二次出动，要帮扶余复国。慕容廆这回倒硬气，主动出兵打晋军，结果被晋军斩了先锋大将，再好一通胖揍。扶余复国了，慕容廆也被打老实了。

慕容廆这边消停了，宇文鲜卑那边又开始折腾了。此时，司马炎已死，晋朝陷入八王之乱的乱局之中，再也无人过问辽东。宇文鲜卑之前挨了慕容廆的揍，立誓要报仇。趁着晋朝内乱，宇文部首领宇文莫圭派出十万部曲前去进攻慕容氏的主城大棘城（今辽宁义县）。

慕容廆这家伙，就是个天生的煞星，司马炎他都不怕，还会怕宇文莫圭？鲜卑宇文部可能是整个鲜卑七部里最后被汉化的一部，等他们建立起北周政权时，已经是鲜卑最后的荣光了。此时的宇文鲜卑，那就是最原始的部落，人口虽多，却与野人无二，既没文化，又没知识，打起仗来只知道傻冲。

慕容廆丝毫不惧，他亲自领兵出战，慕容部人人争先，个个奋勇。反观宇文氏，毫无纪律，人再多也是挨打，前面被打败了，后面就跑，一个跑，个个跑，最后被慕容氏斩首一万多人，尸横遍野，主帅宇文屈云吓得连摔带爬地逃回部落，宇文莫圭也从此不敢再做兴兵之想。

这一仗打完，慕容氏开始称霸于辽东，八王之乱结束后，慕容廆自称大单于。

等到西晋灭亡，北方的世家大族也好，中原的难民也罢，很多都逃到了幽州与辽东一带。又由于王浚当年在幽州搞"大清洗"，就有更多的人逃到了辽东。慕容廆见大量难民来投，一边将他们分区划片进行管理，一边出台各种政策措施，好让他们能够在自己的地盘安居乐业。

冀州难民集中居住地，称冀阳郡；豫州难民集中居住地，称成周郡；青州难民集中居住地，称营丘郡；并州难民集中居住地，称唐国郡。一连设了四郡，慕容廆令四郡难民自己推荐首领，自己管理自己。这些难民中有不少富家大族，他们兴孔孟之说，习礼乐，颂圣贤，辽东慕容氏之地竟显出一片儒礼之音，当真如世外桃源一般，这么一来，来投奔的难民更多了。

在古代，人口是一个地区发展的重要指标，有了人就有了劳动力，就能创造财富；有了人就有了兵源，就能向外扩张。慕容廆这边还在做着美梦，另一边，晋朝平州刺史崔毖（bì）来找碴儿了。平州是当时辽东的总称，治今辽宁省辽阳市。崔毖觉得自己才是正经的朝廷命官，那些中原汉人不来投奔自己，反而去投鲜卑胡人。他心里本就憋着一股子邪火，又见慕容廆把一切都治理得井井有条，便对慕容廆越看越不顺眼了。

看不顺眼咋办?这事儿其实搁东北也挺简单，削他!于是，这边一句："你瞅啥?"那边一句："瞅你咋的!"两边这仗便一触即发了。可崔毖把自己的人马集结起来之后，才发现这点人马远远不够，于是赶紧找外援去了。

崔毖怎么说也是辽东这地头上的大哥，说句话还挺好使。他这一发话，真叫来了三拨人马：第一拨，宇文鲜卑，刚被慕容廆揍了，正憋着劲儿要报仇；第二拨，段氏鲜卑，也是长期被慕容廆欺负，仇恨值颇高；第三拨，高句丽，国际救援队，人道主义帮忙。

三拨人马凑齐了一合计："咱三家打一家，这事儿能成。"于是，三拨人马浩浩荡荡地开向大棘城，要削慕容廆。慕容廆这边早就得到了消息，他只高挂免战牌，对谁都不理睬。二家一看："怎么，不把我们当回事?给他围了，困死他。"他们这一围城，就围出问题来了。

先是宇文部遭遇了迷惑之事。慕容廆突然打开城门，大大咧咧地派人送牛肉美酒给他们，临走前还说："吃好喝好，别客气，崔毖和我们大单于关系好着呢，昨晚还派使者来了。"说完就走，留下宇文部的首领们在那里摸不着头脑。

接下来，宇文部和崔毖暗通慕容部的谣言就散开了。高句丽和段氏在心里把宇文部和崔毖骂了个狗血喷头："闹了半天，原来是你们两个故意引我们来打慕容氏，好借机下手，联合慕容氏把我等灭了，实在是好算计！"于是这两家主动撤兵了。

宇文氏十分冤枉。此时宇文莫圭已死，在职首领叫宇文悉独官，这位听说高句丽和段氏走了，十分生气地说："不用他们两个，单凭我宇文一部人马，照样能灭了慕容氏。"这一次，宇文部出兵最多，围城三十里。慕容廆这边也没想出什么退敌的好计策，赶紧把他的大儿子慕容翰叫回来，商议如何退敌。

慕容翰此时正在带兵攻打段氏，接到老爹的来信，信上说自己的老家快让人家端了，让他赶紧回去。慕容翰看完，思索一阵，给他爹回了一封信："据您告诉我的情况，可知宇文部重兵围城，我即便回去与您一同守城，也不能打退宇文部。如今您手上的兵，足以御敌，我看不如这样，您守城，我在外接应，找个机会，内外夹击，或可破敌。有我在外，宇文部担心后路被抄，兴许还不敢全力攻城，若连我也进城了，敌军没了后顾之忧，全力攻城，那时候就什么都晚了。"

慕容廆见信后，心里拔凉拔凉的："完了，这小子竟然见死不救。"宇文部首领在大棘城围了许久，唯独不见慕容翰，心想："不对，这慕容翰肯定领兵在外，他若是回来，内外夹击，我岂不是要败了？"思量了一阵，他决定围点打援，反正自己人多，干脆分出一些兵力去打慕容翰。

于是，数千宇文部骑兵被派出，杀奔慕容翰驻军之处——徒河（今辽宁锦州）。当时徒河属于段氏鲜卑，所以骑兵们在离徒河不远的地方，遇到了段氏鲜卑的使者。使者说："你们来得太好了，慕容翰已经被我们围住了，赶紧冲过去和我们并肩作战吧！"

宇文部的骑兵们热血沸腾了："既然慕容翰已经被段氏鲜卑围住，还等什么？兄弟们，上！"他们策马狂奔，突入徒河地区，然后，就被慕容翰的部队包了饺子。没错，那个所谓的段氏"使者"，其实是慕容翰派出的卧底。干掉了打援的骑兵，慕容翰挥军向大棘城挺进，他选了上千名精锐骑兵为前锋，亲自率领，同时派人告诉城里的老爹："我来了，你准备冲。"

午夜，慕容廆以三儿子慕容皝（huàng）为前锋，领军杀出。宇文悉独官未料慕容廆如此大胆，赶忙整军接战，杀了个难解难分，正在玩命之时，忽然慕容翰的千名精锐从背后杀到，冲进营中放起火来，刹那间大火弥漫，浓烟滚滚。宇文部军兵不知如何应对，全军大乱，慕容氏乘机挥军掩杀，大败宇文氏。唯余宇文悉独官老哥一个人跑了。

那位始作俑者崔毖听说慕容廆胜了，大吃一惊，他还以为慕容廆不知道这次行动是他主使的呢，竟派侄子崔焘向慕容廆道贺。这位崔大人也真够有趣，说他不傻，却如何干得出这等傻事来？说他傻，他又不派自己的亲儿子去道贺。崔焘到了之后，很惊奇地看到宇文、段氏、高句丽的使者都在慕容廆处，三方同时对慕容廆说："不是我们要打你，是崔毖指使的！"

然后慕容廆一抬头，看到了崔焘，就问："你干什么来了？"

崔焘说："我奉我叔叔之命，来祝贺你打了胜仗。"

慕容廆说："你叔叔让他们来打我，现在又让你来贺我？你回去转告你叔叔，投降是上策，他要是想跑，则为下下策。"崔焘回去把慕容廆的话告诉崔毖，崔毖立刻跑了——下策也比落慕容廆手里好。他跑去了高句丽，平州便被慕容廆占领了。

慕容廆占据平州之后，立即向晋元帝司马睿上表称臣，晋元帝封慕容廆为辽东郡公，赠丹书铁券，拜使持节、车骑大将军、都督幽州东夷诸军事、平州牧。至此，慕容鲜卑成了辽东的合法领导人。

燕赵内乱

咸和八年（333 年），后赵皇帝石勒去世，辽东公慕容廆也去世了。后赵与辽东都陷入了夺位纷争之中。

石勒临死时将皇位传给了自己的太子石弘，然而后赵的大权却落入中山王石虎手中。大权在握的石虎将石弘强行按在皇位上做傀儡，接着，石虎便开始在襄国大肆杀人，凡是与他不和的大臣悉数被杀害。石虎又派儿子石邃带兵入宫宿卫内廷，吓得石弘连皇帝都不当了，想让位给石虎。

石虎才不干呢："你让我当我就当？那不是落人口实？不当，坚决不当！"石弘又是几番推让，石虎烦了："等天下人都认为你小子能力差，不配当皇帝的时候，再来禅位。"

石弘在襄国受气，有一个人看不下去了，那就是石勒的养子石堪。石堪虽是养子，但他对石勒感情很深，一心想扶保石弘。上次石虎诓他进京探病，他多了个心眼没去，这次听细作讲石虎如何跋扈，他便有了起兵之心。很快，石堪拟了个计划，他打算起兵勤王，先取兖州，再与四世子石恢合兵，伪称太后诏书，令各地共讨石虎。

石堪一出兵，石虎也出兵了，他派手下将领郭太领兵来战石堪。石堪与石恢相约共取兖州，并以此为基地号令天下。石恢接信后由河南出兵兖州，来到兖州城下，他并未急于攻城，而是等待石堪前来会合。石恢在兖州城下等了许久也没等到石堪，最后他等不及了，带着兵马回河南去了。

等到石堪赶来，发现石恢已经撤了，自己的实力又不足以进攻兖州，于是他也撤了。石堪走到半路，遇上了石虎派来的郭太。郭太人马强悍，且人数比石堪多，加上石堪毫无准备，大败而逃。郭太等一路追杀，石堪上天无路入地无门，被郭太活捉了，送回襄国。

石虎对于背叛他的人从来不手软。石堪被处以极刑，这个极刑有点类似于《封神榜》里的炮烙之刑。石虎命人做了个大铁架子，将石堪像羊一样捆在上面，架于火上，生生烤死，叫作"炙而杀之"。

彭城王石堪被残忍虐杀，后赵高层震动。长安守将石生、洛阳守将石朗又联合起兵反对石虎。石虎毫不客气，亲率八万大军来攻洛阳，三下五除二就攻破了洛阳外围的金墉小城，活捉石朗。石虎又将石朗挖去膝盖骨后斩首示众。

石生闻听石朗被杀，连忙整合军队，命大将郭权为先锋，率军两万据守潼关。他自己领主力人马往山西去，意图以潼关拦住石虎的同时，扩大地盘，在山西打出一片天地。

可石虎也不是吃素的，他以大将石挺为先锋，领兵猛攻潼关。怎奈关高隘陡，攻不进去，狂攻几次后，人马疲惫不堪，便在关下休息。守将郭权一瞧机不可失，立刻率军杀出，来了个以逸待劳，一仗便将石挺杀败。石挺败退，后面的石虎见前军败了，想拦却拦不住，被败兵裹挟着也往后跑，一口气跑了三百多里，陈尸无数，石挺也死在路上。

石虎兵败之后，就要找原因啊，郭权的军队怎么这么能打？一打听才知道，原来郭权军队里有不少鲜卑人。鲜卑人怎么替羯族人打仗呢？因为他们都是雇佣军，给他们钱他们就卖命。石虎这才反应过来，他准备好了金银珠宝、美女、绸缎，把陇西一带鲜卑人的头领请来，有利可图，这帮鲜卑人把潼关关门一开，反水了。

石虎带兵杀入潼关，郭权只得率残军逃往长安。石虎再长驱直入，杀奔长安城下。石生听说潼关已失，吓得瘫坐在地，茫然无措。思来想去，惹不起躲总行了吧。于是，他带着人马前往甘肃鸡头山躲了起来。石虎在长安城下攻了三个月，终于攻破长安，占领关中。石生这边的军士们一看，长安失守有家难回了，干脆杀了石生，投降石虎。与他们一同投降还有氐族蒲洪与羌族姚弋仲，石虎照单全收，只是这两人不能在关中待了。蒲洪带着他的氐族部曲被安置在枋头（今河南浚县），姚弋仲则带着部曲被安置在河北清河。

关中平定，诸侯谁还敢说个不字?石虎高高兴兴回到襄国，威风八面，刚继位的石弘一见这场面，就知道全凉了，他也挺自觉，摘下皇冠，脱去黄袍，拿出玉玺，主动让位。石虎废其为海阳王，将其赶出宫廷，后又将南阳王石恢也骗至襄国，找了个机会，与石弘、石宏一起杀害。

杀了石勒的儿子们，石虎自称赵天王，迁都邺城。命令一出，百姓苦不堪言。石虎要在邺城造一座桥，规模宏大无比，役使民夫无数，耗资千万。民夫们不是累死就是饿死，悲惨至极，最后因死的人过多，工程被迫停止。

土木工程折腾够了，石虎又开始杀人玩，先杀大臣的老婆。看哪个大臣的老婆漂亮，石虎就入府去讨，玩弄腻了，一刀杀之。接着，再杀宫廷美人，他把宫廷里的美人都杀了，将脑袋放盘子里挨个看。美人杀完了，又杀尼姑。先玩弄，玩够了，再一刀杀了，投入铁锅，与牛羊同煮，而后分给左右共食。

石虎在国内闹了一通之后，向北出兵了，他要去帮慕容鲜卑攻打段氏。

辽东慕容廆死后，继位的不是长子慕容翰，而是三子慕容皝，因为慕容皝才是嫡子。看来嫡庶之分这种事情，在少数民族那里也是很讲究的。慕容皝一继位，慕容翰竟然跑去投奔了段氏。

慕容皝得知哥哥走了，心里十分窝火。他这个人，一向不拿兄弟感情当回事。之所以窝火，倒不是因为朝夕相处的大哥离去了，而是他很清楚慕容翰的本事，担心大哥有朝一日率军打回来与他争权。慕容皝这边正担心大哥呢，结果他二哥慕容仁与四弟慕容昭就反了。

兄弟阋墙这事儿几乎是少数民族政权的天性，整个十六国都这样，只要传位，则必然出现内乱。此前慕容廆继位的时候，就把自己的叔叔杀了，还逼得他大哥慕容吐谷浑跑去青海建立了一个叫作吐谷浑的小国，该国一直到唐太宗时期才被灭。

慕容皝心想："我爹连他亲叔叔都杀，我怎么就不能杀兄弟了？"于是，他大手一挥，先把留在大棘城里的四弟慕容昭杀了。但慕容仁就没那么容易被灭了，因为他手里有兵，驻军平郭（今辽宁盖平县）。

慕容皝先派使者去慕容仁处，想先稳住慕容仁，等慕容仁放松戒备，再悄悄派兵去平郭。可慕容仁不傻，他早就看穿了自己这个三弟的心思，使者一来便被他杀了，然后公开扯旗造反。

慕容皝见糊弄不了二哥，那就兵戎相见吧。于是，慕容皝找来了自己一母同胞的两个兄弟，慕容幼和慕容稚，说："咱仨是一个娘生的，血浓于水，你俩能帮我捉住慕容仁吗？""幼稚"兄弟满口答应，说一定把慕容仁抓来。两人带着兵就出发了。

"幼稚"兄弟果然幼稚，领着部队走到汶城（今辽宁营口）时，与慕容仁大军相遇了，接仗就败，还败得十分惨，两人都被俘虏了。慕容仁掌握得胜之师，称霸辽东，辽东郡将军孙机见其势大，举郡投降，从此辽东东部地区尽归慕容仁所有。

段氏鲜卑听说慕容氏内乱，众头领纷纷表示不趁此机会干他一票说不过去。商议之后，由段氏首领段辽拍板，派二大王段兰和降将慕容翰出兵，目标是拿下慕容鲜卑西面的边防重镇——柳城（今辽宁朝阳）。

段氏大军转眼到了柳城，段兰率军猛攻。慕容翰是个厚道人，投靠段氏本就迫不得已，怎么忍心领他国人马攻打自家，便在一旁瞧着。柳城乃慕容氏边防重地，岂能轻易攻下？任凭段兰英勇，也撼不动它，攻了几日，眼看着没戏，段兰、慕容翰便撤兵了。段辽一看，段兰和慕容翰无功而返，差点被气吐血，不行，再打，务必拿下柳城！于是几个月后，段兰、慕容翰又回来了，继续攻打柳城。

慕容皝这回是真急了。大哥带着段氏来进攻柳城，二哥又占了半个辽东，自己皇帝这位置还没坐热，眼看就要丢了。于是，他把自己的另一个兄弟慕容汗找来，让慕容汗领兵去抵御段兰，自己则厉兵秣马，准备亲征慕容仁。

慕容汗领着人马就来救援柳城，走到一个叫牛尾谷的地方，正好与段兰遭遇。段兰因柳城久攻不下，正·肚子火没处撒，慕容汗就成了这个出气筒。两军见面，二话不说就开打。这一场仗，两军打得既无章法又无战术，纯粹死磕，段兰凭借一己之勇逐渐占据上风。打到黄昏日落，慕容汗这边就支撑不住了，开始往外撤。段兰紧追不舍，一口气追出几十里地。一旁的慕容翰终于看不过去了，下令停止追击。

大哥慕容翰实在是怕小弟慕容汗有事，宁可得罪段兰也要保他平安，这大哥当得真心不容易。段兰正追得高兴，突然发现深入敌境的，只有自己，他忙策马奔回，对慕容翰道："你怎么不追？"

慕容翰说："慕容皝狡猾，我怕慕容汗是诈败，后面有埋伏。"段兰说："你胡扯！慕容汗和我拼了一天，死伤累累，像诈败吗？我看，你还是心向故国。不过你别担心，听说你弟弟慕容仁在东边反了，如果我灭了慕容皝，将来迎立你弟弟就是。"

慕容翰听了段兰这话，心里更是气不打一处来："我弟弟造反是要让我继位。现在你竟然要迎立我弟弟，这是什么道理？！"于是慕容翰坚决要撤兵，段兰见慕容翰铁了心要撤兵，自己孤军难胜，只好跟着也撤了兵。只是段兰与慕容翰从此就结下了仇。

西面的威胁暂时消除后，慕容皝便着手解决东面的慕容仁了。慕容皝攒了一年的力量，此刻都要花在慕容仁身上。慕容皝大军浩浩荡荡奔着襄平（今辽宁辽阳）这座辽东第一城而来。襄平守军一看到慕容皝的大纛（dào），竟然稀里糊涂就开城投降了。想当年，襄平这帮守军是看到"幼稚"哥俩败了之后，才跟着起哄投降慕容仁的。现在人家正主来了，自然是他们反正的时候了。

慕容仁看见慕容皝轻松进驻襄平，立马慌了神。襄平是平郭的屏障，襄平失守，平郭就无险可守，直接暴露在外了。于是，慕容仁持续加强平郭的防守，兵层层甲层层，鹿角、蒺藜遍地，滚木、礌石充足，乍一看确实很难从正面攻取。

慕容皝正犯愁，突然天降大雪，渤海结冰了。慕容皝立即集合军队，命令全军下海，沿着海岸线上冻结的坚冰行走，直取平郭。慕容仁光顾着陆地，却忽略了海上，忽然间就听见平郭城后方杀声大作，一时间还没反应过来发生了什么事。等他拍马赶到平郭城后，一见慕容皝的大纛，就什么都明白了，原来慕容皝已经从海上过来了。

没办法，硬着头皮开打吧。他把部队分为两股，一股是他自己的亲兵，另一股是他弟弟慕容军的人马。正在慕容仁调集部队要开打的时候，忽然一队人马风一般地从他眼前跑过去了，这队人马正是慕容军的人马。慕容军眼见三哥的主力杀到，心想："二哥肯定不是对手，反正都是哥，谁腿粗我抱谁。"于是，慕容军带着人马，跑去投降慕容皝了。

这一举动可是不得了，慕容仁军心大乱，不战自退。投降的，被俘的，不计其数。慕容仁带着几个亲信逃走，谁承想走到半道，就被亲信绑了献给慕容皝。慕容仁见到慕容皝，还端着二哥的架子，一言不发任凭处置。慕容皝也不客气，将一柄钢刀扔在地上，慕容仁捡起钢刀，自刎而死。几个绑他来的亲信还等着慕容皝打赏，哪知慕容皝见到二哥的死状，痛哭不已。他大手一挥，把这些绑来慕容仁的所谓亲信通通斩了。

慕容仁一死，辽东再次统一。慕容皝马不停蹄地从郭平直奔柳城而来。怎么了呢？原来是段兰又来了，这回不仅他来了，他还把宇文鲜卑也叫来了。段兰只知道慕容皝在郭平玩命，谁承想他刚和宇文氏合兵，还没等打呢，迎头就遇上了慕容皝的主力——骑兵五万。慕容皝人狠话不多，挥军就杀，段氏和宇文氏毫无准备就挨了一记闷棍，大败而走，连军粮都丢给了慕容皝。

段兰偷鸡不成蚀把米，怎么肯甘心，他收拢人马准备再战。慕容皝分兵一部给军中祭酒封弈，令其埋伏于柳城左，自领一军埋伏于右。等到段兰的人马又来，突然两军从城根左右杀出，段兰又结结实实挨了一闷棍。这回败得更惨，手下大将都战死几个，于是段兰彻底跑回了老家。咸康三年(337年)，慕容皝称燕王，建国号为燕，这就是历史上的前燕。

燕赵大战

慕容皝称王之后，并未向东晋称臣，而是向后赵石虎称臣。慕容皝心里其实很明白，东晋现在已经衰颓，又远隔重海，于是，他给自己就近找了个靠山。慕容皝向石虎称臣，条件很明确——帮他灭了段氏。

按说段氏与后赵那可是父子之国，当年段末杯还拜了石勒为义父。然而，石虎却被利益冲昏了头脑，他以为慕容氏称臣是自己捡到了宝，不费一兵一卒就能将辽东纳入自己的势力范围，于是，石虎点兵三万，来攻段辽。

要说石虎没脑子，段辽更没脑子。他听说石虎出兵帮助慕容皝打自己，一怒之下，竟派堂弟段屈云领兵攻打后赵的幽州。石虎听说段屈云来打幽州，原本只点兵三万，这回变成了二十万——十万陆军，十万海军，水陆并进，直取辽西。慕容皝闻之大喜，他也挥军南下，要灭段氏全族。

慕容皝的部队赶在后赵军之前到了段氏的地盘，段辽大怒，以往攻打慕容氏，一次也没得到便宜，心里正窝火，一看对方主动来了，咬着牙瞪着眼就要开打，他再次派段兰出战。段辽又想到，自己这个弟弟打仗只知道傻冲，于是，他又命慕容翰随军。段兰跟慕容翰自上次闹掰之后，心里一直较着劲儿，这一回更是闹着别扭去出征。

段兰领兵向北，走到令支城，遭遇了慕容皝的军队。段兰凭着一股劲儿，又带兵傻冲，慕容皝根本不应战，拨马就跑。段兰领兵穷追不舍，追了一程，眼看追不上了，他准备回城休息，明日再战。谁知他刚驻马，回头一看，慕容皝又回来了。他又继续追，慕容皝又跑。如此几番之后，段兰连慕容皝的汗毛也没碰到，却累得吁吁直喘。

　　慕容翰对自己这个弟弟很是了解，他明白，慕容廆的几个儿子中，最勇猛的是自己，最狡诈的便是这个三弟，论打仗，段兰根本不是对手。他眼瞅着段兰部队人困马乏，觉得该说两句，便道："今赵军在南，当并力御之。燕王亲自前来，带的都是精锐，没理由接仗就败，只怕有诈，万一失利，往后如何抵挡赵军？"

　　段兰正没好气，听了这话火冒三丈，指着慕容翰大骂："上次攻打柳城，你就说慕容皝有埋伏，非要退兵，错失良机，今日又说此话，分明里通外国！我再不会中你的计了！"说罢又继续追击。

　　追了一阵，就看见慕容皝的大旗在前方摇摆，段兰眼睛发亮：这次你跑不了了。他领着人直奔大旗而去，突然间四周杀声震天，山间冒出无数慕容鲜卑军，四面合围，将段兰困在中间，段氏鲜卑被折腾了几遭，早已是强弩之末，被慕容皝埋伏在此地的生力军杀得血流漂杵，斩首数千，段兰拼命突出重围，往南边狂逃。慕容皝挥军大进，掳掠段氏居民五千余户，牛羊万头。

　　段兰领着残兵败将跑回去一看，傻了。后赵军队已经长驱直入，段辽逃往密云山中，段兰也逃了。只剩慕容翰无处可去，只得去投奔宇文鲜卑。石虎拿下段氏地盘，心花怒放，说："辽西与我大赵已是一家，不应再分彼此。来呀，将辽西居民，迁往中原、西北。"从此，段氏鲜卑与中原民众生活在一处，逐渐被同化。后来迁到武威郡的一支段氏家族，于北魏时南迁云南，并在唐末建立了大理国，也就是金庸小说里的大理段氏。

　　打了胜仗，石虎要奖赏有功之臣。慕容皝消灭了段氏主力，当计首功，封为征北大将军、幽州牧、平州刺史。然而，慕容皝根本没来。慕容皝此前对石虎的品性早有耳闻，这家伙就是个畜生，完全不讲礼义廉耻，且毫无信义可言，如果和他见面，他大概会连自己一勺烩。所以，慕容皝带着人马回辽东去了。

　　石虎这才反应过来，原来自己被慕容皝利用了。石虎那个气啊，恨不得一蹦三尺高。这位杀星怎能咽得下这口气，当即下令：兵发辽东。燕赵大战也就此拉开了序幕。

要说石虎的兵，那可是跟着他从河北、山东、河南、山西、陕西杀过来的，现在到了辽东，也依然所向披靡，顷刻之间就灭了段氏鲜卑。辽东慕容皝，石虎可是真没放在眼里过，之前若不是他称臣，石虎何必费这功夫来灭段氏。如今石虎大军前来，辽东各郡完全不是对手，很快后赵军队就到了大棘城下。慕容皝避战不出，石虎便下令围城。慕容皝见势不妙准备逃跑，谁知危急时刻，玄菟太守刘佩站了出来："我愿出击，以激励士气！"

石虎做梦也想不到城里还有人敢杀出来，赵军被刘佩率领的数百勇士趁着夜色垂下城来一通猛砍，杀够了，刘佩等人又转身上城，毫发无伤。城里军民听闻刘佩得胜，士气大振，从此齐心合力守城，慕容皝再不谈逃跑之事。

石虎遭此重创，军中又缺粮，他见慕容鲜卑如此厉害，心中一合计，不能这么耗着了，干脆撤兵吧。其实石虎这次来，本来也没带军粮，灭段氏吃的是段氏的军粮，可段氏也没粮，于是只能吃俘虏和降卒，若再遭受重创，可就坚持不下去了，于是石虎只好退回襄国。

慕容皝见石虎撤兵，有便宜当然得占，他让自己十五岁的儿子慕容恪带兵两千去追击石虎。这慕容氏虽是鲜卑人，但长期与辽东各民族杂居通婚。因此，慕容家的儿子们不仅个个勇武，长相也十分好看，随便拎一个出来，都不输今天的小鲜肉。

而慕容恪可谓是帅哥中的帅哥，英雄中的英雄。他此时年仅十五岁，少年英气，只带了两千人马，就敢来追击石虎。石虎作为后赵第一猛将，还带了十万陆军，慕容恪非但毫不畏惧，还打得石虎这帮横扫北疆的虎狼之师闻风丧胆。

慕容恪算好了时间，领着两千人尾随后赵军，夜晚正好追上。慕容恪吩咐："谁也不准出声，只挑对方薄弱点下手，但不准恋战，打了就走。"

到了夜里，慕容恪带着两千人就摸了上去，不管三七二十一，见了就是一通乱杀，打得后赵军闻风丧胆。慕容恪见后赵军大乱，命令各军："不可恋战，赶紧走。"两千人迅速撤出战场，一场好戏便开始了。

想当年刘曜大军在洛阳撞见鬼，军中无故大乱的事情，如今也让石虎撞到了。后赵的兵士们不明所以，抄起家伙就打，反正黑夜中谁也看不清谁，十万后赵军就此打成一团，杀得那是尸横遍野，死了好几万。等天亮了一瞧，石虎欲哭无泪："我自河北打到辽东，也没损失得这么惨过，谁这么毒啊，让我自己打自己？"他到现在也不知道，慕容氏最厉害的一招，就是以其人之道还治其人之身。

闻听后赵军大败，慕容皝也率军追来了。要放平常，石虎肯定不会怕慕容皝，可眼下死了几万人，剩下的不是带伤就是疲惫，这仗没法打了。石虎领兵就逃，慕容皝也没客气，一路穷追猛打，不但把失地都收复了，连后赵的幽州也拿下了。

慕容恪年仅十五岁就以两千军士破十万大军，从此名声大振，此后他还有更多的经典之战等待着他的对手们。石虎回到邺城，心里很是不平："想我也是百战名将，怎么就糊里糊涂地输了？"

于是，石虎派将军麻秋领兵三万，再伐慕容氏。结果比上一次还惨，三万人死了两万多，只剩下几千。接着，慕容皝发兵袭击辽西，杀死积弩将军呼延晁、建委将军张支，又席卷牛羊牲畜并奴隶数万而去。

石虎快气疯了，命抚军将军李农、征北大将军张举领兵，第三次伐辽东。这回更痛快，刚走到辽东边上就被杀得丢盔弃甲而回。石虎彻底没辙了，这不服也得服啊！

燕国扫北

慕容皝占了幽州与辽西之后，便与石虎罢兵言和了。按照慕容鲜卑的个性，肯定想领兵南下，灭了后赵，自己占据辽东与中原。然而，作为燕王的慕容皝明白，此时还不是他南下的好时机，因为在他的背后，还有两颗"钉子"——宇文鲜卑和高句丽等着他去拔除。

宇文鲜卑自不必说，之前已经交手了好几次，如今慕容廆的长子慕容翰，还在宇文氏的帐篷里装疯呢。

慕容翰自打逃到宇文部，兵器、马匹全被没收，整日处在监视之下，为了活下去，他开始装疯。宇文部本就是鲜卑最原始的部落，首领们也没多少娱乐活动，这下他们终于找到娱乐项目了，那就是看疯子。于是，什么屎尿都往慕容翰身上倒，什么臭虫跳蚤也都往慕容翰身上招呼。

慕容翰在宇文鲜卑部族里过着苦不堪言的日子，日夜都期盼自己的弟弟能将自己领回去。慕容皝憋着劲儿要灭宇文鲜卑，想到自己的大哥还在宇文部，于是派人去宇文部打听大哥的状况。结果打听回来的消息，慕容皝听得眼泪都下来了，心想大哥实在太惨了，自己得派人去救他。

在慕容皝的营救之下，慕容翰连老婆都不要了，只带着儿子逃回了大棘城。作为燕王的慕容皝除了对大哥的归来表示欢迎外，还有一个重要的议题，就是如何进攻宇文鲜卑。但是，慕容翰却并不主张此时去进攻宇文鲜卑，原因在于宇文部虽然原始，但人口众多，动辄出兵十几万甚至几十万，这样的消耗战对他们慕容鲜卑来说没有优势。于是，他建议慕容皝，先打国际友人高句丽。

此时的高句丽和后来在朝鲜半岛上建立的高丽王朝毫无关系。因为这个高句丽的主体民族是扶余人，而高丽王朝的主体民族是新罗人，甚至高句丽的都城——丸都城，都在今天的吉林省吉安市的丸都山上。

燕王慕容皝对他大哥的军事分析那是连连赞同，认为自己大哥装了这么多年的疯，思维竟丝毫没受影响，还是那么有战略眼光。因此，慕容皝当即同意出兵高句丽，以儿子慕容恪为主帅，大哥慕容翰以及另一个儿子慕容霸为先锋，起兵四万，征讨高句丽。

这慕容霸何许人也？其实他还有着另一个比较广为人知的名字，慕容垂。前面说了，慕容恪领兵打石虎的时候，只有十五岁。如今三年过去了，十八岁的慕容恪成了行军主帅，而作为先锋的慕容霸此时年仅十三。

面对两个小娃娃，高句丽国王高钊并没有把他们放在眼里，他一心要对付的是老将慕容翰。然而，高钊的轻敌除了让他付出惨痛的代价外，还伴随着莫大的羞辱。

慕容鲜卑大军抵达高句丽边境时，高钊已经集结了倾国之兵，在此严阵以待。高钊的想法很简单："我以优势兵力歼敌于国门之外，反正来了就开打，打完就完事儿。"可是，他太小看慕容恪了。慕容恪来到高句丽边境，看到高钊这要决一死战的阵势，根本不接招。他先派出一万五千人在边境上摆出阵势，每天只做一件事，那就是扯开嗓子骂人，能骂多大声就骂多大声，能骂多难听就骂多难听。

高钊毕竟是一国之君，平日里众臣都是捡着好听的说，哪里受过这等辱骂。于是他也派出人马与慕容恪对骂，并且声音比这群鲜卑人还要高。于是，在高句丽边境上，两支军队也不见面，只是隔着距离声嘶力竭地大喊大叫，那声音，恨不得把天都吼出个窟窿。

就在鲜卑军与高句丽军在边境上对骂之时，慕容恪与慕容霸率领剩下的两万五千人马悄悄绕过了丸都山，准备从背后突袭高句丽的国都丸都城。由于高钊把整个高句丽的军队都集结在边境与鲜卑人对骂，整个丸都城内，只有五万手无寸铁的老百姓。

十三岁的慕容霸，放现在就是一个刚上初中的小娃娃，却在丸都城下表现出超乎年龄的勇猛。他领着先锋军攀云梯、上垛口，挥刀砍倒守城者，然后无视满地的鲜血，冲下城楼，踏着敌人的头颅，打开城门，放主力杀入城中。

丸都城中的五万百姓，连同高句丽皇宫中的王太后、王后、王子、宫人都成了慕容霸的俘虏。鲜卑大军在丸都城中烧杀抢掠一通后，不仅毁了高句丽的都城，还把埋在丸都城中的高句丽王陵也挖了。一般来说，挖王陵不过就是盗取里面的陪葬品而已，但慕容恪不一样，他连老高句丽王的尸骨也没放过。

慕容恪与慕容霸兄弟俩带着两万五千人的军队，押着五万高句丽百姓，连同高钊的亲属，浩浩荡荡地来与高钊见面了。其时，高钊看到丸都城里冒出的滚滚浓烟，方知上当，于是他舍了那一万五千个骂架的不管，跑回去找慕容恪拼命。

激愤的高句丽人拿出了血拼的架势，准备死磕。慕容恪却很冷静，他吩咐，把高钊母亲绑在车子上，推到最前面。这下高钊傻了，他打也不是，不打也不是。左右为难之际，高钊下令："全军不准后退，死死拦住路口，不让鲜卑人过去，就算不打，也不能退。"

都说小孩子打架不知道轻重，放到高钊这里，就是小孩子打仗几乎没有底线。高钊以为他不退，慕容恪就拿他没办法，但他不知道，慕容恪手里还有他老爹的尸骨。这位过世一年的老王，尸骨已经完全腐烂，散发着浓浓的恶臭，慕容恪竟然将这位死去的老王与他还活着的王妃绑在一起，推到了高钊面前。

高钊彻底崩溃了。这种带有强烈羞辱感的恐怖，还包含着一种可怜的、欲哭无泪的感觉，让他的心理已然无法承受这一既骇人又辛酸的景象，他的意志力垮掉了。随同他一起垮掉的，还有他身后的整个高句丽武装。

半年之后，已经躲进更偏远山里的高句丽国王高钊，派人来和燕国议和了。高钊议和的条件是，只要放了自己的母亲并且送还父亲的尸骨，高句丽便向慕容燕国称臣。慕容皝并未完全答应他的条件："称臣自不必说，你父亲的尸骨也可以送还，但母亲必须留在燕国做人质。"高钊无奈，只得答应。此后，在整个十六国时期，他与他的高句丽王国彻底在东北平静了。

解决了高句丽，接下来就轮到宇文鲜卑了。建元元年（343年）年初，宇文鲜卑想趁燕国与高句丽的事情悬而未决之际，出兵进攻燕国。这一次，慕容翰主动请缨，去抵御宇文部。慕容翰之所以主动请缨，主要是因为心里憋屈。打高句丽时，风头都让慕容恪和慕容霸抢了，他自己什么都没捞着。慕容皝也觉得应该让大哥出口恶气，于是同意了让慕容翰带兵。

慕容翰大军一到，宇文鲜卑败得那叫一个惨，除了国相莫浅浑只身逃走外，几乎是来了多少人就被砍了多少脑袋。慕容皝一看，灭宇文部的时机已经成熟，便准备再利用一下大哥的能力。建元二年（344年），燕国再次以慕容恪为帅，慕容翰与慕容霸为先锋，出兵两万，征讨宇文部。

燕国派出的阵容，与上次进攻高句丽一样。只是这一次，身为大伯父的慕容翰并不想听从慕容恪的指挥，他要单独行动。主帅慕容恪一番侦察之后，发现这次宇文部派出的行军主帅是涉夜干。涉夜干是宇文部的宿将，战斗力强不说，还善用弓弩。慕容恪对自己的大伯父有些担心，劝他不要轻敌。可慕容翰立功心切，根本不听，他领着人马就直接扑上去了。

慕容翰这一扑，全军瞬间成了涉夜干的箭靶子，不仅军队损失惨重，慕容翰自己也身中数箭，陷入了涉夜干的包围之中。就在慕容翰认为自己要交代在涉夜干手里的时候，突然，慕容霸从侧翼杀了出来。涉夜干只顾着追慕容翰，哪知道还有个慕容霸伏于路旁，打了他一个措手不及，还没等他反应过来便被阵斩当场。

想想若是慕容恪没有设下慕容霸这枚棋子，他又怎么可能会让自己的大伯父去横冲直撞？而此时的慕容恪，正率领大军直奔宇文鲜卑的都城紫蒙川（今辽宁朝阳西北）而去。涉夜干败亡的消息几乎与慕容恪的大军同时到达紫蒙川，慌了神的宇文部如同无头苍蝇般乱撞，首领们能跑的全跑了，剩下的也大都投降了慕容恪。

至此，慕容燕国终于拔掉了盘踞在东北的两颗钉子，他们接下来就把目标直接对准了中原的后赵。

后赵灭亡

正当慕容皝准备率军南下，问鼎中原的时候，一场突如其来的意外让这位称霸北东的雄主到死也未能踏入中原一步。这是怎么回事呢？

慕容燕国统一整个东北之后，慕容皝就决定要进攻中原。但忽然有一天，有人来密报燕王慕容皝，说他大哥慕容翰在家里骑马射箭，身体锻炼得倍儿棒。慕容皝心里咯噔一下，后脊梁都冒冷气，认为他大哥可能是憋着劲儿要跟他争夺王位。为了防患于未然，慕容皝最终还是将一杯鸩酒放在了他大哥面前。慕容翰虽然不明所以，却还是将鸩酒一饮而尽，当场身死。

解决了他大哥，慕容皝再无后顾之忧，趁着自己心情顺畅，他要出门打猎。一般来说，少数民族都是借着打猎练兵，因此，很多少数民族的首领都热衷于狩猎，直到清朝也依然如此。正当慕容皝来到猎场准备弯弓搭箭时，他骑的马不知为何受了惊，慕容皝一个不留神，便从马上摔了下来，跌成重伤。永和四年（348年）八月，一代雄主慕容皝终因重伤不治，死在了南征前夕。慕容皝死后，他的三儿子慕容俊继位，慕容恪为左贤王辅佐朝政。

慕容燕国正憋着劲儿准备南下中原，而此时，后赵天王石虎又在做什么呢？两个字，折腾；四个字，各种折腾。

石虎先是想联合盘踞四川的成汉政权，一起去折腾东晋。没想到，成汉政权发生了内乱。成国皇帝李雄死后，他的儿子李期继位。继位后的李期因不放心他的堂哥李寿，想暗杀李寿，没想到事情败露，反被李寿带兵攻入成都杀死。李寿登基之后，改成国为汉国，因此，历史上便把这个政权统称为成汉。成汉经过这样一番折腾，哪还有精力去折腾东晋？李寿一封信函，便把石虎拒绝了。

石虎见李寿不识抬举，便准备兴兵去进攻四川。手下人赶紧来劝阻："蜀道难行，剑阁又易守难攻，要是在四川耗下去，慕容燕国又举兵南下，我军将会陷入绝境。"石虎也明白，折腾成汉是不可能了，还是去折腾东晋吧。

别看石虎打慕容燕国一败涂地，但是打东晋还是一打一个准。咸康五年（339年），石虎派兵攻打东晋的荆州、扬州以及长江以北的邾（zhū）城。先是晋将蔡怀阵亡，沔（miǎn）阴、沔南戍所（今湖北随州西南）失陷；接着晋将郑豹、谈玄、郝庄、随相、蔡熊阵亡，白石戍所失陷；最后邾城失陷，晋将毛宝、樊峻阵亡，六千多晋军战死，义阳将军黄冲、义阳太守郑进投降后赵。

后赵军深入湖北，一直打到竟陵郡（今湖北天门），被东晋竟陵太守李阳阵斩五千首级后，方才撤军。撤军时又对汉东地区大肆劫掠，迁走居民七万余户，往冀州而去。后赵此次军事行动的统帅，有石虎的儿子石宣、大将张贺度、羯族老将夔安，还有一个人是石虎的干孙子，此时叫作石闵。多年后，他恢复了自己的祖姓"冉"，改叫冉闵。

石虎折腾完东晋，开始与几个儿子大兴土木，奴役百余万民众修宫造殿。这还不算，他还大修打猎的猎车，竟造千乘之多。接着，石虎又强抢民女，当时羯族贵族封地七十余处，他们四处抢劫，共计夺百姓家十三岁以上二十岁以下的女子三万余名，以供淫乐。这三万余人，仅仅能配三等爵位以下者，而三等爵位以上者，抢的民女不但要年轻，还要漂亮，因此又有九千余名女性受害。最后小姑娘都被抢光了，他们又开始抢百姓的老婆，一时间夫号妇哭，惨不忍睹，夫不让夺而被杀、妇不从命而自杀者，仅邺城附近郡县，就达三千人。

石虎的残暴统治搞得天怒人怨，但没想到，他的太子石邃比他还狠。石邃狠到什么程度？他亲妈派人去劝他别老杀人，结果他把他妈派来的人也一勺烩了，然后自己气得不行，称病，不愿上朝。

石虎听说儿子病了，赶紧派人去探望他，结果刚进太子东宫，就被石邃一刀砍了。石虎大为光火，想废了石邃。石邃一看老爹要废自己，他来了个更绝的，要杀了石虎。然而还没等下手，便被石虎查知。这暴躁老爹发了威，把石邃宰了，大儿子家的两百多口也一个不留。

这样一来，太子自然就应该由石虎的次子石宣来当了。可是石宣并不怎么讨他爹的喜欢，倒是他弟弟石韬更得老爹的心。石韬也是一个任性起来不要命的主儿，他不仅经常跟哥哥石宣争宠，还造了一个大殿，用了一根九尺长的横梁，要知道，这是皇帝才能用的规格。石宣知道后，肺都快气炸了。

于是，他领着人怒气冲冲地到了石韬的府邸，一顿乱砍，把造梁的工匠杀了，那根九尺长的大梁也被劈了。

石宣这边气还没消，石韬那边的大殿工程却还在继续。这一次，石韬来了把狠的，他命人将一根十尺长的横梁堂而皇之地架在大殿上。而这次，他真的把自己这位太子哥哥惹毛了。石宣立即召开秘密会议，商量如何杀石韬。手下人一琢磨，要杀石韬并不难，关键是他爹那关怎么过？

石宣想了一阵，石韬死了，石虎肯定会给他弄一个隆重的葬礼，到时候就在葬礼上把石虎也做了。商量好了就行动吧。石宣找了一个月黑风高的夜晚，趁石韬与幕僚在东明道观喝得烂醉，石宣手下杨杯、牟皮、牟成、赵生等人沿着楼梯摸进去，砍瓜切菜一般，就把石韬和他的手下全杀了。

石虎听说自己的宝贝儿子死了，哭得昏天暗地，哭着哭着一口气没倒腾过来，晕死过去了。左右人见状，赶忙过来，又是掐人中，又是拍后背，好半天才缓过来。石虎要赶过去发丧，却被李农拦住了，想来能杀石韬的人，肯定是内部熟悉情况的人，石虎贸然前往，必定有危险。于是，石虎便派李农代自己去给石韬发丧。

果然，葬礼一开始，石宣就带着一千亲兵赶了过来，石虎没来，石宣多少有些失落。可是看到石韬的棺椁，石宣丝毫没有表现出悲伤的样子，反而哈哈大笑。石虎得知石宣这种状态，心里便猜到这是石宣的手笔，于是下令将杨杯、牟皮、牟成、赵生等人全部收监。这一收监，这些人竟一五一十地全部招供了。

石虎气不打一处来，硬是把他那些非人的虐杀手段全部招呼在了石宣身上。他令人将石宣捆绑起来，用一枚大铁环，穿透他的下巴，用铁链子牵着，强迫他低头入食槽，以猪狗之法饲之。接着，石虎命人高搭法台，堆满柴火，将石宣如拉狗一般拉到刑场。

石宣受尽折磨，下颌又被穿透两个大洞，套了两根麻绳，被牵到法台下面，然后石虎令石韬手下宠臣拔其发、抽其舌，将穿其下颌的绳子绕上辘轳，将辘轳摇紧，使石宣吊起，随后石韬手下宠臣断其四肢、刺瞎其眼、破腹断肠。折磨够了，趁石宣还有一口气，石虎令人点燃柴火，将亲儿子一把火烧了，又将骨灰撒向城门，让万人践踏。做完这一切，石虎还不解恨，又将石宣的老婆、儿子以及太子宫中各色人等全部杀尽，残肢投入漳水。同时，他还废了石宣的生母杜氏，再把十余万东宫卫士调往凉州戍边。

永和五年（349年），石虎为了避一避丧子、杀子的晦气，于邺城称帝，史称后赵武帝，称帝后，大赦全境。此时那十余万原东宫将士还苦哈哈地走在去西凉的路上，听说石虎颁布赦令，皆欢喜无比，以为他们可以回去了，谁知迎头一桶凉水——他们不在赦免之列。

终于，一个叫梁犊的人一声高呼，"石宣杀人，我等何罪？"十万将士一起反了。可梁犊真正竖起大旗时，才发现，这十万人起哄的多，真正跟着他造反的，只有他和他的一万高力军。之后，梁犊自称晋征东大将军，他要带着他的这一万高力军打回老家去。

这些人之所以被称为高力军，是因为他们都是当年被石宣训练出的大力士，虽然这帮人的军事素养与正规军相比还有所欠缺，但个个都是敢杀敢拼的勇武之士，后赵的地方武装还真不是他们的对手。梁犊带着这一万军马，硬是打到了长安城下。

长安守将石苞见叛军攻来，出城迎敌，却被打得大败，至此死守长安城，不敢再战。梁犊见攻不下长安，便带兵绕过此处，取潼关，直奔洛阳而去。此时，因受不了石虎残暴统治的关中百姓也投入梁犊麾下，梁犊大军的人数迅速从一万增长到了十万。

石虎称帝之后大病一场，听说石苞大败，梁犊军到了洛阳，便下旨封李农为大都督，率领张贺度、石闵等将，起兵十万来战梁犊。李农等走到洛阳西部的新安时，正面遭遇梁犊军，大战一场，败了。败到洛阳，又战一场，仍旧不敌，洛阳也丢了，随后退保成皋（虎牢关）。

战败的消息传到邺城，大病初愈的石虎顿时跌倒，沉疴复发。他决定亲自带兵出征，令其子石斌为大都督，代其指挥，同时起用了两个人为敌前总指挥，这便是当年被石虎迁到中原去的氐族蒲洪和羌族姚弋仲，一个拜车骑将军，一个拜冠军将军。

梁犊军虽有十万，却是一群乌合之众。其最大的特点就是只能胜，不能败。这几乎是历代起义军的通病，一胜便可连战连捷，一败就作鸟兽散。现在李农等人虽然败退，却扼守虎牢关，使梁犊不得进兵。不进兵也得吃饭呀，十万人就是十万张嘴，这些人吃什么？只能去抢，这样一来只会失了民心。

梁犊也深知这个道理，他立即带兵进入荥阳。梁犊大军刚到荥阳，姚弋仲、蒲洪就追来了，随之而来的，还有虎牢关的李农等人。姚弋仲的羌族军舍生忘死，抢先展开攻击，蒲洪、石闵不甘落后，率部奋勇死战。

梁犊军骤遇强敌，顿感吃力，十万人中的大多数乃随大流者，见赵军今日分外勇猛，多数人便怕了，一怕就退，一退就走，最后竟至全军大溃。独独梁犊与一万高力军死战不退，但好汉架不住群殴，在赵军优势兵力的猛攻之下，高力军全数战死，梁犊被枭首。

平定梁犊叛乱之后，姚弋仲封西平郡公；蒲洪为侍中，车骑大将军，开府仪同三司，都督雍、秦州诸军事，雍州刺史，进封略阳郡公；唯有石闵，什么都没封。石闵内心十分不平："我虽然不是石虎的亲孙子，但也是干孙子，却连个外人都不如。"不过石闵的这口恶气终究只能撒在石虎的儿孙身上，因为石虎此时已经病危了。

石虎病危，谁来继位就成了最棘手的问题，石虎想到自己的这些儿子，长成人的大多都不成气，最后石虎把心一横，立十岁的石世为太子。为什么立石世呢？首先，石世还可以调教，将来说不定能调教成一个好皇帝。其次，石世的母亲刘氏是刘曜的女儿，天潢贵胄，正所谓母贵子孝，石世自然是最佳人选。

石世当了太子，石虎又封儿子石遵为大将军，镇守陕西；石斌为丞相，辅佐朝政。刘氏害怕了，她想到自己的儿子年幼，石斌辅政，回头等石虎死了，他找个机会废了石世，他们孤儿寡母将死无葬身之地。因此她与将军张豺合计，决定杀了石斌。

这石虎的儿子就没有不乱来的，石斌也一样。他竟然趁着老爹病重之际，到处游玩打猎，日日纵酒，歌舞不休。刘氏乘机在石虎面前告石斌的状，于是石虎废了石斌的王爵。石斌被废后，刘氏又让石虎派石遵去镇守关中。

石虎虽然病得一时清醒一时糊涂，但清醒时，他还是有些思考能力的。他想石斌被废，石遵又被调走，这一切大概是刘氏暗中操控的结果。于是，他准备去见石斌，刘氏却谎称石斌病了，石虎说："就是用车把他拉来，我也要把玉玺交到他手上。"

刘氏一听这话便慌了神，她赶忙找张豺商量。于是两人矫诏称皇上下令赐死石斌，又以张豺为第一辅政大臣，都督中外诸军事。可怜的石斌，稀里糊涂就没了命。石虎左等右等石斌都没来，结果自己一口气儿没接上，一命呜呼了。他一死，石世继位，封刘氏为太后，张豺为太保，总揽朝政。

对于张豺来说，整个后赵的大权都在他手上了，可他仍有忌惮，他忌惮的人正是李农。因此，他派手下张举去杀李农。只是张豺没想到，张举是李农的铁哥们儿。张举将张豺要杀李农的消息秘密告知了李农，等张举带人赶到李农的府邸时，李农早已溜之大吉了。

另一边，石遵带兵前往陕西，走到半道，正巧遇上了蒲洪、姚弋仲和石闵。原来这三位打完仗并未立即返回邺城，而是以清除梁犊余部的名义在河南一带晃悠。石虎驾崩的消息他们已然知晓，又听闻刘氏与张豺专权，正在商议对策。石遵来了之后，这三人一合计，干脆拥立石遵当皇帝，自己也算是从龙功臣。于是蒲洪、姚弋仲、石闵、石遵四路兵马合为一军，杀奔邺城。

这边石遵的大军已经杀了过来，而张豺那边正在打另一场仗，他打的正是李农。李农从襄国逃出之后，跑到了广宗（今河北威县），并且在广宗附近招募了一支乞活军。李农之所以能迅速招募起一支部队，是因为他爹李揆（kuí）当年是乞活军的第一任首领，他是乞活军的后代。

正当张豺与李农在广宗打得不可开交之时，有消息传来，石遵大军已经在进攻邺城了，张豺这才停止与李农的战斗，连忙撤军回去救邺城。张豺的大军与石遵的大军在河南汤阴遭遇，还没开打，张豺部队里的羯族人首先反叛了："天子的儿子来了，我们理应去迎接，怎么还能打起来呢？"张豺一个汉人，刘太后一个匈奴人，自然镇不住这帮羯族人。于是张豺大军一哄而散，纷纷跑到对面去投奔石遵。

张豺彻底没辙，刘太后也慌了，两人连忙以皇帝的名义下诏，封石遵为丞相，兼领大司马、大都督中外诸军、录尚书事，并给予他以持黄钺（yuè）、加九锡等特殊权力和礼遇，又增封十个郡作为他的食邑。可石遵是来当皇帝的，对于这些封赐已经不放在眼里了。石遵兵马一入城，就斩杀了张豺，夷三族；又废掉了石世与刘太后，再将这对母子毒死，自己登基继位为帝。

石遵登基之后，立石斌之子石衍为太子，以兄弟石鉴为侍中，石冲为太保，石苞为大司马，石琨为大将军，以石闵为都督中外诸军事、辅国大将军、录尚书事。可石遵的人事安排却遭到了这帮人的集体反弹，首先，太保石冲反了。

石冲之所以造反，是因为他心向石世。石冲领着人马从蓟州出发，直奔邺城而来，大军走到常山（今河北正定），石遵给他的赦免诏书到了。石冲看了赦免诏书，心里动摇了，想领兵回蓟州，可是手下将领不干了："我们跟着你造反，你却要回去，你倒是被赦免了，我们呢？既然反旗已立，那就只能干到底了。"

石冲没办法，只好带着兵马继续杀奔邺城。石遵立刻令石闵、李农率军十万，讨伐石冲。石冲这半吊子连打与不打都做不了主，能指挥得了军队？他的军队可以说是一盘散沙，接仗就败，最后手下三万余人连同自己，都被俘了。石冲被赐死，三万多名降卒被全部坑杀。

解决了石冲，石苞那边又出问题了。石苞镇守长安，见石遵带着兵马回去当了皇帝，很不服气。有枪就是草头王，他也整顿了长安的兵马，准备杀回邺城，灭了石遵，自己当皇帝。他这一打算说出来，手下的人可就慌了。长安离邺城几千里路，石遵手下又有蒲洪、姚弋仲和石闵，长安这些兵马连梁犊都没打过，怎么可能是这三个人的对手?他们坚决不去。石苞便把这帮反对派通通抓起来杀了，然后集结大军准备出发。

石苞这边刚集结人马准备出发，长安的地方豪强们就跑到梁州，去联络东晋梁州刺史司马勋了。司马勋一看，什么，可以收复长安?那可是不世之功。于是，他领着人马就来收复长安了。司马勋走得实在是快，他的人马都到长安附近了，石苞还没出发。石苞再怎么愣，也知道保国的重要性，既然晋军来了，那就先打完晋军再说。

石苞与司马勋在长安附近打了几仗，几乎不分胜负。而司马勋这边又铁了心要收复长安，他甚至在长安附近屯田跟石苞耗。这下石苞急了，因为他的正经事是拿下邺城，自己当皇帝，而不是在长安跟司马勋打消耗战。好巧不巧，就在石苞进退维谷的时候，石遵的人马赶来了，后赵车骑将军王朗带了两万人来打司马勋。

石苞一看王朗来了，自己乐得躲在后面观战。王朗带着人马跟司马勋打得难解难分。然而，就在石苞领着人马准备退回长安的时候，一股兵马突然从他的侧翼杀出。石苞还没回过神来，自己手下的人马已经被驱散了，石苞也被捆了软禁在长安城中。

王朗这招一箭双雕用得真是巧妙，他一边与司马勋拼命，另一边还不忘分出一队人马去擒石苞。等到石苞被软禁，他便一心一意对付司马勋。司马勋见势不妙，带着人马一溜烟跑回梁州去了。别看晋军打仗不怎么样，腿脚还挺利索，飞奔而来又飞奔而去，真是来也匆匆去也匆匆。

解决了石苞，石遵觉得自己终于可以高枕无忧了。一天，石遵正在宫里优哉游哉享受帝王的生活，突然一支人马杀了进来，生擒了石遵。石遵走投无路，便问是谁造反。得到的答案是都督石闵。石遵这才明白过来，可惜为时已晚。他再问:"我死之后，谁当皇帝?"石闵手下周成回答道:"当立石鉴。"

石遵叹息一声："我都落得这个下场，他也好不到哪里去。"

石遵一死，石鉴登基，权力便落入石闵和李农的手里。可石鉴并不甘心被操纵，于是派兵攻打石闵和李农居住的琨华殿。石闵和李农的大军很快便打退石鉴的人马，并囚禁了石鉴，又将邺城中石虎的子孙全杀了。杀完石氏子孙，石闵恢复祖姓，改称冉闵。

永和六年（350年），冉闵于邺城登基称帝，改国号为魏，史称冉魏，后赵就此灭亡。

第六章

东晋征战

桓温西征

冉闵登基称帝后，北方的战乱仍在持续。这里暂且不表，来看看东晋这些年又发生了什么。东晋王朝自建立以来，皇帝一个比一个短命。晋元帝在位五年，活到四十七岁；继位的晋明帝在位不到三年，终年二十七岁；明帝的儿子晋成帝在位十七年，终年二十二岁。成帝死时，两个儿子还在襁褓之中，于是由他弟弟继位，是为晋康帝。晋康帝在位两年，终年二十三岁，死后，他两岁的儿子司马聃（dān）继位，是为晋穆帝。

晋穆帝继位之后，朝中由褚太后与会稽王司马昱（yù）总揽朝政；朝外则由安西将军、荆州刺史桓温持节及都督六州军事。这桓温虽是士族子弟，可也是东晋王朝这一时期出来的难得的猛人。他爹是宣城太守桓彝（yí），东晋苏峻之乱的时候，桓彝不屈战死，留下五个儿子，老大就是桓温，当时只有十五岁。

十五岁的桓温有一股游侠气，他知道杀父仇人为谁，只是武艺尚未精熟，便整日勤习，意图日后替父报仇。谁知十八岁那年，武艺虽精进了，仇人却病死了，世间最郁闷的事莫过于此。仇人虽然死了，但他儿子还在，父债子还，天经地义，桓温便对仇家的孩子下了手。

桓温将自己打扮成一个吊孝的，上门去哭灵。他一进灵堂，就看见了仇人的三个儿子，于是，一场精彩的武打戏就此上演。桓温这三年没白练，这兄弟三人都打不过他，没过几招，桓温便一刀把仇家老大宰了。老二、老三扭头就跑，桓温追上几步，抬手两刀就了结了两人。这件事成了当时东晋士族阶层的谈资。此后，名声大震的桓温又迎娶了晋明帝的女儿南康公主，成了驸马爷，封男爵位。

等到桓温三十三岁这一年，晋穆帝登基，褚太后便把东晋的军权交给了他，桓温就此成为东晋王朝的最高军事统帅。有了军权的桓温倒是没有忘记报效国家，他把目光对准了西川的巴氏成汉政权。

此前，成汉内乱的事情已有过介绍，经过那场内乱，成汉国力日渐衰颓，只能待在四川这个盆地里不断内耗。建元元年，靠着夺位之战上台的李寿病逝，儿子李势登基成为新任成汉皇帝。因为李势没有儿子，他弟弟李广就找他，要求封自己为皇太弟。没想到李势不但没答应，还要杀李广，大臣解思明来替李广求情，也被李势杀了，还被诛灭三族。

李寿在位时，徭役赋税就十分繁重，四川百姓已经困苦不堪。没想到李势的统治比他爹更残暴，不仅杀弟弟诛大臣，对老百姓更是横征暴敛，自己又骄奢淫逸，挥霍无度。整个四川民怨沸腾，老百姓更是盼星星盼月亮地盼着有人来拯救自己。

永和元年（345年），成汉国内发生了严重的自然灾害，老百姓实在活不下去了。成汉太保李弈在汉中起兵造反，老百姓终于看到希望，纷纷加入，李弈的起义军很快就发展到数万之众，并且一路势如破竹地杀到了成都城下。李势倒也不含糊，亲自带兵登城御敌，万箭齐发，李弈被流矢射中，不幸身亡。起义军见主帅战死，立即作鸟兽散，成都之围遂解。成都的危机虽然解除，但国内粮食短缺的问题却日益严重，十几万流民在四川到处流窜，皇帝李势竟坐视不管，任由百姓饿死。

在荆州的桓温得知成汉国内闹起了饥荒，觉得西征的时机已经成熟。于是，永和二年（346年）冬月，桓温以袁乔为先锋，率水军五千先行，自己则带一万步骑，水陆并进，攻取四川。桓温沿着三峡故道一路西行，其间地势异常险峻，到处是深沟密林，大军行进艰难，一天能走二十里就算急行军。如果在这样的行军状况下再遭遇埋伏，那桓温和他这一万人估计只能交代在路上了。可是桓温大军一路从夷陵（今湖北宜昌）走到夔门（今重庆奉节），并未发现成汉一兵一卒，这让桓温吃惊不已："想当年，曹魏灭蜀，正是因为蜀中关隘尽废。如今我率军前来，也同样如此，看来历史即将重演了。"

袁乔的水军一路沿长江而上，进入岷江到达嘉州（今四川乐山）后，转而进入青衣江。晋军都进入青衣江了，成汉皇帝李势才得知消息，他连忙派将军李福、李权去彭模（今四川彭山附近）防守，又派将军昝（zǎn）坚率水军沿犍为到彭山设防。李福、李权认为应该在桓温的必经之路上设伏，而昝坚则不以为然，遇到晋军就猛冲上去，先砍了再说。

桓温此时也到达了彭山附近，与袁乔合兵一处。桓温的计划是兵分两路去取成都，却被袁乔阻止了。袁乔认为："我们现在已经深入四川腹地，如果不一鼓作气拿下成都，我们就会陷入孤立无援的境地。现在不如水军改陆军，留下两千人在这里牵制李福等人，我们率一万三千人抄小道奇袭成都。"

桓温果断采用了袁乔的计策，抄小道直插成都，无论是在大路设伏的李福，还是准备光着膀子往上冲的昝坚，竟然都没有碰到一个晋军。并且昝坚冲上去的方向，与桓温行进的方向正好相反，也不知道这老兄冲到什么地方才能发现。李福与李权倒是很快就掉转方向，朝着成都奔了过来。李福这一掉头，正好遭遇了留在彭山的那两千晋军设下的埋伏，李福被打得落荒而逃。李权倒没遇到埋伏，却碰上了晋军主力，挨了一顿胖揍之后，同样抱头鼠窜。

桓温进军顺利，很快就来到了成都南郊。这时，那个只知道傻冲的昝坚赶了回来，可当他看到桓温大军已到成都南郊时，以为成都已经不保，全军不战自溃。桓温还以为成汉援军到了，正准备分兵迎敌，一看敌军溃退，便一鼓作气兵临成都城下。

成汉皇帝李势见状大急，这次他依然身先士卒，亲自带领城中守军冲到护城河桥上，与桓温军激战。别看李势治国不行，打起仗来还真是一把好手，大有"一夫当关，万夫莫开"的架势。成汉守军看皇帝都这么拼命，自己也是"一夫舍命，万夫难敌"。桓温发现，自己的军队还真不是这群不要命的巴氏人的对手，不仅参军龚护战死，连他自己的马也被射中好几箭。他决定先撤兵，日后再做打算。

古代战场上，敲鼓就是冲锋，敲锣就是撤退。桓温传令退兵，意思就是鸣金，也就是敲锣。可谁也没想到，千古难觅的事情发生了——传令兵敲错了东西。本该敲锣，这位却敲成了鼓。桓温的士兵们听到鼓声，以为主帅不满，敦促自己舍命，便真的个个舍命前进。这一舍命可了不得，他们竟然大破成汉军，攻入了成都城。

李势带着一些残兵败将从北门逃出成都。可逃出来之后李势才知道，老百姓都饿得啃树皮了，哪儿还有粮食给他这个皇帝吃?现在四川百姓人心归晋，根本不待见李势这个巴氏皇帝，他走到哪儿都被老百姓驱赶。在川北兜了一圈的李势，又回到成都，这次他是来投降的。桓温接受了李势的降表，就这么稀里糊涂地灭了这个盘踞四川四十六年的成汉政权。

东晋北伐

西征一结束，桓温便嚷嚷着要北伐。此时的北方，石虎死了，石家那哥儿几个正打得火热。桓温一看，北方大乱，可不就是北伐的最好时机。此前司马勋已经去长安走了一趟，虽说没能拿下长安，但后赵的虚实已经打探过了。趁着石家人自相残杀，桓温终于按捺不住，出兵了。

很快，晋军先锋陈逵收复了寿春（今安徽寿县），褚裒（póu）收复了彭城（今江苏徐州）。一时间晋军气势大增，兖州、青州、扬州、豫州的北方汉民纷纷归附，每天有成百上千的人前来投奔，场面繁盛。

后赵这边，皇帝石遵派李农率兵两万抵御晋军。李农也不含糊，起兵就往安徽跑，横眉竖眼地找晋军拼命。当时有山东五百家汉民打算归晋，褚裒派人迎接，结果半路上被李农杀败，那五百家汉民也没接到。接着，李农又不客气地挥军直取寿春。陈逯得知这个消息后，吓得连一仗都没打，直接焚烧粮草奔逃而去，将寿春拱手送给了李农。褚裒听说陈逯跑了，他也不敢在彭城久留，直接回了江南。

最可怜的是河北汉民，他们中有许多人听说晋军进入安徽，便舍生忘死拖家带口地往安徽赶，想要回归故国。可当他们到了安徽一看，晋军竟已回江南，顿时捶胸大哭。李农军见汉民投晋，分外仇恨，竟大开杀戒。汉民们一路上饥饿不堪，手无寸铁，被杀二十余万，尸横遍野，南朝士人无不扼腕叹息。

桓温想以灭成汉之余威，去灭已经行将就木的后赵。怎奈北方虽乱，但尚有能征善战的将领和少数民族军队。晋军即便能打，遇上他们也难分胜负，何况晋军还不能打，遇上他们只能是接仗就败，有的甚至连打都没打，就闻风丧胆，只顾逃命了。然而，桓温并没有气馁，五年之后，他又上表朝廷，请求再次率军北伐。

此时的北方，情势又是另一番光景了。后赵已为冉闵所灭，李农因劝冉闵归降晋朝，不称皇帝，也被冉闵杀了。更为严重的是，冉闵推出了杀胡令，北方汉人与少数民族之间的民族仇恨瞬间被点燃，整个北方大地上杀成一片，尸横遍野、血流成河。冉魏的国都邺城成了罗刹地，无论是汉民还是冉闵本人，都只做着一件事：杀人，杀胡人。

这场大屠杀造成了两个结果：一是二十万羯族人被杀，剩下的羯族人已经不能延续自己的族群，不断被其他民族同化，羯族这个被匈奴人带来的西亚民族在中国大地上就此消亡；二是北方群胡尽反，冉魏政权岌岌可危。

虽然冉闵灭了后赵，又杀尽了邺城中的石氏子孙，但石家还有人在殊死抵抗，这就是镇守襄国的后赵新兴王石祗。冉闵的杀胡令一出，北方群胡皆奔襄国，加上冀州的石琨，滏口的张沈，石渎的张贺度，黎阳的段勤，桑壁的杨群，阳城的刘国，陈留的段龛，滠（shè）头的姚弋仲和枋头的蒲洪，总共数十万兵马，都成了冉魏的敌人，兵锋直指邺城。东北的慕容燕国也对中原虎视眈眈，随时准备挥军南下。

可巧的是，蒲洪和姚弋仲见中原大乱，又想起自己的家乡来，他们都认为欲灭冉闵，必据关中。因此，氐族首领蒲洪和羌族首领姚弋仲开始了窝里斗。最终还是氐族蒲洪占了上风，他的子孙们最终杀回关中，建立了前秦政权。接着，慕容鲜卑的大军也开始南下，参与到争夺中原的战争中。强敌环伺又到处树敌的冉闵，此时陷入了孤立无援的境地。于是，他给南边的东晋郑重其事地去了一封信，希望可以联盟，共灭胡羯。

然而，东晋收到冉闵的信件后，不仅不发兵帮冉闵，反而骂冉闵是乱贼。原因不在于冉闵杀不杀胡人，而在于他竟敢称帝。东晋一直以自己为正统，皇帝只有司马氏能当。现在，冉闵不仅称帝，还敢跑来求援，这事让东晋君臣觉得不能忍。于是，东晋西线的最高军事统帅桓温给晋穆帝上表，请求再次率军北伐。

可是桓温一连上了好几道表，都被朝廷留中不发，既无回信也无消息。桓温一想："不对啊，我是皇上的姑父，他就算要留中不发，也得给我个信儿，现在什么都没有，必然是朝廷里出了奸臣，没把我的上表给皇上看。"于是，桓温立即差人回建康打探消息，果然如桓温所料，原来朝廷里有个叫殷浩的"吹牛学家"，做了前线总司令，竟将桓温的奏章全部压下，没给皇帝看。

得知这一消息，桓温气炸了，他亲点五万大军，自荆州顺流东下，直奔建康而去。桓温走到武昌时，心里的气儿也消了一半，这要真打去建康，自己不成王敦了?桓驸马觉得自己还是不要步王驸马的后尘了，便派了个使者去建康问，殷浩到底想干什么。

殷浩见桓温大军来势汹汹，又遣使上门兴师问罪，当即向晋穆帝递交了辞职报告："皇上，您姑父来打我了，我不干了。"他这一撂挑子，尚书王彪之着急了，他一边拉着会稽王司马昱说："殷浩不能走，他惹的祸就该他自己来顶雷，他要走了，谁来保卫皇上和殿下?"另一边又拉着殷浩说："你怕什么?桓温来，可让会稽王手书一封，陈明利害，他若明理，则应退兵；若不退，则让皇帝下诏书令他退；若再不退，即为抗旨谋逆，当兴正义之师制裁于他。你身为总指挥，为何要先落荒而逃？"

王彪之这么一闹，殷浩没辙了，只能留下来顶雷。司马昱立即给桓温修书一封，大意是："桓温，你也是国之栋梁，北伐平寇，不靠你靠谁？但你今日这样的举动，谁敢用你呢？只有我俩通力合作，国家才能安定。你是个聪明人，不要去做那千古罪人。"

桓温接到信一看，明白朝廷这是给自己面子，除了暗示重用自己，也隐含了同意自己北伐的意思，于是他就此退兵。桓温退兵了，殷浩坐不住了，他竟然被桓温激发出了报国的雄心，为了表示自己的能力不输桓温，他主动请命，要北伐中原。永和八年（352 年），经过一番准备之后，殷浩派了两个人作为先锋大将，去进攻许昌和洛阳。这两人一个叫谢尚，一个叫苟羡，而这谢尚，正是东晋后来的丞相谢安的堂哥。

前燕灭魏

东晋这边的北伐大军才刚刚出发，北方那边，冉魏政权却已经灭亡了，一代猛将冉闵也已身死。这是怎么回事呢？

这事还得从慕容燕国举兵南下说起。慕容俊自打继承了燕王之位，每天都想整顿军马南下，去灭后赵。怎奈这慕容氏受儒家文化影响深重，慕容俊竟然要为他爸爸守孝三年。等到慕容俊守孝期满，再来看中原大地，后赵已经被冉闵灭了，北方大地上到处是斑斑血迹，鲜卑人、羯族人、匈奴人、汉人、氐人、羌人早已杀成一团。

此时，若慕容氏再不动手，问鼎中原就只能是慕容廆做的一个白日梦了。可燕王慕容俊还在犹豫，首先他害怕据守在乐安城（今河北乐亭）的后赵征东将军邓恒。邓恒的确是一员虎将，手下也是兵强马壮，慕容俊怕一时拿不下乐安城，燕国大军就只能退回龙城（今辽宁朝阳）。其次，如果绕过乐安城，那就必须得走卢龙塞（今河北喜峰口），那里地势险峻，山高谷深，倘若有埋伏，燕军同样有去无回。

慕容俊这边还在犹豫，他弟弟慕容垂却等不及了。这慕容垂就是慕容霸，前面已经介绍过。由于慕容霸小小年纪就勇猛无比，深得他老爹慕容皝的喜欢，慕容俊也嫉恨上了这个弟弟，总看慕容霸不顺眼。趁一次慕容霸将门牙摔缺了的机会，慕容俊干脆让弟弟改名叫慕容缺，后来又觉得"缺"字不吉利，再给他改名叫慕容垂。

慕容垂见燕王犹豫不决，便主动请缨去战邓恒。按照慕容垂的理解："现在中原大乱，邓恒也只是一支孤军，他未必会死守城池。只要我军猛攻乐安城，邓恒敌不过，肯定会弃城逃走，燕王只要给我一支军队，我便能为燕王拿下乐安城。"

慕容俊见是慕容垂请战，并未立即答应他，而是找来燕国的文武大臣召开御前会议。一番讨论之后，慕容恪、慕容评、慕舆根等一干臣子都极力主张出兵南下，慕容俊心里也就吃了颗定心丸。他让世子慕容晔留守龙城监国，自己则带着慕容恪、慕容评、慕舆根等人出卢龙塞，又派慕容垂领兵两万由东边出徒河（今辽宁凌海），慕舆干由西边出居庸关，举三路大军南下。

其实，燕国大军一开始的目标并不是冉闵，而是襄国的石祇。石祇这时已经在襄国当上了皇帝，成为胡人的新主子。而慕容垂要打的乐安城，守将邓恒也认石祇为自己的主子。慕容垂出了徒河，领兵就来攻打乐安城，邓恒这边却守城不出。慕容垂于是派了一路人马，绕过乐安城去抄邓恒的后路。邓恒也担心自己后路被抄，无法南归，他没有坐以待毙，点齐军队，准备放弃乐安城，南下蓟城，走之前，他还放了把火，把不能带走的粮草、辎重全烧了。

慕容垂见城内起火，知道邓恒已经南逃，他急忙带兵进城灭火，得到了还没有烧完的一部分粮草。慕容垂拿下乐安城后，立即与慕容俊和慕舆干的军队会合，三路大军猛攻蓟城。蓟城守军见燕军攻势太猛，只抵抗了一天，便在邓恒与幽州刺史王午的带领之下退守鲁口（今河北饶阳）。慕容俊紧随其后，大军在鲁口城外安营扎寨。

还没等慕容俊缓过气来，邓恒就派部将鹿勃带着一万精兵，前来偷袭燕军大营。慕容俊见大营被偷袭，连忙带兵赶来营救。很快，几路燕军也反应过来，纷纷杀向鹿勃。鹿勃本是偷袭，不料却被燕军包了饺子，最后只身逃回鲁口，一万精兵死伤惨重，活着的都成了燕军的俘虏。

慕容俊刚扎下营就遭遇偷袭，心里自然是气不顺了。等到天一亮，慕容俊立即率兵进攻鲁口，谁知攻了一个月竟然都没能攻下来。燕军士气低至谷底，不能再战，慕容俊见状，只得退兵回蓟城修养。燕国大军第一次南征就出师不利，这对慕容俊来说也是不小的打击。于是，他准备观望一阵，再看是否南下。

对于燕国大军南下不打冉闵，却来打自己，石祗很是生气。可他现在生气也没有办法，因为他的兄弟石琨带着大军去打冉闵，被冉闵打得大败，损失了一万多人，逃回冀州。石祗又派胡将张贺度、段勤、刘国、靳豚四军进攻邺城，冉闵则率军在苍亭迎敌。四将敌不过冉军勇猛，又大败而走，死两万八千人，被俘无数。这一仗打完，邺城周围武装尽附冉闵，冉魏兵力壮大至三十万。

三十万大军，可以说打遍天下都没什么问题，可问题是三十万人也要吃饭，粮食从哪里来？这可急坏了冉闵。自中原大乱以来，北方连年征战，老百姓几乎没有什么太平日子来种粮食。现在冉闵三十万军队，没有粮食吃，那就只能去抢，抢谁呢？自然是襄国的石祗。

永和六年冬月，冉闵再举十万大军攻打襄国。石祗一看十万大军围城，吓得魂儿都快没了。他连忙派了个使者去向冉闵求和："皇帝我不当了，今后我拥您为皇帝，我自己去帝号，仍为赵王可好？"哪知冉闵这浑不懔，根本不接受他的求和："你爱当什么当什么，跟我没关系，我要的是襄国城。"

冉闵大军一连在襄国城外攻打了百余日，什么方法都试过了，就是拿不下襄国城。而襄国这边，石祗也是想尽了一切办法拼命守城，同时，他还不忘到处去搬救兵。于是，姚弋仲之子姚襄、冀州石琨、慕容鲜卑大将悦绾三人，合兵十余万，来救襄国。

这三方大军一到，襄国城的危机解除了，冉闵也吃不消了。姚弋仲的羌兵历来精锐，慕容鲜卑更是剽悍，冉闵连派两路人马，均被打败，而且败得特别惨，去了几万，只回来一个。冉闵彻底被激怒了，他要亲自领兵去会会这三路人马。

冉闵大军刚出动，迎面就遭遇了姚襄与石琨。三支军队正杀得难舍难分时，忽然慕容鲜卑的军队从后面攻了上来。魏军猝不及防，三面受敌，阵脚大乱。冉闵竭力想组织抵抗，谁知襄国城门忽然大开，石祗趁乱杀出，魏军大败，十余万人被打得全军覆没，冉闵只带了几个随从逃回邺城。

冉闵这边前脚刚进邺城，后脚石祗手下将军刘显就率军七万杀到邺城之下。冉闵心里十分窝火："这是要把人往死里逼吗？刘显你等着。"冉魏有三十万大军，襄国一战损失十万，也还有二十万。这二十万大军可都还在邺城，刘显只带了七万人马就敢往邺城冲，真是活腻了。

刘显这边刚准备攻打邺城，没想到邺城就城门大开，冉闵带着十万人马从城中冲了出来，将刘显杀得大败。刘显这一败，就被冉闵包了饺子，七万大军死的死，逃的逃，剩下的跟着刘显一起投降了冉闵。冉闵与他干爷爷石虎一样，对于降卒从不优待，一律坑杀。刘显见冉闵动了杀心，立即跪地求饶，并且答应将石祗的脑袋献给冉闵。

冉闵这时也打累了，听刘显这么一说，想着能利用一下刘显也未尝不可。于是，刘显一回襄国就发动了政变，真的把石祗杀了。然而，令冉闵没想到的是，刘显并没有把石祗的脑袋献给他，相反，他收拢旧部与一干降臣，竟然在襄国登基称帝了。冉闵发现自己上了当，懊悔不已，真是灭了一个又来一个。然而，对于此时的冉魏来说，这些跳梁小丑根本不算什么，真正的危机在于粮食。

冉闵打仗的目的就是抢粮，如今粮食没抢着，又有二十万军队要养，怎么办呢？冉魏政权最血腥恐怖的一幕出现了：吃人。此时的冉魏，已经变成了人间地狱，无论军队还是百姓，都在吃人，吃得整个邺城附近白骨累累。

冉闵无奈之下，再次外出求援。这一次，他去求的是慕容燕国。燕王慕容俊正准备伺机南下，入主中原。对于冉闵，他可以说根本就瞧不上，更不可能与他合作。冉魏使臣一到辽东，就被慕容俊扣下了。询问了一通之后，慕容俊决定再次起兵南下。

永和七年（351 年）八月，冉魏突然大乱，徐州刺史周成、兖州刺史魏统、荆州刺史乐弘、豫州牧张遇、洛州平南将军高崇、征虏将军吕护，竟于此月归降了东晋。这样一个大好时机出现，慕容俊当然心动，这意味着几乎一战就可平定中原。

燕国大军这一次进军非常顺利，从辽东一出来就打到了今天的河北省会石家庄附近。冉闵得知慕容氏举兵南下，他也不能坐以待毙。南下的机会已经没了，南方诸将都投降了东晋，他只能带兵北上，去打襄国的刘显。

冉闵只用了八千兵力，就摧毁了刘显军队的抵抗意志，其大将军曹伏投降，开门迎冉闵入城。冉闵入城后，杀了刘显等一百余人，又兴兵攻取冀州。冀州守将石琨逃亡东晋，却被东晋杀了。

冉闵占领襄国之后，只见仓库里连颗耗子屎都没有，更别说粮食了；占领冀州后发现同样没粮。就这么说吧，当时整个河北大地都已经没有粮食了。燕国大军打到石家庄附近就不往前走了，不是他们不想走，而是他们也饿得走不动了。冉闵找粮食，慕容俊也在找粮食，好巧不巧，魏燕两军就在石家庄附近撞上了。

这支魏军的统帅当然就是冉闵自己，而这支燕军的统帅，却是赫赫有名的慕容恪。这两人撞上，无异于火星撞地球，可双方都按兵不动。高手过招往往都不会主动出击，都想等对方露出破绽，好一招制敌。冉闵与慕容恪同样如此，两人带着人马绕着石家庄打转，谁也没先发起进攻。

等到两军走到今天石家庄无极县与新乐市附近的廉台村时，慕容恪终于按捺不住了。慕容恪从辽东过来，带的都是骑兵，走也是骑着马走；反观冉闵这边，却是骑兵少步兵多，走这一遭，又没吃什么东西，已然是面有菜色，体力不支了。于是，慕容恪便派出小股部队去试探冉闵，以车轮战打疲劳战。谁知慕容恪这边十支部队派出去，竟然都被魏军打退了，燕军这边顿时就慌了，一些将领更是闹着要撤军。

慕容恪可是当年以两千人杀败石虎十万大军的杀神，他当然不想放过这个机会。正当慕容恪在想对策之时，他军中一名叫作高开的小将给他出了一个主意："不如将冉闵的步兵引到平地，我们以骑兵冲击，冉闵必败。"

慕容恪心中大喜，立即依计而行。他派轻骑连番攻击冉闵，只败不胜，力求诱敌深入。又在平地上选重骑兵五千人，用铁锁链将马彼此连接，列于阵前，其余各部，或重重列在连环甲马之后，或列于两翼，只等魏军一到，便发起围攻。

慕容恪摆的阵形，非常像雁行阵。所谓雁行阵，就是中间厚积军队，两翼向左右展开，一旦敌军冲突至两翼中间的空地，中部军队就射箭或掩杀，同时两翼迅速合拢，将敌军困在阵中，直到消灭。

慕容恪将一切安排妥当，不一会儿，冉闵便带着他那八千人马冲了过来。他根本不在乎慕容恪摆了什么阵形，只顾往前冲。当他冲到连环马队面前时，燕军这边万箭齐发，魏军虽勇，却冲突不出。而燕军的左右两翼围了上来，渐渐开始与魏军短兵相接。

冉闵的勇武在这一仗中展现得淋漓尽致。只见他左手操双刃矛，右手持钩戟，左右交互，勇不可当。燕军但凡有近身者，无不被其格杀。楚汉相争时，项羽手刃汉军数百，今日一战，冉闵竟也独自杀了燕军三百人，宛如楚霸王再生。

冉闵这边左冲右突地寻找燕军的主帅慕容恪，想擒贼先擒王。他疯狂挥舞兵器，直冲鲜卑中军，认为只凭他的胯下马和掌中矛戟，就能于万军之中取上将首级。谁知他冲到连环马阵前，又遭遇燕军万箭齐发，冉闵冲杀不过，只得退下阵来，带兵突围。

冉闵这一跑，慕容恪哪里肯放过，燕军紧随其后。正当冉闵骑着马一口气跑了二十几里路的时候，他的马突然死了。冉闵重重地摔倒在地，正欲挣扎起身，却被追赶而来的燕军一拥而上，将他捆成了粽子。慕容恪志得意满，押着冉闵去见燕王慕容俊。

冉闵被押送到慕容俊面前时，也是昂首挺胸，气势丝毫不减。慕容俊本打算逼他投降之后，就赦免他的死罪，但慕容俊十分不爽冉闵的架势，便讥讽他："你这个奴仆下人，怎敢妄称皇帝？"

冉闵听了，还口道："天下大乱，你们这些夷狄禽兽尚且称帝，更何况我中土英雄，怎么就称不得帝？！"慕容俊大怒，命人抽了他三百皮鞭，送往燕国都城将其斩首。冉闵死后，辽东大旱，一时之间蝗虫四起，慕容俊认为是冉闵鬼魂作祟，追谥冉闵为武悼天王，加以祭祀。

冉闵死后，慕容评带领燕国大军马不停蹄直奔邺城，所到之处，无不闻风而降，唯独邺城守将蒋干不降。之前已经说过了，邺城里面已经没有粮食了，邺城之外也只有累累白骨。蒋干想要坚守邺城，就得继续吃人，这一回他想到了邺城的皇宫，他和他的守城军队竟然把皇宫里的宫女全吃了，等到宫女都吃完了，邺城也守不住了，蒋干带着亲信伪装逃跑，燕国大军才进入这座充满血腥与白骨的古都。

燕军进城之后，包括冉魏皇后、太子、诸王在内的一干王公大臣全部投降了燕国，冉魏政权只历了一世便灭亡了。前燕帝国正式入主中原，开启属于慕容氏的辉煌时代。

前秦立国

此前提过一句，氐族蒲洪与羌族姚弋仲为争关中开始窝里斗，最终氐族蒲洪占了上风，并在枋头（今河南浚县）招募流民三十万，自称三秦王，准备打回关中去。只是还没等他带领人马回到关中，他便被冉闵手下的将军麻秋用毒酒毒死了。

蒲洪在称王之前，找了个算卦的来给自己算了一卦，卦辞是"草付当为王"，又因蒲洪的孙子蒲坚背上有块胎记，隐约就是"草付"组合而成的"苻"字。于是，蒲洪便将自己家族的姓氏改为"苻"姓。少数民族的姓氏本就是随着汉化之后音译过来的，再加上古音里"蒲"与"苻"同音，因此，人家爱姓什么就姓什么了。

苻洪临死之前，把他的三儿子苻健叫到身边，嘱咐了两点：第一，杀了麻秋报仇；第二，快回关中去。麻秋给苻洪下毒之后就准备起义，但是他左等右等也没等到苻洪的死讯。正在此时，苻健领着人马直冲麻秋大营，麻秋慌不择路，被苻健生擒。苻健于灵前杀麻秋，祭奠了自己的父亲之后，又去了三秦王的称号，改称将军，却绝口不提回关中之事，并且下令：再有言西去者，斩！

众人皆不知苻健葫芦里卖的是什么药，雍州刺史杜洪心里却很清楚，氐族人迟早是要回关中的，因此他早就在潼关设下重兵，要将这帮氐人挡在潼关之外。杜洪这个雍州刺史是后赵任命的，如今后赵亡了，他既未投降冉魏，也不听襄国石祗的，俨然一个割据政权。当杜洪看到苻健一副要在豫北扎根的样子，心里也有点打鼓。他索性派了个使者去枋头，试探苻健一番。

杜洪的使者到了枋头，不仅受到了苻健的热情接待，还被带着在豫北视察了一番。这些年苻洪在枋头经营得不错，在离他不远的邺城还在吃人的时候，枋头的老百姓竟然能吃上粮食。使者回去之后，便向杜洪转达了苻健的意思：一是关中关西一带都太穷了，回去后怕是要挨饿；二是氐人离开故土也有一段时间了，已经习惯了豫北的生活，再加上自己招募的三十万人，大都不愿去陕西。不如，双方签一个和平协定，大家和睦相处，互通有无。

苻健的这一举动，彻底让杜洪对豫北氐族放松了警惕。到了第二年八月，豫北粮食丰收，苻健收了粮食，也展开了回关中的行动。他先是派弟弟苻雄领兵攻打潼关，又派侄子苻菁领兵由轵（zhǐ）关（今河南济源附近）绕到潼关后面，与苻雄前后夹击。苻健再亲率一军直取长安，三路人马共有十万之众。

由于杜洪对苻健放松了警惕，因此，苻菁这一路从轵关出来经蒲坂津（今山西永济）渡过黄河，再绕到潼关背后，杜洪丝毫没有察觉，只将兵马都放在潼关进行防守。苻雄引兵由正面进攻潼关，潼关守将张琚（jū）率军迎战。正在两军杀得昏天暗地、血溅四方之时，苻菁的人马突然从背后杀入潼关。本已陷入苦战的张琚此时不可能再分兵去战苻菁，又见苻菁人马来时扬起的尘土遮天蔽日，敌军数量也不清楚，潼关守军瞬间军心大乱，溃败而逃。

苻雄与苻菁拿下潼关，等苻健的人马一到，十万大军合兵一处，直奔长安杀去。杜洪这边也率领十万大军出城迎战，虽然人数相当，但苻健这边乃是乘胜之兵，并且兵强马壮，粮草充足。再看杜洪这十万大军，很多是从潼关逃回来的，惊魂未定，还有的是临时从长安拼凑的，这些人根本不是氐族大军的对手。两军在长安城外大战了三天，杜洪被杀得大败，最后只带了几万残兵逃往司竹（今陕西周至）。

苻健占领长安后，于永和七年正月，在长安南郊祭天受命，称大秦天王，前秦帝国由此建立。第二年，张琚杀了杜洪，竟自立为帝。苻健率军攻破司竹，张琚被斩，关中遂被平定。

与中原那连年混战、靠着吃人度日的悲惨景象相比，苻健在关中努力发展生产，平和社会矛盾，任凭潼关之东如何纷乱，关中自成一派欣欣向荣的盛景，前秦帝国日渐强盛。

与此同时，东晋北伐的先锋官谢尚，也带兵进入了河南。谢尚这一路，一仗没打就收复了安徽、河南的大部分地方。前文提到，冉魏大乱，南方各州刺史纷纷归降东晋。谢尚就此做起了接收大员，大摇大摆地向许昌进发。

驻守许昌的是原冉魏豫州牧张遇。张遇自尊心很强，最怕别人瞧不起他，谢尚出身士族，对于张遇这种泥腿子，自然是瞧不上。张遇见谢尚如此轻视自己，他转而以许昌、洛阳两城为自己的投名状，归降了刚刚建立的前秦政权。苻健正在长安励精图治，突然得到了豫州之地，心里乐开了花。不仅接收了洛阳和许昌两座城池，还封张遇为征东将军、豫州牧。

谢尚一看张遇反了，许昌自己是进不去了，洛阳就更别想了。正在进退两难之际，开封的乐弘又反了，率军南下攻打晋军，谢尚赶紧脚底抹油，一溜烟跑到了寿春。

到了寿春，谢尚遇到了一个人，羌族首领姚弋仲的儿子姚襄。姚弋仲自从被蒲洪打败，便失去了进入关中的机会，只好退回河北。他又念着石虎的恩情，于是帮着石祇打冉闵。石祇被刘显杀害后，姚弋仲成了孤家寡人，干脆投奔了东晋。不久，姚弋仲病死，儿子姚襄继任首领，听说谢尚屯兵寿春，准备与前秦干仗，他便跑来了寿春，与谢尚合兵一处，打他的氐族仇人。

姚襄与谢尚联合要打许昌，张遇赶紧派人将消息送至长安。苻健也不能眼看着到手的地盘就这么丢了，于是派东海王苻雄、平昌王苻菁率军两万援守许昌。前秦大军刚到许昌城外的颍水，就遇见了谢尚与姚襄的晋羌联军，姚襄见了姓苻的人，眼珠子差点儿瞪出血，二话不说就冲了上去。

苻雄与苻菁可是前秦开国的首功之臣，带的也是前秦的开国之师，打起仗来自然凶猛无比。姚襄此前就是氐人的手下败将，谢尚一个士族子弟，除了清谈，啥也不会。两军这一冲上去，苻雄正好大开杀戒，斩首一万五千级。谢尚见前军顶不住了，他带着后军跑得比兔子还快，一路退到了芍陂（今安徽寿县南）。姚襄一看后军跑了，自己也跟着跑出了河南。

谢尚望着芍陂流水向北兴叹，自觉无颜再见北方父老，于是渡江回了建康，把北伐大业全权托付给姚襄。谢尚回到建康后，被降了职，连带着北伐总指挥殷浩也受到了连累。但是殷浩并不气馁，他还要再度北伐，这可急坏了一个人——大书法家王羲之。

王羲之是王导的侄子，琅琊王氏之后，他一出生就有官有爵，此时正担任中军将军。他给殷浩写了一封信，想劝阻殷浩再次兴兵，接着他又给会稽王司马昱去信，说现在最重要的是保住江东，而非北伐。

可惜，王羲之空有一番义愤，却无人听其劝谏，东晋再次组织起一批士卒，准备收复两京。两京指的是长安和洛阳，这两座城市当时都在前秦手里，因此，东晋北伐的目标正是苻氏前秦。前秦倒也不含糊，听闻东晋又要北伐，也是厉兵秣马，积极准备。然而，就在前秦整军备战之际，此前拿着许昌和洛阳投降的张遇反了。

张遇投降前秦，苻健也并未亏待他，甚至还让他当了司空这样的高官。但张遇有个后妈，长得那叫一个妩媚动人、婀娜多姿，可惜张遇他爹死得早，后妈成了寡妇。张遇做了司空，家里的命妇自然要经常出席宫廷宴会，一来二去，后妈就和天王苻健勾搭上了。苻健被这位美女寡妇勾得五迷三道，便把她召进宫里做了昭仪。

苻健娶了张遇的后妈不算，还当着文武百官的面，说张遇是他的干儿子。前面说过，张遇的自尊心极强，若不是谢尚瞧不起他，他也不会投奔前秦。现在苻健又如此奚落他，张遇自觉十分受辱，忍无可忍，干脆反了！

但是张遇此时人已经到了长安，手里没兵，怎么造反？于是，他买通了一个叫刘晃的小黄门，说："咱俩一起把苻健做了，然后拿关中当见面礼，去归降东晋，到时候肯定当大官。"若是刘晃有点脑子，就应该知道，就凭他俩，根本不可能灭掉苻健，可刘晃竟然兴高采烈地答应了。事实证明，刘晃不仅没脑子，还极其不靠谱。

张遇与刘晃商定好了时间，乘夜展开行动。黑灯瞎火的，张遇带着府中军兵就往皇宫走。刘晃在宫门口七上八下地等着，只待外头有动静，就开门。正当刘晃在宫门后头溜达的时候，苻健突然心血来潮，吩咐刘晃："你去外面给寡人取个东西。"刘晃一开始不去，可大事未成，抗旨的罪名他担不起。

刘晃这边前脚刚走，张遇后脚就带着府里的亲兵摸到宫墙之下，喊了一声，没人开门；再喊一声，还是没动静；喊第三声时，竟把巡夜的兵丁喊来了。张遇这帮人，个个目怒凶光，手里拿着明晃晃的武器，一看就是夜袭皇宫的歹人。于是，张遇他们先是和巡夜的兵丁打了起来，接着皇宫里的守卫听到动静也赶了出来。好汉架不住人多，一拨一拨的宫廷卫士轮番赶来，打至天亮，张遇连同他带来的亲兵，全部战死。

张遇一死，前秦就乱了。池阳孔持，户县刘珍、夏侯显，雍州乔秉，司竹胡阳赤，灞城呼延毒，这些当年跟随张遇一起投降前秦的再魏将领们纷纷造反。与此同时，他们还联络了东晋的殷浩与桓温，希望他们率军北上，一起灭了前秦。

再度北伐

殷浩见前秦动乱，觉得这是自己再度北伐的良机。此时，谢尚已经派冠军将军王侠拿下了许昌，如果殷浩乘机挥师西向，那么晋军至少可以打到洛阳城卜，当然，拿不拿得下就两说了。可殷浩偏没有这么做，他把主力部队放在了寿春，去监视姚襄。

姚襄自上次兵败退回芍陂后，便屯兵谯城（今安徽亳州北），收拾谢尚留下来的烂摊子。别说，姚襄在谯城治理淮水，大兴屯田，抚恤百姓，训练军队，还真把这一亩三分地整治得有模有样。姚襄在谯城干得风生水起，殷浩却极为不爽，他认为姚襄这是要在历阳自立，可又找不到理由收了他的兵权。于是，殷浩干了一件让人大跌眼镜的事情——派人去暗杀姚襄。

殷浩派去暗杀姚襄的刺客叫许敬。许敬一个汉人，潜到羌人的大营本就容易暴露，再加上许敬还找不到姚襄的中军大帐，结果被羌人活捉了，送到了姚襄那里。姚襄还没审问，许敬就把殷浩派他来行刺的事情一五一十全招了。殷浩的愚蠢在刺杀姚襄这件事情上表现得非常彻底，一个不行，他又接连派出了十个，并且个个有去无回，到最后，已经没有刺客再敢去了。

暗杀不行，他竟派手下将领魏憬率军五千去偷袭谯城，结果被姚襄的羌军打得全军覆没，魏憬还被当场活捉。魏憬为了活命，又把殷浩如何派他来偷袭的事情一五一十告知，气得姚襄七窍生烟，斩了魏憬泄愤。殷浩见谯城打不下来，便想把姚襄赶到河南去，姚襄也觉得自己离南方远一点比较好，于是领了个梁国内史的官职，把族人迁往河南睢（suī）阳。

没过多久殷浩又来了，这一次，他是来北伐的。在此之前，殷浩竟然令人偷偷进入陕西，找到两个杀手——梁安、雷弱儿。这两人皆是前秦的重臣，雷弱儿还是前秦的大司马。殷浩真是没脑子，想收买他们去杀苻健。没过多久，前秦那边传来了消息："苻健死了，殷浩你快来吧。"

殷浩得到这个消息高兴坏了，点齐七万大军浩浩荡荡从寿春出发北上，去接收洛阳和长安。只有东晋尚书王彪之，在殷浩出发前就给会稽王司马昱写信："雷弱儿的消息有诈，快阻止殷浩出兵。"

已经昏头的殷浩根本不管，带着大军一路向北而去。他刚入河南，就想起姚襄在这儿。殷浩对姚襄下令："快带着你的羌族兵，做我的先锋部队，立刻向洛阳开拔。"姚襄简直要气炸了："你让我做先锋部队，打赢了是你指挥的功劳；打输了，我这个先锋部队第一个倒霉。殷浩你够狠，你等着！"

姚襄咬着牙回去点了一队兵向洛阳出发，他对剩下的人讲："你们找个地方埋伏起来，等殷浩来了就给我打。"殷浩率领大队人马在后面跟着，结果走着走着姚襄不见了，前军传来消息："姚襄逃跑了。"殷浩领着人就追，追了没多久，就看到了一队羌兵。殷浩就一路跟着这队羌兵，追到了桑山（今安徽蒙城县北）。

晋军一进桑山，好家伙，周围埋伏的羌兵如潮水一般从四面八方涌了出来，把晋军打得晕头转向，完全找不着北，乱成一锅粥。这边问："怎么回事，我们不是友军吗？"那边道："谁跟你是友军，我们要杀了殷浩！"殷浩哪里见过这架势，扭头就跑，连粮草、辎重都不要了。被砍了一万余人，最后殷浩带着败兵逃往谯城，闭门不出。姚襄再次深入安徽，把原来的地盘夺了回来。

东晋朝廷听说殷浩被姚襄打败，包括王彪之、王羲之等之前劝阻殷浩北伐的人纷纷上书弹劾他。而晋穆帝的姑父桓温更是怒不可遏："我说我来北伐，你偏要逞强，如今怎样?"他一道表上去，殷浩遂被革去一切官爵，贬为庶人。北伐的接力棒，自然就落到桓温手里。

永和十年（354年）二月，桓温自荆州起兵，水军自汉江而上，取汉中，步兵则取金州入武关，又令梁州刺史司马勋从四川出兵汉中，打算一鼓作气拿下关中。桓温比殷浩强了不是一星半点，他兵至商洛，前秦荆州刺史郭敬出战，被其一战而破。此时，司马勋已到秦岭南麓，正大肆掳掠前秦百姓。前秦秦州刺史王擢本是后赵大将，见前秦似乎不行了，便挥军攻打陈仓（今陕西宝鸡），打算反秦投晋。

桓温在东南，司马勋在西南，王擢在西，三路大军来势汹汹，这可把长安城中的大秦天王苻健吓坏了。苻健迅速派出太子苻苌、丞相苻雄、淮南王苻生、平昌王苻菁、北平王苻硕，率领五万大军，准备在蓝田县峣柳关与桓温决战。桓温带着四万步骑兵刚从秦岭出来，就在此遭遇了五万前秦军，看起来势均力敌，但狭路相逢勇者胜，这时候就看谁更猛了。

苻氏皇族里还真有猛人，谁呢?淮南王苻生。苻生力大无穷，能举鼎拔石，他空手能毙猛兽，狂奔起来，能追上烈马，马槊刀剑，无一不精。更可怕的是，此人天生一只眼。两军对圆，苻生一马当先闯入了晋军当中，左冲右突，一连冲杀十几个来回，斩首无数。一时间，晋军阵脚大乱，前秦军在苻生的冲杀下渐渐占据上风。

当然，桓温也是猛人。当年他击鼓猛进，一不留神就把成汉灭了，如今他亲自督战，严令各军不准后退，后退者斩。晋军见主帅督战，立即组织起反冲锋，硬是把前秦军冲了回去，接着将士又舍生忘死向前猛砍，将秦军杀得大败。桓温乘势进兵，直扑长安。

桓温的弟弟桓冲更是一马当先冲到了长安城外的白鹿原。没错，就是陈忠实笔下的那个白鹿原。苻雄领兵又战，仍被杀得大败。桓温大军一口气杀到灞上，秦主苻健吓得退入长安小城中不敢出来，命大司马雷弱儿领兵三万与太子苻苌的军队会合，一同守卫长安城南。

长安附近郡县的老百姓听说晋军又回来了，几乎所有人都走上街头，箪食壶浆以迎王师。男女老幼无不夹道欢迎，争相进献牛羊美酒来犒军。五十年了，半个世纪过去了，几代人翘首以盼的官军终于回来了。许多老人更是哭倒在地："没想到今日又见到了官军！"这正是"遗民泪尽胡尘里，南望王师又一年"。陆游这两句比这个时代晚了八百多年的诗，真乃此刻的一种真实写照。

桓温大军虽然进了关中，长安也近在咫尺，但他却不敢轻易攻城。桓温只有四万大军，苻苌败军加上雷弱儿的三万精兵，与他不相上下。因此，他必须等待，等梁州刺史司马勋。司马勋这一路进军其实很顺利，他从广元出来，在略阳附近大肆抢掠了一番后，进入了汉中。从汉中入关中一共有六条路，看过《三国演义》的人都知道，诸葛亮六出祁山，唯独没走的就是子午谷。

想当年，魏延给诸葛亮献上"子午谷奇谋"，打算自领五千人出子午谷取长安，诸葛亮并没有答应，而是向西绕了六百里出祁山走陇西大道。原因就在于子午谷虽然是汉中到关中最近的一条路线，全长仅六百余里，从子口出来就是户县，却也是最险峻、最难走的一条，只要有一支军队守住户县子口，想进入关中，那就是难上加难。如今的西成高铁，从西安到汉中的路段便是当年的子午谷，坐过的人应该都知道，那一段几乎全是山洞，偶尔漏进一道光，亦可见其山高谷深的险峻。

桓温屯兵灞上，司马勋需要尽快赶去与其合兵一处，攻取长安，因此，他选择了这条当年被诸葛亮放弃的道路，出秦岭入长安。前秦这边虽说连败了几仗，但氐人的战斗意志还在，苻雄听说司马勋从子午谷进兵，赶紧带了七千人在户县子口严阵以待。司马勋一路从子午谷走来，并未发现前秦军队，心里正高兴，眼看就要出子口，进入关中了，却见前秦军队从子口冲了进来。司马勋还想列阵迎敌，又见山谷中到处都是前秦军，晋军就此陷入了苻雄设下的包围圈。慌了手脚的晋军在这狭长的山谷里根本摆不开阵势，只能后军改前军，奋力往后撤，一口气跑了三百多里，退往秦岭深处的女娲堡。

桓温在灞上左等右等，司马勋就是不来，他又不敢强行攻城，只能在长安附近瞎转悠。一天，桓温正在转悠的时候，一个人找到了他。此人乃山东北海人氏，王猛。王猛这人打小家里就穷，穷得吃了上顿没下顿，可这也挡不住他爱读书的热情，王猛也不读什么四书五经，只读兵书。彼时，中原大乱，王猛一路跌跌撞撞从山东进陕西，最后躲进了华山。别人出门都带衣物吃食，王猛出门就带了一摞书；别人到华山都是烧香拜庙，王猛到华山只是来望气。他望什么气？王气。

当时的华夏大地上存在的政权一共有四个：慕容鲜卑建立的前燕、氐族苻氏建立的前秦、偏安江左的东晋以及西北的前凉。王猛在华山望来望去，觉得也就前秦和东晋王气比较旺，如今东晋桓温又来打前秦，眼见长安就快被攻破了，王猛这才下山来见桓温。

桓温见到王猛确实为之一震，眼前这个人说话的确很有水平，可就是太邋遢了。王猛一边跟桓温纵论天下，一边跟个猴子一样不停地抓身上的虱子，所谓高人，大概一般都与众不同吧。桓温虽然有点受不了，却很欣赏王猛的才华，他问王猛："我辛苦北伐，为民除害，怎么北方的豪杰里，只有你一个来投啊？"

王猛回答："因为你不攻城。长安城近在咫尺，你不攻，豪杰们不知道你北伐的决心到底有多大，所以不敢来。"

真是一语惊醒梦中人，江东士人竟无一人能比王猛。桓温当即将王猛留下，让他做军谋祭酒。这个官本叫军师祭酒，汉末郭嘉在曹操帐中做的就是这官，晋朝为避司马师的讳，所以改叫军谋祭酒。

既然王猛说要攻城才会有北方豪杰来投，那就攻城。桓温攻城，苻雄迎战。苻雄刚打败司马勋，势头正猛，而桓温带着晋军在灞上转悠了几个月，军心士气都出了问题。秦晋两军又在白鹿原大战一场，这次无论桓温怎么击鼓向前，晋军都没了在蓝田的气势，纷纷败下阵来，让苻雄砍了一万多颗脑袋。这还不是最惨的，最惨的是桓温这一败，关中百姓失望了，不再给官军送粮食。再加上苻雄又下令将长安附近的麦子收割一空，晋军彻底没粮了。

桓温在灞上远远地望了望长安城楼，暗自叹息，下令退兵。桓温走时还想带走王猛，王猛摆了摆手。只有灞城守将呼延毒带着自己的一万人马以及关中三千多家民户跟着桓温一起撤了。前秦太子苻苌见桓温竟然要带走关中人口，领着人马前去追击。苻苌一路追到潼关，晋军又损失了一万多人。

桓温走了，苻雄掉转军队，直奔陈仓。此时，在陈仓的除了王擢，还有司马勋。原来这哥们儿兵败之后，还想找别的路进入关中，结果在秦岭里绕了一大圈，才从陈仓古道出来。苻雄一看，一个是杀，两个也是杀，干脆把他们俩一勺烩了。司马勋是败军之将，王擢是反复叛变之人，军心不齐，结果又被苻雄打得落花流水，丢盔弃甲而逃。司马勋逃奔汉中回了四川；王擢逃往略阳进退无路，只得又投降前秦。

苻雄解决了王擢之后，又准备去平定其他叛乱，可惜，还没等他开打，自己就驾鹤西去了。前秦天王苻健闻听哥哥去世，哭到吐血，让苻雄的儿子承袭他的爵位，继任东海王，这位年轻的东海王正是日后的一代霸主——苻坚。

刚给哥哥发完丧，又一噩耗到了长安，太子苻苌重伤不治，也去世了。原来苻苌没完没了地跟在桓温屁股后面追，追过了潼关还在追。桓温大军带着关中投奔过来的老百姓，根本跑不快，被让苻苌追着打。桓温心里那个气啊："我好不容易进了关中，没想到司马勋这个不靠谱的不来与我会合，害我由胜转败，现在还要受苻苌的窝囊气。老子不管了！"他一拍大腿，"打他娘的！"这一打，竟然给了桓温一个意外惊喜，他把苻苌射死了。

苻健才因为哥哥去世吐了血，又听说儿子没了，他彻底崩溃了。之后，他病得下不了地，可苻氏的江山还得找接班人。于是，苻健找人算了一卦，卦辞是：三羊五眼。苻健纳闷了，三只羊明明是六只眼，怎么说五眼呢？他转念一想，苻生不就是一只眼吗？看来这是应在他身上了。苻健赶紧下诏，立苻生为太子。

苻生当了太子，有人不干了。谁呢？平昌王苻菁。苻菁是苻健的侄子，也是前秦开国的两大功臣之一。如今，苻雄和苻苌死了，苻菁当然就成了前秦的元老，最有权势的人。可苻健却立苻生为太子。他与苻生水火不容，苻生一旦当了天王，第一个就会拿他开刀。因此，他要在苻生登基之前，把苻生做了。

苻健此时已经病入膏肓，苻生作为太子，当然要在床前尽孝。长安皇城内关于天王生死的传言一天一个样。突然有一天，有人传言，说苻健死了。苻菁在自己的王府里听到这个消息，高兴坏了："苻健死了，那只要我杀了苻生，王位就是我的了。"于是，他带着人马直奔太子东宫。苻生在苻健那里伺候着，根本不在东宫，苻菁扑了个空，又带着人去西宫。来到西宫门口，这不是"死"了的苻健吗？手下人一看天王还活着，吓得放下武器就跑。苻菁也想跑，却被活捉，苻健骂了他一顿，然后把他杀了。

杀完苻菁，苻健也走完了自己的人生，苻生于灵前继位。这个天生一只眼的杀神，从此开始了他的杀人游戏。他刚登基就改元，下面有人说不跨年就改元不吉利，苻生听了，派人去查是谁说的，查到是右仆射段纯，就把段纯杀了。

一日，中书监胡文、中书令王鱼来找苻生，忧心忡忡地说："皇上，你有难。"苻生很诧异："我是天子，能有什么难？"原来这两人看了天象，天象显示说，不出三年，国有大丧，大臣将会被冤杀。两人希望苻生修习德行，以避此难。苻生眨了眨眼："国有大丧，皇后死了不就是国丧吗？大臣被冤杀，太傅毛贵、尚书令梁楞、左仆射梁安不就是大臣吗？我把他们杀了，这个天象不就应验了？"于是，他将皇后及三位大臣全杀了。

杀完了皇后，苻生又把屠刀指向了丞相雷弱儿。这雷弱儿虽是羌人，对氐族苻氏却忠心耿耿，看着苻生滥杀无辜，老爷子坐不住了，想去劝谏，正好撞在苻生枪口上，落得个满门被灭的下场。前秦国内的羌人见雷老爷子这样的高官都被苻生灭了门，自己这条小命可能随时不保，那还等什么？反了。

这帮羌人要造反，还得找个领头的，最后找到了一个独立于各国之外，且在河南一带发展得不错的羌人首领。这位羌人首领不是别人，正是姚襄。

姚襄打了殷浩之后，转而投靠了慕容燕国。正好这时燕国也想进入河南，便接受了姚襄的投诚。姚襄投靠燕国之后，立即带兵去进攻许昌，恰好许昌守将在这个时候死了，于是许昌被姚襄轻松拿下。拿下许昌之后，姚襄胃口也大了，他要进军洛阳。

这个时候的洛阳，在一个叫周成的人手里，这家伙占了洛阳之后，竟然在强敌环伺的情况下，谁也不投，做起了土霸王。于是，无论前秦还是前燕，甚至东晋，都对洛阳虎视眈眈，可谁也不肯第一个去。而姚襄天不怕地不怕，他就要去吃这第一口螃蟹。

正当姚襄与周成在洛阳打得不可开交之际，桓温来了。桓温这个打不死的小强，回到荆州休整一番之后，再次整顿兵马，卷土重来了。这一次，他也不去碰前秦这颗钉子，姚襄想吃第一口螃蟹，还得问问他桓温答不答应。

桓温带兵进入河南，看到满目疮痍的景象，不禁感慨："神州陆沉，成百年废墟，如王衍这样的清谈误国之人是要负责的。"手下一帮士族清流不乐意了，说："国运有兴就有衰，这是自然规律，难道自然规律也是人的过错？"桓温没有直接反驳，而是讲了个汉末的故事："当年荆州刘表有一头千斤重的牛，这头牛吃得比其他牛多十倍，干起活来却不如一头孱弱的母牛。曹操占领荆州之后，就把它杀了犒军。"手下人听了这故事，后背都直冒冷汗。

很快，桓温大军到了洛阳附近的伊水对岸，隔着伊水看姚襄如何跟周成拼命。姚襄听说桓温来了，赶紧退兵躲进林子里避风。同时，他也派人去忽悠桓温，说："桓大司马亲自来了，我姚襄焉敢不降，但有一点，请您先稍稍退兵，我好领军出降。"

桓温不是殷浩，他才不会被姚襄忽悠。他赶走了姚襄的使者，继续进军。姚襄一看，没办法了，只能先放弃洛阳，来战桓温。姚襄的羌兵，打殷浩没问题，但打桓温，就差得远了。桓温再次使出打成都的劲儿，亲自披甲上阵擂鼓，晋军更是呐喊连连，顷刻便渡水而上，大败姚襄，杀死数千羌兵。姚襄见势头不对，掉转马头就跑，一口气跑回了山西。

周成见桓温打败了姚襄，就打开洛阳城门，投降了。五十年了，洛阳城终于再次回到了晋朝的怀抱。桓温老泪纵横，他给晋穆帝上表，请天子迁回洛阳故都，号令天下。东晋偏安已久，迁都已然是不可能的了，晋穆帝也不可能移驾洛阳，只好让姑父代为祭祀祖陵。桓温见迁都无望，只好将洛阳的西晋皇陵修葺一番，又设陵令看管，自己代表皇帝祭祀之后，留下两千人守洛阳，率军南归了。

姚襄到了山西之后，跟前秦军队打了几仗，便占了一块根据地，又过起了自己的小日子。紧接着，就有大批前秦的羌人来投，加上其他一些杂胡，归附的共有五万多户。就连姚襄自己也没想到，洛阳兵败之后，自己本是如丧家之犬一般逃到山西，短短半年多的时间，竟又壮大起来了。于是，他带着羌族大军直奔陕西而来。

别看苻生残暴，对于打仗他还真不含糊，姚襄要打，那就打吧。他派大将苻飞龙出战，一战就生擒了姚襄的堂兄姚兰。接着，又派广平王苻黄眉、平北将军苻道、东海王苻坚、建节将军邓羌率领一万五千人迎击姚襄。姚襄一看，前秦这帮宗室还真不好对付，于是他高挂免战牌，闭门不出了。

姚襄闭门不出，前秦也有办法。邓羌对于姚襄还有些了解，他说："姚襄这个人，脾气不好，你别看他现在闭门不战，只要我们一招惹他，他就会出来打，所以别担心他据守险要，我们只管发兵过去就是。"苻黄眉让邓羌提三千前秦军大举前进，自己率主力埋伏于后。邓羌一路上鼓乐喧天，完全拿对面的姚襄当空气，姚襄大怒："竟敢如此不把我放在眼里！出战！"

眼看着羌兵四出，邓羌扭头就走，姚襄愤怒，领军穷追不舍。邓羌见埋伏圈到了，突然扭头迎战，与姚襄混战一处。等伏兵四起，苻黄眉将姚襄困在当中，羌兵大败。姚襄的家底本就不多，这一仗败得彻底，他拼命往外逃，打算跑回山西，以图来日，但天有不测风云，他的马摔倒了，把他颠得四仰八叉，前秦士兵一拥而上。可叹一代枭雄，竟死于乱刀之下。姚襄的弟弟姚苌见势不妙，赶紧投降。

苻黄眉打了胜仗，高高兴兴地与邓羌等班师回朝，没想到苻生非但不赏，反而大发脾气，骂了黄眉兄好几顿，把苻黄眉气得不行，但又不明所以。一怒之下，这黄眉兄竟想杀苻生，却反被嗜杀成性的苻生斩了首。终于有一天，他又想到一个人该杀，谁呢?苻雄的大儿子，苻法。苻生一日醉酒之后，自言自语道:"苻法兄弟不可信，我明日杀了他。"

他这一说，就有人把消息递给了苻法。苻法知道后，马上把消息告诉了承袭东海王的苻坚。苻坚听说后，气得暴跳如雷，本就有意造反的苻坚，在老臣吕婆楼的引荐下，结识了王猛，又在王猛的推波助澜下，决定与苻法合作，带领人马直冲皇宫。

苻坚与苻法领着人马直奔皇宫，冲到皇宫门口时，遇到守卫皇宫的禁卫军。苻坚这边正准备拔刀迎战，没想到这帮禁卫军竟然打开宫门，跟着苻坚一起向皇宫里冲。冲到苻生的寝宫时，苻生还在呼呼大睡——他昨夜喝的酒还没醒呢。等他清醒过来，苻坚已经命人将他扣押了，苻坚先降他为越王，后又将其杀于密室。

前秦的皇位从苻健一系转移到苻雄一系，苻坚登基，称大秦天王，以王猛为中书侍郎。这对如刘备与诸葛亮一般的君臣，从此将前秦帝国带入正轨，北方的统一也排上了日程。

晋燕之战

鲜卑慕容氏灭了冉魏之后，燕王慕容俊便称帝了。他这一称帝，让南边的东晋政权生了好一通气。东晋觉得:"你们慕容家是我晋朝的官，当年慕容廆的辽东郡公、平州刺史也是我东晋封的。慕容皝称王时，我们没理你，算是默认了。现在你慕容俊竟敢称帝，与我朝分庭抗礼，实属大逆不道，这个仇我们记下了。"

为什么东晋没有直接出兵去打燕国呢?主要是够不着。当时燕国刚占河北，晋军还在西边跟前秦打仗，连河南都没进，双方谁也没挨着。再来，燕国占据的河北，那就是块烫手山芋，成日里你来我往，打成了一锅粥。等到河北平定了，燕国才开始想着进军河南、山东。此时，东晋占了洛阳，前秦灭了姚襄，中原的局势才算明朗了一点。可还没等慕容家的人动手，找事的人来了。

当年慕容皝联合石虎灭了段氏鲜卑，段辽和段兰逃入密云山中不知所踪。后来，段辽投降燕国被杀，段兰被宇文部捉了送给石虎，石虎不但没杀段兰，还觉得他有用，给了他五千人马，让他重返辽西。结果，段兰还没回到辽西就死了，他的儿子段龛接手了这五千人马。趁着中原大乱，段龛带着这五千人南下，占领了广固（今山东青州），并以此为根据地，在山东发展壮大。段龛一开始自称齐王，混了一段时间之后，觉得自己实力依然虚弱，于是他投靠了东晋，东晋封段龛为齐公、镇北将军。

有了东晋做后台，段龛的胆儿也肥了，他要去找慕容鲜卑报当年的灭族之仇。他先写了封信去骂慕容俊，信上说："你是个什么东西，也敢称帝？"慕容俊哪里受得了段龛的辱骂，他刚平定河北，正想南下，于是派太原王慕容恪领兵去打山东。

慕容恪点齐人马就出发了，他来到黄河北岸收集船只，做渡河的准备。段龛见慕容恪要渡黄河，也不做准备，等他过了河再开打。段龛的弟弟段罴（pí）见哥哥如此托大，赶忙出来劝阻，他甚至要求段龛给他一支人马，迎战慕容恪，段龛只要守住广固就好。段龛并没有听从段罴的意见，也不肯分兵给他，段罴又唠叨了几句，段龛一怒之下，把自己的亲兄弟斩了。

永和十二年（356 年）一月，慕容恪顺利渡过黄河，直取广固。段龛率军三万，想要正大光明地与慕容恪拼一场。但慕容恪可是天生的杀星，石虎尚且不是对手，更何况一个段龛。一场大战下来，段龛被杀得人仰马翻，三万人死伤大半，剩下一点残兵跟着段龛逃回广固，死守不出，慕容恪顺势进兵包围了广固城。段龛见势不妙，立即去书给东晋，请求救援。东晋对燕国也憋了一肚子气，于是，派了徐州刺史荀羡领兵北上，去救援段龛。谁知荀羡走到琅琊（今山东临沂），听说慕容恪用兵如神，且勇猛无比，竟然被吓得不敢来了。

段龛在城里等援军，怎么等也等不来。慕容恪呢，他也不攻城，一边围城，一边收集粮草，挖沟造垒，做长期打算。就这样围了一个月，段龛受不了了，广固城里没粮了。没粮就只能吃人，可这人是越吃越少的，无奈之下，段龛只能接茬，再跟慕容恪打。

段龛这回是豁出了老本，手下的兵想到就算不战死也会被吃掉，还不如战死来得痛快。慕容恪这边也做好了应战的准备，他分兵两路，一路埋伏起来，一路迎战。段龛与慕容恪且战且行，越打离城越远，越打越不对劲，突然间，鲜卑军加紧攻势，段龛大败。这一败，段龛领着人就往回跑，可慕容恪事先埋伏起来的那路人马，早已在各城门前列队，无论段龛从哪个城门入城，均要经过一场厮杀。

这还能有什么办法?搏命吧。一场屠杀之后，段龛只身逃回城中，手下兵将全部战死。这下好了，不仅没粮，连兵也没了，破城只是时间问题。段龛想了想，东晋靠不住，还是投降燕国吧。于是，他让人将自己绑了，出城向慕容恪投降。段龛投降后不久，连同他手下的三千降卒，通通被慕容俊坑杀。慕容恪顺势收复了山东各州郡，慕容俊又派慕容兰进攻琅琊。荀羡怕的只是慕容恪，既然慕容恪没来，那他还是可以出兵迎战的。可怜那慕容兰，竟成了荀羡的刀下鬼。前燕皇帝慕容俊也觉得此时不宜再惹东晋，于是他们发兵向北，去打敕勒。

"敕勒川，阴山下，天似穹庐，笼盖四野。天苍苍，野茫茫，风吹草低见牛羊。"这首《敕勒歌》，想必大家都不陌生。"敕勒川"这个地名就跟敕勒这个民族有关，这个民族还有一个名字，叫作"丁零"。敕勒人原本住在今天俄罗斯的贝加尔湖一带，匈奴强大之后，这里就被匈奴统治了，敕勒人便被匈奴人抓回去做了奴隶。匈奴衰败后，敕勒人开始南迁，这一迁徙持续了几百年，到了前燕时代，仍在进行。

此时匈奴人已经绝迹，鲜卑人也南下了，突厥还没兴起，北方草原自然就是敕勒人的天下。占领了北方草原的敕勒人，已经不再是当年那个谁来都能欺负的弱小民族了，他们也在不断壮大，甚至威胁到了燕国的后方。这个不稳定因素不解决，燕国还怎么去争中原？

这一次，慕容俊派去打敕勒的将领是他一直不怎么喜欢的慕容垂。慕容垂率军八万，直奔草原。敕勒人尚未开化，慕容垂突然袭击，敕勒人猝不及防，大败亏输，竟被俘杀十几万之多，牛羊损失不可计数，仅马匹就被夺走十三万。敕勒人辛辛苦苦几代人的努力，仅这一战就消耗殆尽了，"敕勒"这个名字，从此只留在那首《敕勒歌》里。

平定了北方草原，慕容俊的一块心病算是落了地，他决定迁都邺城，为争夺中原做进一步的准备。燕国迁都邺城的消息传到东晋，桓温又跳了出来，嚷着要继续北伐。晋廷怕桓温的势力进一步扩大，于是改派兖州刺史荀羡率军北伐。荀羡遣泰山太守诸葛攸进攻东郡（今河南濮阳），被慕容恪率军打得屁滚尿流地逃回泰山。慕容恪由东郡渡黄河，进取河南之地。

荀羡见诸葛攸战败，于是亲自披挂上阵，攻取山茌（今济南长清，茌音chí，）。山茌守军不过数百人，由前燕泰山太守贾坚统领。贾坚得知荀羡前来，知道此战不能避免，于是率军出城迎敌，竟斩了晋军一千多颗脑袋，退回城中。荀羡首战不利，十分愤懑，命令强攻山茌，贾坚率军死战。晋军以弓箭射杀贾坚兵卒，又砍断了吊桥，贾坚连人带马落入护城河中，晋军一拥而上，将其生擒。荀羡想招降贾坚，怎奈贾坚忠心耿耿，荀羡将其置于雨中，没过几日，贾坚便忧愤而死。

荀羡攻打山茌，前燕青州刺史慕容尘派手下将领司马悦明带兵前来营救。前燕正规军还没到，荀羡就占领了山茌。司马悦明率军进攻，荀羡出城迎战，却被燕军打得大败而逃，不仅山茌丢了，自己的病也越发严重，不久便去世了。

荀羡一死，郗昙便接下了他的北伐接力棒，东晋还要继续北伐。这一次，司马昱给郗昙找了个帮手——谢安的二哥，豫州刺史谢万。郗昙先派诸葛攸率军两万去打东阿，就是出阿胶的那个地方。前燕上庸王慕容评与长乐太守傅颜率军五万迎战，诸葛攸从统兵人数上就已经没有了胜利的可能，一场大战下来，又是损兵折将，大败而回。

诸葛攸一败，郗昙和谢万就更惨了。郗昙还是个比较会打仗的，谢万跟赵括一样，只会纸上谈兵。郗昙见诸葛攸败退，自己也跟着退回了彭城（今徐州）。唯独谢万觉得自己很厉害，他引兵到涡水与洛水之间，准备增援洛阳。可诸葛攸战败的消息一传到谢万军中，他就准备撤退。谁知他还没撤呢，手下的人已经跑光了，最后谢万只带了几个亲兵渡江而返。燕军乘势占领了许昌、颍川、谯城等地，兵锋直指洛阳。

与此同时，前燕皇帝慕容俊的生命进入了倒计时。慕容俊最喜欢的儿子是长子慕容晔，可惜慕容晔死在了他前面。于是，慕容俊只好立年仅十岁的儿子慕容暐为太子。他又担心自己死后，主少国疑，便托孤慕容恪，慕容恪马不停蹄地从河南赶回了邺城。

慕容俊一见到慕容恪，就说自己快不行了，国家需要长君，想让慕容恪登基做皇帝。这一幕，像极了刘备的白帝城托孤，请诸葛亮自立。慕容恪与诸葛亮不相上下，当然明白慕容俊的心思，因此坚持称自己一定会辅佐幼主治理好国家。慕容俊其实担心的不是慕容恪，而是慕容垂。他知道慕容垂一切都听慕容恪的，只要慕容恪不篡位，慕容垂也翻不出水花。

一番试探之后，慕容俊放心了。升平四年（360年）一月，慕容俊病故。慕容恪、阳骛（wù）、慕舆根等人为辅政大臣，太子慕容暐登基继位，前燕从此进入了慕容恪时代。慕容恪刚掌权，慕舆根便向太后可足浑氏告状，说慕容恪兄弟谋反。然而，刚登基的皇帝慕容暐却不相信慕容恪会造反。慕舆根见皇上不信，就说自己要回辽东去。慕容恪上书慕容暐，历数慕舆根的罪行，最终慕舆根被满门抄斩。

解决完国内的事情，慕容恪再度前往河南，他的目标是拿下洛阳。兴宁二年（364年）八月，燕军占领了洛阳以北的盟津与虎牢关，对洛阳的军事压力已经构成。

此时，东晋的洛阳守将是陈祐与沈劲。陈祐手里只有桓温走时留下来的两千守军，沈劲则是主动请缨跑来救援洛阳的。他从建康出发的时候，手里一个兵都没有，东晋朝廷只给了他一个冠军长史的空头衔，让他自己募兵。沈劲从建康一路到洛阳，仅招来一千人马。三千晋军面对无数燕军，这仗怎么打?陈祐心里完全没底。守将心里都没底，手下的兵就更是吓得魂儿都没了。一听说许昌失陷，陈祐就带着两千五百人弃城跑了，只留下了沈劲和五百个兵驻守洛阳。

那么此时东晋为何不出兵营救洛阳呢?因为不久之前，晋穆帝驾崩了，年仅十九岁。他没有儿子，所以只能把晋康帝的儿子司马丕找来继位，这就是晋哀帝。晋朝经此国丧之后，桓温以慕容恪在，不能北伐为由，拒绝发兵。此举意味着东晋朝廷已经打算放弃河南之地了，当然不会派兵来救。

那沈劲为什么没走呢?因为他此行就是来为国捐躯的。他爹叫沈充，是当年王敦的心腹。王敦叛乱时，沈充没少出力，后来兵败被杀，沈家从此被扣上了叛臣的帽子。沈劲为了洗刷沈家这个叛臣的罪名，才主动请缨来洛阳赴死，何其壮哉!

兴宁三年（365年）二月，慕容恪与慕容垂兄弟带着燕国大军开始进攻洛阳。慕容恪下令猛攻洛阳，不可懈怠，直到攻破为止。沈劲率五百人守城，誓死不降，日夜征战，抗敌一月，燕兵死伤累累。但沈劲终究兵少难敌，一个月后，洛阳最终被燕军攻破，沈劲被俘。慕容恪敬他忠贞，想招降，但左右皆说此人不会为己所用，不杀会成为后患。慕容恪便下令杀之。沈劲临刑气色不变，神情如初，大呼死得其所。

慕容恪占领洛阳之后，并未南下去找东晋的麻烦，而是领兵向西，直奔关中而来。前秦与前燕这两个北方强国的一场大战，就此揭开了北方统一的序幕。

第七章

前秦扫北

王者苻坚

苻坚登基之后，前秦进入了一个快速发展期，似乎秦燕两国此时都在拼速度，抢时间。谁要是晚了一步，就有可能被另一方吞并。当然，若论国力，前燕自然是比前秦更有底气，毕竟他们还有辽东这个大后方。而前秦除了陕西、甘肃的一部分，因冀州牧张平造反，刚到手没多久的山西也险些丢了。

张平本是赵将，赵亡之后他先投前燕，再投前秦，现在又投了东晋，受封并州刺史。苻坚这边才刚登基，就把山西丢了，这让他如何立足？因此，他无论如何也要把山西夺回来。

张平占据山西多年，辖下十几万户，手下还有一员猛将，被其收为养子，叫作张蚝。传闻张蚝力大无穷，可倒曳耕牛，从城墙上跳下而毫发无伤，真可谓有万夫不当之勇。然而，这张蚝却是个阉人。因他与张平的小妾有染，被张平得知，张平看在他还能为自己守土开疆的分上，便未加治罪。事后，张蚝自觉羞愧，为了表示忏悔，他竟然挥刀自宫。没想到，张蚝自宫之后，宛如修炼了葵花宝典的东方不败，更加神勇无敌，果然是"欲练神功，必先自宫"。张平也仗着自己有张蚝这员猛将，才敢割据山西，摇摆观望。

升平二年（358年）二月，苻坚亲统大军，以邓羌为前锋，讨伐张平，夺回山西。很快，邓羌便率领五千先锋部队到达汾水，对面迎敌的正是张蚝。邓羌也是前秦的一员虎将，遇上张蚝之后，双方竟在汾水大战了一个月，难分胜负。三月，苻坚率中军赶来，向张平发起全面进攻。张平这边也是倾巢而出，要与苻坚决一死战。

其实，张平军中能打的就张蚝一位，别看他的军队人数多，其实就是一群乌合之众。张蚝冲，军中将士跟着冲，张蚝要是退了，他们跑得比兔子都快。苻坚这边一发起进攻，作为军胆的张蚝一马当先冲杀入阵。苻坚一看，忙命众将不要管其他，先打张蚝。于是，前秦众将个个如虎狼一般冲向张蚝，张蚝反复冲突，怎奈前秦众将一拥而上，各种兵器都往张蚝身上招呼，好汉架不住人多，就算是吕布也难敌刘关张。张蚝又是闪躲，又是格挡，没承想一杆亮银枪从侧面刺来，张蚝躲闪不及，被一枪刺下马来。刺中张蚝的人，正是吕婆楼之子吕光。张蚝这边一落马，邓羌刚好一把将其挟住，又拖了一段路才扔下，前秦兵士一拥而上，将张蚝生擒。

张平军见张蚝被擒，还真就一哄而散，张平喊破嗓子也无人搭理他。前秦大军乘势掩杀过来，张平抵挡不住，只好向苻坚投降。前秦天王苻坚一战定山西，不仅为前秦保住了既有领土，也在国内树立起了威信。然而，苻坚与十六国时期的任何一个君主都不一样的是，他对降臣过于宽仁，这也成为他后来失败的一大因素。张平投降后，苻坚不仅没有杀，反而封他做了右将军。

平定山西之后，苻坚回到长安，却遭遇了百年不遇的关中大旱。苻坚宵衣旰食地救灾，尽可能将灾害的损失降到最低。为此，他下令：宫中禁乐舞，减膳食；后宫妃嫔皆织布，与民同苦；兴修水渠，引水灌溉良田；停止征伐，让百姓休养生息。在苻坚的得力助手王猛的大力推动下，关中很快度过旱灾，关中百姓更是迎来了一段安居乐业的好时光。

苻坚这边停止了征伐，慕容恪却在拿下洛阳之后引兵向西而来，前秦君臣无不大惊失色。苻坚和王猛都知道慕容恪就是个杀星，他来了绝对没什么好事，可又不能不出兵进行抵御。苻坚看了看手下的人，觉得都不是慕容恪的对手，还是得天王亲自出马。他留下王猛镇守关中，亲率大军出潼关，屯兵陕城（今河南三门峡），封住慕容恪的西进之路。

慕容恪与慕容垂领兵八万，一路沿崤山、渑池而来，快到陕城时，听说符坚亲自率军进驻陕城，心里也开始盘算起来。前秦天王御驾亲征，那不说是举倾国之兵，至少也带来了前秦一半以上的精锐。自己带了八万人，虽说一路无阻，可如果符坚死守陕城，这仗将十分难打。一旦自己在陕城与符坚耗下去，国内生变的话，可就得不偿失了。于是，他索性不去和符坚硬拼了，保住既得利益要紧。慕容恪这一次，和符坚连照面都没打，就撤军回洛阳了。

慕容恪这一撤，前秦也算松了口气。原本符坚也以为有一场硬仗要打，没想到慕容恪没到陕城就撤了，他心里暗自庆幸。慕容恪暂时不会再西进了，符坚正好趁此机会大力发展关中，等自己实力强盛了，再来开疆拓土。

符坚这边在关中大力发展经济，还派王猛去试探了一下东晋。此时，东晋又死了一位皇帝——晋哀帝司马丕。司马丕因长期服用丹药，二十三岁就升天了。群臣面对国有幼主，外有强敌的处境，不得不请荆州刺史桓温入建康主持军政大事。桓温离开荆州之后，其弟桓豁继任荆州刺史。太和元年（366年）七月，王猛率军两万直扑南阳，桓豁派兵在新野进行防守，谁知王猛拿下南阳后，并没有继续南下进攻新野，只掠走了南阳一万多户人口入关中，行动便结束了。

东晋自丢了洛阳之后，矛头对准的其实是北方的前燕，对于西北的前秦，自从上次打了长安之后，便再也无心西进了。王猛的这次试探也恰好证明了这一点，桓豁并没有主动进攻或者追击。而符坚也乐得如此，南边与东边暂时没有威胁了，他便要解决秦州问题。

秦州，就是今天甘肃的天水，这里不仅扼守着陇山，还连接着四川与河西，战略位置十分重要，是陕西入河西的必经通道。原本秦州已经为前秦所得，但是秦州守将李俨与之前的张平一样，想割据自立。他收服了略阳地区的一个羌人部落，打算在秦州自立，并且还给秦、凉两国发去敕书，意思是他现在独立了，他们平等了。于是，无论是前秦还是前凉，都咽不下这口气，两国就此达成了共识：出兵，揍他丫的！

太和二年（367年）二月，王猛率领一万七千兵将，去进攻略阳的敛岐

羌人部落。这一次，王猛派出的先锋将领正是羌族首领姚苌。羌人此前以姚
弋仲为领袖，姚弋仲之后又认姚襄，而姚襄之后便认姚苌。因此，姚苌到略
阳后，整个敛岐羌人部落，除了首领敛岐，无一不降。姚苌兵不血刃就平了
略阳，王猛正准备追击敛岐，却突然收到苻坚的命令，救援李俨。

　　为什么要救援李俨？因为李俨把儿子送到长安做人质，再次投降了前秦。
太和二年三月，就在王猛去打略阳的时候，前凉也出兵来打李俨了。前凉虽
说一直没有参与中原的乱局，却在河西独自发展了好几代，谁也吃不下它，
这就说明它实力不弱。果然，这一次打仗，凉军三两下把李俨打得丢城失地，
李俨只得逃往枹罕（今甘肃临夏，枹音 fú）向前秦求援。

　　苻坚一看李俨求救，自己还不得不去救。不救，秦州之地就归前凉了。
因此，他急命王猛回军去枹罕。王猛并未率领全军去救李俨，而是分兵三路：
一路继续追击敛岐，一路守住已得地盘，自己再亲率一路，来救枹罕。苻坚
又怕他兵力不够，不是凉军的对手，又加派两万人马援助王猛。

　　王猛这边马不停蹄地从陇山一路杀奔枹罕，赶到的时候，凉军正在进攻
枹罕城。眼看李俨就快顶不住了，王猛立即率军激战凉军。凉军这边只顾攻
城，哪知后方前秦军打了过来，只能放弃攻城，匆忙迎战。尽管凉军勇猛，
前秦军却是出其不意，打得凉军什么阵形、战法都顾不上，如同一盘散沙，
结果被连杀带俘，损失一万七千人。

　　凉主张天锡闻讯大惊，亲自率兵前来应战，与王猛对峙于枹罕城外。王
猛本想速战速决，没想到张天锡竟亲自领兵前来，这仗再这么打下去，对于秦、
凉两国而言都没有什么好处。于是，王猛给凉主张天锡去了一封书信，大意是：
"我救李俨是奉我家天王的命令，你我两国没必要为李俨在这里耗下去。不
如这样，地盘我们接收，钱财、人口你带走，李俨则由我带回长安，交由我主
处置。"

　　张天锡一看，这买卖还算干得成，他二话不说，领着人马把地面上能带
走的东西都带走了。凉军一撤，王猛要进枹罕城，可走到城下，任前秦军如

何喊叫，李俨就是不开门。原来，李俨手下有个将军，叫作贺肫，他见凉军撤了，就忽悠李俨去打王猛，李俨不敢，就干脆来了这么一招。

王猛见李俨耍无赖，也不率军攻城。第二天，他带着十几个随从，再次来到城门之下，要见李俨。李俨见王猛轻车简从，点名要见自己，又不好不见，便出城相见。谁知一见面，李俨就被王猛身边这十几个人捆成了粽子，两把钢刀一左一右架到了他的脖子上，城里的人想来救，又怕王猛真的杀了李俨，正在他们投鼠忌器之际，前秦大军却顺势进入城中，占领了枹罕城。王猛问清缘由，斩了贺肫，将李俨押回长安。苻坚非但没有责罚李俨，还封他为归安侯、光禄勋。

苻坚这边平定了李俨，前秦国势日盛。然而，前燕那边却传来消息，太原王慕容恪病危。慕容恪自打从洛阳返回邺城后，身体就一天不如一天，长年累月的征战，早已把他的身体耗空了。到了太和二年五月，慕容恪自己也感到快不行了，留下遗言："国家大事，交给慕容垂，若不交给他，国家必将危难。"一代战神就此殒命，年仅四十七岁。

对于一个身系一国的人而言，健康的确是成功的关键。前秦天王苻坚，此时正风华正茂，准备大展拳脚，建立不世功业。而慕容恪一死，前燕立即踏上昏君、奸臣当道的腐化之路，并且他的遗嘱也没人遵循。原本被视为前燕顶梁柱的慕容垂，在权臣慕容评的排挤下，被边缘化了。从此，前燕纲纪全无，成了俎上鱼肉。

苻坚这边憋着劲儿要灭前燕，没想到国内却出事了。苻坚杀了苻生夺得秦王宝座，屁股还没坐热，苻生的弟弟苻幼就造了反。苻坚将苻幼杀了，平息了叛乱。然而，苻幼还有四个兄弟，分别是晋公苻柳、赵公苻双、魏公苻廋(sōu)、燕公苻武。这四位兄弟常年领兵镇守一方，此时则在私下串通，准备联手造反。

苻坚这人一向仁慈，张平、李俨之辈他都没杀，怎么忍心杀兄弑弟？然而苻坚不忍心，其他人可就不这么想了。苻坚刚开始接到密报时，还不太相信，于是下令让四公回长安。哪知政令一出，这四位果然反了。反了，就开打吧。

太和三年（368年）一月，苻坚派出了四路大军：第一路，由后将军杨成世率领，打甘肃上邽的苻双；第二路，由左将军毛嵩率领，打甘肃安定的苻武；第三路，由王猛、邓羌率领，打山西蒲坂的苻柳；第四路，由前将军杨安、张蚝率领，打河南陕城的苻廋。

杨安与张蚝的队伍还没到陕城，魏公苻廋就投降了前燕。按理说，前秦国内大乱，对于前燕来说是个绝好的机会。连苻坚得知苻廋投降前燕都慌神了，连忙派兵进驻华阴，以抵挡从潼关进来的燕军。可惜，前燕太傅慕容评只图自保，丝毫没有灭掉前秦的心思。他甚至说："当今主上不如先帝，我等也不如慕容恪，闭关保境足矣。"

不过，从长安出发去甘肃，还是比去河南要快那么一些。很快，杨成世与毛嵩就在甘肃同苻双、苻武交上了手。两军打完一看，杨成世与毛嵩竟被这两位赶出了甘肃，退到了陕西榆眉（今陕西千阳）。苻坚在长安城里心都凉了半截，再退就只能回长安了。于是，他又派王鉴与吕光率军去援助榆眉，务必把叛军拦在长安之外。

这吕光还真不赖，他到了榆眉一看，对阵的是叛军将领苟兴。王鉴本想冲上去拼命，却被吕光拦住了。吕光才不跟这些小喽啰交手，他在榆眉筑起深沟高垒，又将附近坚壁清野，然后高挂免战牌，在城里优哉游哉过自己的小日子，任凭苟兴如何骂阵，就是不派一兵一卒。几个月之后，没有粮草的叛军准备饿着肚子跑回甘肃。

吕光一看，苟兴要跑，赶紧追！大军从榆眉城中沿路杀来，苟兴的军队连跑的力气都没了，哪还有力气打仗。苻双和苻武还在等苟兴的捷报，没承想苟兴大败而回，顿时军心大乱。吕光带兵顺势掩杀，阵斩一万五千余首级，一口气拿下安定。苻双和苻武逃奔上邽，吕光与王鉴又猛攻上邽，最终上邽城破，苻双和苻武被俘。苻坚这次可不心软，将苻双与苻武通通斩首。

平定了甘肃，再看山西。王猛与邓羌到了蒲坂，与吕光一样，安营扎寨后就高挂免战牌，闭门不战。晋公苻柳一看："你不出战就不出战吧，我也不管你。"他把儿子苻亮留在老营，自己悄悄带兵往长安奔去。苻柳带了两万人去攻长安，走了一百多里，天也黑了，人也累了，于是扎下了营寨在原地休息。他这边刚睡下，邓羌就率兵杀了进来，两万人被杀掉一万，剩下的一万跟着苻柳又跑了一百多里，逃回蒲坂。

苻柳到了蒲坂城外一看，王猛的大军正在那里等着，见他来了，上来又是一通砍杀，这一万人也损失殆尽，最后只剩下几百人跟着苻柳逃回蒲坂城中。王猛与邓羌以乘胜之势猛攻蒲坂，不到月余，蒲坂城便被攻破了。王猛做事，可不像苻坚那么宽仁，苻柳全家尽被王猛斩杀。

山西一平定，就只剩陕城了，王猛命吕光、王鉴率兵往蒲坂回师，之后大军渡过黄河，直逼陕城。苻廋本就是个废货，投靠前燕之后，竟然没等来前燕一兵一卒。如今，苻坚的三路大军齐集陕城外围，没了援军的苻廋毫无招架之力，只能眼睁睁看着陕城被攻破，自己则身首异处。苻坚再次表现了他的宽仁，苻廋虽死，儿子尚可袭爵。

平定了国内的叛乱，苻坚再度动起了灭前燕的心思，可还没等他动手，有人已经按捺不住了。谁呢?东晋大司马桓温。

桓温北伐

桓温此刻已经成了东晋最有权势的人，不仅官至极品，还被加殊礼，位在诸王之上。如果说司马奕是坐着的皇帝，那么桓温就是站着的皇帝，想当年，王导、王敦都没他这么风光。

掌握了朝政大权的桓温，对于收复中原故土依然念念不忘，他本已拿回了许昌、洛阳，却又被慕容恪占了。如今慕容恪已死，前燕国内也是一片混乱，太傅慕容评老迈昏聩，皇帝慕容暐只是个十几岁的娃娃，更可笑的是，前燕的大司马不是能征善战的慕容垂，而是九岁的小鲜肉慕容冲。面对这样一个比东晋还腐化的国家，桓温自然更是动心。

于是，趁苻坚因平定内乱还没回过神来，桓温领着五万人马从安徽姑孰出发，向着山东地界一路扑杀过来。一个月后，桓温大军到了山东金乡，正赶上兖州大旱，漕运无法通行。桓温命人开了三百里运河，打通了济水。五万大军水陆并进，楼船、旌旗遮天蔽日，蔚为壮观。

然而，晋军此次北伐阵势虽然比以往都大，但是困难也不小。刚到山东就赶上大旱，再加上逆水行舟，速度不快，大军消耗甚重。因此，参军郗超给桓温指了两条路：第一，直取邺城，甭管打不打得下，用斩首行动给前燕以有力震慑，则河南各州郡必定闻风而降。第二，以河南为基地，囤积粮草，等到粮草充足时再渡河向北。可桓温认为自身兵强马壮，先打河南，再打河北，就这么一路平推过去，也没有什么不妥。

桓温自兖州向西入河南，在开封大败前燕下邳王慕容厉，又在新郑大败燕将傅颜，两场大胜让桓温这一路越打越顺畅，很快就渡过黄河，到达了豫北的枋头。前燕君臣见桓温渡过黄河，慌作一团。前燕皇帝慕容暐派出自己的哥哥慕容臧领兵去战桓温。慕容臧哪里是桓温的对手，慌不择路的他竟然去向前秦求助。而慕容暐也知道哥哥不是对手，他竟与太傅慕容评商量，打算放弃河北，退回辽东去。

就在此时，慕容垂进宫了。作为前燕的车骑大将军，在这种危急时刻，他再也坐不住了。以往都是燕国欺负东晋，什么时候换成慕容鲜卑被东晋欺负得连还手之力都没了？他向皇帝慕容暐请缨，如果不胜，再回辽东也不迟。慕容暐虽然并不想起用慕容垂，但自己这帮兄弟实在不争气，于是只能让慕容垂挂印出征。

慕容垂一挂印，立即命左长史申胤、黄门侍郎封孚、尚书郎悉罗腾三人随军出征；同时，令范阳王慕容德率领一万五千兵马前往石门；又令豫州刺史李邦引军五千，去往晋军后方，意图断其粮道。慕容垂不愧是将帅之才，一眼就洞穿了桓温大军的命门所在——石门。

石门，在今天的河南商丘附近，地处华北平原的南缘，是徐、兖、扬、豫四州的咽喉。同时，石门也是济水与淮水之间的要冲，桓温自济水西来，石门自然成了他的粮草转运站，只要堵住石门，桓温大军的后勤就断了，他孤军深入枋头，一旦没了粮草，大军将不战自溃。桓温也明白石门的重要性，他命东晋豫州刺史袁真攻打谯城与梁国，试图打通石门要冲。前秦天王苻坚在王猛的劝说下，也命将军邓羌、苟池率军两万出洛阳入颍川援助前燕。

袁真这边领着人马就来打谯城和梁国，而慕容德也马不停蹄往石门赶，时间就是胜利的法门，谁抢先占住石门，谁就赢得先机。袁真很快拿下了谯城与梁国，再攻石门，却怎么也攻不下来。等慕容德的这一万五千人马都到了，石门依然在前燕手里。慕容德又派慕容宙引一千兵马去挑战晋军，慕容宙以两百骑挑战，其余人马分三路进行埋伏。晋军被引诱进入埋伏圈后，伏兵四面出击，晋军死伤惨重，再也无力进攻石门。

石门水道打不通，晋军的粮草就运不过去，桓温在枋头没了粮草，仗也打不下去了，又听说前秦已经出兵进河南，便准备退兵。前燕诸将听说桓温退兵，准备领兵追击，却被慕容垂拦下了。慕容垂知道桓温退兵之时，肯定留有后军殿后，此时追击不仅占不到便宜，还有可能被打回来。等到桓温走远，发现没有追击的军队，自然会放松警惕，那时再出击，必然大获全胜。

桓温见燕军没有追击，果然放松了警惕。随后，前燕军数路并进，在襄邑（今河南睢县）大败晋军，斩杀上万人，而桓温则灰头土脸地逃回姑孰，北伐又告败。这已经是桓温的第三次北伐了，也是他人生中的最后一次北伐。当他在回军途中路过乔迁琅琊郡（今安徽滁州）时，看到当年自己在这里做太守时种下的柳树已经摇落凋零，不禁悲从中来，喟叹："昔年种柳，依依汉南，今看摇落，凄怆江潭，树犹如此，人何以堪。"为自己的北伐生涯画上了句点。

当然，桓大司马并没把北伐失败的责任揽在自己身上，而是归罪于豫州刺史袁真，说是因为他打不下石门，才使自己功亏一篑。因此，他上书皇帝，将袁真贬为庶人。袁真更是不服气，他谴责桓温不会用兵。最终，东晋朝廷不敢把桓温怎么样，却把袁真逼反了，他以寿春全城投降了前燕，前燕的势力竟然到了江淮，这是前燕没能想到的。

前秦灭燕

桓温的北伐虽然失败了，却让前秦捡了一个大便宜。慕容臧来找前秦求援，让秦军在河南长驱直入，不仅跨过了洛阳，还屯军颍川，这俨然是将河南的西南半壁都给了前秦。苻坚在长安洋洋得意，他本就有灭前燕的打算，现在整个燕国的虚实他已了如指掌，灭掉燕国只是时间问题。

对于苻坚而言，目前要灭前燕，还有一个人需要忌惮三分，这个人就是慕容垂。正在苻坚与王猛想尽办法要扳倒慕容垂这只"拦路虎"时，慕容垂却带着全家来投前秦了。这是怎么回事呢？

慕容垂在前燕本就不受待见，如果不是情势危急，前燕皇帝慕容暐根本不会让他带兵。现在慕容垂打了胜仗，在燕国成了人人景仰的大英雄，不管是威望还是声誉都直线上升。这可急坏了前燕皇帝慕容暐和太傅慕容评。这一老一少别看本事平平，心眼儿可真不少。

按理说军队打了胜仗，朝廷都要论功行赏，可慕容评为了针对慕容垂，此次打了胜仗的人竟然一个也不赏。这下慕容垂可就坐不住了："不赏赐我可以，但是连手下的将士也不赏，这就太过分了。"于是，慕容垂再三请求朝廷封赏有功将士，可皇帝和太傅就是不允，这一来二去，慕容垂与慕容评闹得不可开交。

慕容评一看慕容垂竟然敢如此顶撞他，便定下一条毒计，要杀慕容垂。可他不想亲自动手，而是想借刀杀人。那么他要借谁的刀呢？前燕太后可足浑氏。慕容评屡屡在太后面前告慕容垂的刁状，让可足浑太后误以为慕容垂真的要造反，就找来了一群姓慕容的，商量如何诛杀慕容垂。这其中就有慕容恪的儿子慕容楷和慕容垂的舅舅慕容兰建。这两位心向慕容垂，立马就向慕容垂透露了太后的杀心，还给了他两条建议：一是直接举兵造反；二是返回辽东割据。

慕容垂怕自己举兵造反会导致前燕内乱，正好给前秦可乘之机，于是他选择了第二条路，返回辽东。慕容垂带着全家走到邯郸时，他的小儿子慕容麟却跑回邺城，举报了自己的老爹。慕容评听说慕容垂跑了，赶紧派慕容强带兵去追，幸好慕容垂的儿子慕容令吓退了慕容强，他们一家才得以脱险。现在辽东回不去了，唯一的路就是投奔前秦。于是，这位前燕第一大将，就这样投奔了敌国，并且在他的表率作用下，慕容楷与慕容兰建也投了过来。

苻坚一开始听说慕容垂来投，还以为是自己做梦，等到他大开长安城门，亲自拉着慕容垂的手将其迎入长安时才有了真实感，大喜过望。兴奋之下，苻坚许诺，将来九州一统，幽州世世代代都是慕容垂的封地，还要带慕容垂一起去泰山封禅。而作为实际表示，苻坚赏赐了慕容垂宅邸钱财，金箔万巨，又封他为宾徒侯、冠军大将军。

苻坚对于慕容垂的厚待，可是急坏了一个人，那就是王猛。他看到慕容垂一家刚到陕西就大出风头，不禁忧心忡忡，找了个没人的地方，对苻坚说："慕容垂父子犹如龙虎，岂可驯化？此时他们遭难了，来投我等，他日一有风云，必不可制，不如早早除之。"可惜苻坚此时已经被喜悦冲昏了头，根本不听。按照他的认知，人都是可以被感化的，自己对慕容垂那么好，慕容垂也会死心塌地报答自己。

慕容垂这一走，前燕可谓自毁长城，苻坚此时不灭前燕，更待何时？可是，前秦要出兵，还得找个理由，找什么理由呢？当初桓温北伐，慕容暐与慕容臧来求前秦出兵救援，答应将虎牢关以西划给前秦。现在桓温退兵了，前燕就想赖账，拒绝履行承诺。苻坚派出使节去邺城询问，慕容暐竟说根本没这回事，使者也不多劝，只回到长安将消息转达。苻坚便命王猛、邓羌领兵三万进攻燕国。

太和五年（370 年）一月，前秦大军到达洛阳城下，守卫洛阳的燕军竟然不战而降。王猛就这样兵不血刃地拿下了洛阳。二月，苻坚召王猛回长安，想要封他做司徒，王猛却不接受。此前他把氐族的贵族都得罪了，现在要做这么高的官，这帮人肯定不服，少不了背后使绊子，他还是继续带兵比较好。四月，王猛率军六万，再度伐燕，这一次的路线是由长安出壶关，直插邺城。

同年六月，王猛拿下壶关，兵锋直指晋阳。在此之前，前秦将军杨安已经围攻晋阳有些时日，怎奈晋阳城高谷深，竟迟迟未能攻克。王猛到了晋阳之后，下令挖掘地道，向晋阳城内推进。王猛又叫来熟悉山西地形的猛将张蚝，让他率领兵士从地道突入晋阳城。张蚝领着几百人就下地道了，估摸到了晋阳城下之后，往上一拱，"轰隆"一下子，将地皮拱破，呐喊着冲向城门杀散守军，晋阳城门就此洞开，王猛领军一拥而入，晋阳被拿下。接着，王猛率军直奔河北而来，走到潞川（今山西浊漳河）一看，前面三十万燕军已经在此恭候多时了。

前燕三十万大军列阵潞川，而王猛只带着六万前秦军从壶关一路攻城略地而来，哪怕有十万燕军去救晋阳，前秦军队也不可能如此势如破竹，来到潞川。不过，要是知道这支燕军的主帅是谁，也就不稀奇他们为何在此止步不前了。这三十万燕军的主帅正是前燕太傅——慕容评。慕容评带着这三十万人，根本就不是去打仗，而是去发财的。这位燕国的第一权臣竟然在大军的砍柴取水之处设置关卡，凡是去砍柴取水的兵士都得交钱。试想三十万大军，就算一人交一钱，那也是三十万钱，这买卖真是赚大发了。

不过，慕容评领兵三十万在潞川列阵，的确把王猛唬住了。王猛的六万前秦军还真不敢在三十万燕军面前造次。可王猛是谁啊，前秦第一文武双全之人，他到了潞川之后，便派将军徐成去打探敌情了。徐成这边领命而去，王猛就坐在中军大帐里等徐成的消息。按理说，徐成去打探敌情，应该两三个时辰就会回来汇报一次，可王猛从天亮一直等到天黑，也没等到徐成的消息。终于，徐成摸黑回来了，王猛一见到他便火冒三丈，当场下令要将徐成推出去斩首。

这时，邓羌跑过来为徐成求情，一来徐成本是他的手下，二来王猛不由分说就要斩，邓羌多少是不服气的。因此，邓羌对王猛深施一礼："今敌众我寡，将要大战，徐成乃是大将，不可妄杀。"可是王猛却不依不饶，非斩徐成不可。邓羌被王猛顶得面红脖子粗，下不来台了，他一气之下回到自己营中下令：擂鼓。

擂鼓，这是前进的信号。邓羌此时擂鼓并不是要去进攻那严阵以待的三十万燕军，而是要去找王猛拼命。眼见前秦这六万人就要自相残杀了，当即就有人飞马去给王猛报信，王猛也没想到事态会发展成这样，于是他亲自到邓羌营中看个究竟。王猛到了一看，邓羌手下的将士们一个个弓上弦刀出鞘，真是一副要拼命的样子，便问："将军这是要干什么？"

邓羌这边却没有好话："我受天王诏书要讨远处的燕贼，不料，今日却又有一处近贼，这近贼比远贼还可恨，竟要先杀自己人，待我杀了近贼，再讨远贼。"王猛见状，立即冷脸转为笑脸："不就是一个徐成吗，我饶了他还不成吗？我这么做就是想看看将军您对下属是否够义气，如今看来，将军果然是胸怀义气之人，王某佩服。"邓羌一看王猛如此这般，也跪下向王猛请罪，一出"将相和"就这样在前秦军营里闭幕了。

徐成保住了性命，而他带回来的消息，更让王猛喜上心头。这个慕容评，真是个奴才，都什么时候了，他竟然还在克扣自己的将士。别说燕军有三十万，就算更多，也不足为惧了。于是，他派出了一支五千人的先遣队，偷偷潜入燕军的后方，将三十万燕军的粮草一把火烧了个精光。一时间，大火直冲云霄，将黑夜映照成白昼，连坐在邺城皇宫里的前燕皇帝慕容暐都看到了火光。不知原委的慕容暐立即派人到潞川察看详情，来人到军中一看，三十万大军不仅粮食没了，连砍柴烧水都要给慕容评交钱，这还如何打仗？

得知详情的慕容暐再也坐不住了，连续派出大臣去责难慕容评，说："您是高祖的儿子，当以宗庙社稷为忧，怎么还借着打柴饮水克扣战士的钱呢？您就知道赚钱吗？天下我与您共有，若秦兵胜了，咱家国都没了，您要这些钱有什么用呢？"慕容评让自己的侄孙子骂了一通，脸上多少也挂不住："不就是六万前秦军吗？打就打！我三十万大军，一人一口吐沫也把他们淹了。"他给王猛去了一封信，约定好了时间，准备决战。

王猛早就盼着跟燕军开战了。他找到邓羌，说此战非将军不能取胜，兴盛大秦就拜托将军你了。邓羌看了看王猛，一脸怅然，叹道："打完这一仗，要是能当个司隶校尉该多好！"临战要官，这还是王猛第一次被如此要挟，这个口子要是开了，以后这些兵士们还不个个如此？但是，对于邓羌的这番话，他又不得不回应，说司隶校尉这个官职太大了，自己做不了主，许诺要是封个万户侯，做个安定太守，他还可以替邓羌争取。

邓羌听了王猛这话，气呼呼地走了。王猛一看，怎么，大战在即还要闹脾气？他连忙赶到邓羌营中，一看，邓羌正抱着酒坛子大口大口往下灌呢！这还得了？且不说军营历来禁酒，他要是喝醉了，仗还怎么打？王猛一把拉住邓羌，叫他赶紧去打仗，只要得胜回来，自己什么都答应他。

邓羌回头看着王猛，脸上堆着笑，将酒坛子一举，一仰脖，这酒就如流水一般灌了进去。喝完，邓羌将酒坛子一摔，手持长矛，翻身上马，领着张蚝、徐成以及六万秦军冲杀入阵，去找燕军拼命了。

六万打三十万，这样的比例，就算砍瓜切菜也要费一把力气，更何况是两军对垒。没有拼命的勇气，这仗还真没法打。然而，三十万燕军拜主帅慕容评所赐，士气全无，只伸着脖子任人宰割。

只见邓羌、张蚝、徐成三人一马当先，率军冲入燕阵，往来冲突几遭，勇不可当，杀伤燕军数百。燕军惶恐，不敢接战，而后大队秦军杀入，如猛虎扑羊，战至中午，燕军被俘杀五万余人，全线溃退。秦军士气更旺，猛追不舍，一路上又歼灭燕军十几万，至此三十万燕军已成囊中之物，慕容评只身一人逃奔邺城。

　　王猛一面上书苻坚，请他亲自率军前来接管燕国政权，并且告诫他不可劫掠百姓；一面继续往河北进兵，一路上军纪如铁，号令严明。他本以为河北百姓会称赞他，谁知百姓竟说："太原王又回来了。"太原王就是慕容恪，前燕百姓心中的神。既然如此，王猛干脆设了个神坛，祭奠了一番慕容恪，而后兵围邺城，等待苻坚。

　　太和五年十一月，苻坚以弟弟苻融守洛阳，留世子守长安，自己亲率十万大军出关中入河北，一路势如破竹。前燕君臣听说苻坚亲自来了，二话不说就放弃了邺城，甚至连河北也不要了，直接返回辽东。苻坚、王猛兵不血刃就拿下了河北，进入邺城。

　　前燕皇帝慕容暐带着一众大臣往辽东跑，跑着跑着，身边的人越来越少，最后仅剩两位将军还跟着他，连太傅慕容评都不知去向了。都说拔了毛的凤凰不如鸡，慕容暐现在就是如此，他一路上都在遭遇强盗打劫。幸亏还有孟高和艾朗一路为他打退强盗，才不至于让他成为强盗的俘虏。可这么打了一路，两人早已经筋疲力尽，苻坚这边又派了个游击将军郭庆前来追击，几番激战下来，孟高与艾朗战死，慕容暐也成了郭庆的俘虏。

　　苻坚向来对俘虏比较仁慈，慕容暐这个前燕皇帝不仅没被杀，反而被封为新兴侯。曾经战无不胜的慕容鲜卑，曾经雄踞北方的慕容燕国，就此灭亡。前燕灭亡，前秦可谓赚得盆满钵满，得了一百五十七个郡，二百四十六万户人口，人口总数达九百九十万，这为其统一北方奠定了坚实的基础。

得陇望蜀

　　成语得陇望蜀的由来，说的就是苻坚在灭了前燕之后所做的两件事情：一是收服甘肃，二是进攻四川。其实，前燕的灭亡已经让北方大地趋于一统，不过在前秦的西边，还有陇南的仇池与河西的前凉两个政权。对于这两个政权，苻坚采取的办法便是剿抚并用。

苻坚手下有个巴氏将军，叫作杨安，他的父亲是仇池前国主杨国。此人之所以没能继承王位，是因为他爹被篡位者害死了，于是他投奔了前秦。那么杨安就不想为父报仇吗？他当然想，可是前秦那时在到处打仗，还真顾不上仇池这样的穷乡僻壤。那么仇池国在什么地方呢？它位于甘肃陇南与四川阿坝的北部，今天的黄龙九寨沟一带就属于当年的仇池，国都则位于今天甘肃的成县。这地方几乎全是山地，如今看上去风景绝好，可论起当年，却是国弱民贫。

中原大乱时，各国都在忙着争中原，谁也没心思去顾及这么一个偏僻小国，因此，它竟在夹缝中存在了几十年。然而，就是这样一个国家，几乎每一次的传位，都充满刀光剑影，许多仇池王都死在了他人刀下，杨安他爹杨国就是其中一位。没想到，就在前秦灭燕之际，仇池国内的侄子和叔叔又因为争夺王位打起来了。于是，杨安向苻坚请命，要带兵去为父报仇，灭了自己的国家。

苻坚意在一统九州，自然也不会放过仇池。既然杨安请命，他也乐得做个顺水人情。他以西县侯苻雅为帅，令杨安、徐成、姚苌等人领兵七万，务要趁仇池分裂之际其将剿灭。太和六年（371 年）四月，苻雅大军抵达甘肃成县西北的鹫（jiù）峡，仇池杨篡率军五万，准备在此与前秦大军死磕。

然而，令杨篡没想到的是，他率领的这五万人压根没打算替他卖命。一来前秦是氏族建立的政权，仇池也是氏族建立的政权，他们不愿意见到同族相杀。再者说，杨篡与他叔叔杨统均争位本就搅得仇池国内不得安宁，如今有一个更强大的氏族政权来了，他们巴不得过安宁的日子。更何况，带着秦军前来的是老国王的儿子，这还打什么啊？赶紧投降就完事了。

因此，鹫峡一战下来，杨篡那边七成将士投降，剩下的也被打得溃不成军。杨统均据守武都，听说侄子战败，他也赶紧投降了。杨篡本想带着残兵去和叔叔联合，没想到叔叔竟先他一步投降了，那他还打个什么劲儿，举白旗算了。杨篡与杨统均争了半天王位，结果谁也没捞着，倒让杨安捡了个便宜。苻雅留下杨安镇守仇池，自己带着人马，押着投降的杨篡与杨统均回长安，仇池国就此灭亡。

就在苻雅进攻仇池的同时，王猛也在率军进攻前凉的枹罕城。这枹罕城在之前王猛救援李俨时已经被打过一次，按照当时与凉主张天锡的口头协定，他带走秦州的人口、钱财，枹罕城划给前凉。王猛押走李俨之后，前凉便接管了这里，如今再次进攻，简直就是轻车熟路。凉主张天锡根本没想到前秦会打他，更没想到前秦不打河西，却来打枹罕这么个无关紧要的地方。他在枹罕只安排了五千人，谁知王猛发起突然袭击，这五千人还没来得及反应，就都做了俘虏。

前凉毕竟是一个历经几世的政权，与仇池那种小国还是有天壤之别的。它的国土东至临洮，西至吐鲁番，绵延几千里，前秦想打也得耗时耗力。于是，在得知王猛拿下枹罕之后，苻坚立即给张天锡写了一封信，大意是："打你是想让你知道我的实力，别以为你可以抵挡我的大军，当年刘表还说他能抵挡曹操，结果怎么样？你的祖上曾向后赵称臣，你不如也向我称臣。"张天锡看到苻坚的信，立马明白了，当即遣使上表，向前秦称臣。

仇池灭亡了，前凉称臣了，前秦尽得陇西之地，苻坚又把目光望向了蜀地。当时的四川还在东晋手里，这些年东晋在桓温手里一直发展得不错，桓温三次北伐虽说都功亏一篑，但实力却不容小觑。因此，苻坚要望蜀，心里对桓温还是有些忌惮的。然而，时间到了宁康元年（373 年）七月，六十一岁的东晋大司马桓温病逝了。在长安得知此事的苻坚大喜过望："这可真是天佑我大秦！当年慕容恪死了，我灭了前燕；如今桓温死了，东晋再无能人，蜀地我早已垂涎三尺，还等什么？开打吧。"

苻坚派出五万人马，分兵两路开向四川：一路入汉中，沿西汉水（嘉陵江）南下取梁州；一路入剑门，由金牛道出剑门关取益州。此时的东晋梁州刺史叫作杨亮，他的祖上是东汉名臣杨震。杨亮刚到梁州上任没几年就赶上前秦大军南下，而自己手里的这帮晋军都是废物，根本不可能抵挡前秦大军。于是他想到了以夷制夷，组织一支少数民族军队来对付这些氐族人，而他找来的这个少数民族是当时四川最原始的土著——巴獠。

秦军进攻梁州，杨亮领着上万巴獠人迎战。这帮巴獠人在当年可是连诸葛亮都管不了的蛮族，杨亮这个愣头青在完全没搞清楚状况的情形下，想让他们替自己卖命，真是打错了算盘。这些巴獠人打仗完全凭自己的一时之兴，想打时便一头冲上去，不管不顾乱打一气；不想打时，往深山老林里一躲，那身形与大巴山里的猿猴无二。

对于前秦氐人而言，他们什么少数民族没见过，最不怕的就是这些没开化的蛮族武装，因为这些蛮族打仗从来没有章法，仅凭一己之勇，根本不知道团队配合。所以，杨亮和他率领的巴獠军队遇上秦军，那是接仗就败，而且一败就溃不成军。这些巴獠人一看打不赢，就跟猴子一样，跳上树跑了，只留下杨亮孤军突围。很快，汉中就丢了。接着，剑门也失守了。

自古从汉中入四川，只要突破了剑门关，几乎可以兵不血刃地到达成都城下。当年邓艾偷渡阴平，三千人就灭了蜀汉。如今秦军一路沿金牛道南下，出了剑门关就到了梓潼县。梓潼守将周虓将自己的妻儿老母从潼江送走，自己则在梓潼准备组织抵抗，死守城池。结果他的妻儿老母竟被前秦水军俘虏了，巴氐将军杨安派人给周虓送信，告知他妻儿老母皆被俘。周虓这个人亲情至上，家人胜过家国天下，于是，他开城投降了。

梓潼一过，便是广汉白马关，当年庞统葬身的落凤坡就在此地。可惜广汉太守赵长并未守住这入成都的最后一道险关，自己也战死了。广汉一失，成都便在眼前了。益州刺史周仲孙此刻竟然战略判断失误，他认为秦军会走当年李特的进军路线，从绵竹南下成都。谁知秦军却顺着金牛道从广汉一路直插成都，他在绵竹埋伏的重兵瞬间成了摆设。结果，这位周刺史连绵竹也不守了，直接一溜烟跑去云南。四川就此划入前秦的版图。

东晋朝廷听说四川丢了，急忙派兵前来援救，大军刚走到巴东地区，就因为缺粮而止步不前。四川此前曾为巴氏人建立的成汉政权统治，成汉政权到了后期，搅得四川民不聊生，老百姓跟这帮氐人可谓不共戴天。盼星星盼月亮，好不容易盼来了桓温，刚过几十年安稳日子，现在又被氐人占了去。川内民众一时间群情激奋，各地义军纷纷竖起反秦大旗，同时还向东晋请求救援。

东晋本就不想丢掉四川，现在听说四川义军反秦，再次调派兵马进川。这一次，东晋派出的将领是桓温的侄子桓石虔。桓石虔领着人马从荆州进入四川，一路杀到重庆的垫江，驻守在这里的前秦将领，正是羌族首领姚苌。这桓石虔打仗，倒也有一股子敢拼命的勇气，甩开膀子抡，姚苌还真不是他的对手，十几个回合下来就完全招架不住了，最后干脆弃城逃走。

桓石虔这边拿下了川东，川西那边的汉人义军竟然与巴獠少数民族联合了，五万汉獠联军此刻正在围攻成都，立誓要把氐人从四川赶出去。苻坚看四川乱成这样，便再遣邓羌率军五万入川去平叛。这时的四川，东边是桓石虔率领的晋军，一路向西，拼了命地赶往成都；北边则是邓羌的五万秦军，一路向南，也在往成都疾驰；成都城外，汉獠五万联军已经攻城数日，这帮"猴子"爬树很厉害，爬城墙却很吃力；成都城内，杨安正带着他的守城将士抵挡汉獠联军发起的猛烈进攻。

义军大多是乌合之众，而巴獠又是没有开化的蛮子，这俩联合打成都，如果是一鼓作气拿下了还行，可成都城久攻不下，这就出问题了。到底是听汉人的，还是听巴獠的?到底是汉人当老大，还是巴獠当老大?种种问题得不到解决，这可倒好，成都还没打下来，联军内部先打起来了。

就在汉獠双方在成都城外大打出手时，邓羌带着五万秦军赶来了。邓羌之所以来得这么快，是因为整个金牛道都在前秦手里，在没有阻力的情况下，长安到成都最快可在十天之内赶到。而重庆和成都虽然同在四川盆地内，直线距离也只有几百公里，可在当时，盆地内并没有陆上通道，就连成渝古道，也是唐朝以后才开通的。因此，在十六国时期，从重庆到成都，只能走水路，桓石虔逆水行舟，就算想快也快不了。

邓羌大军抵达，先打的就是成都外围的汉獠联军。杨安在成都城头看到邓羌的军队到了，他也率军出城迎战，这些乌合之众哪里是前秦正规军的对手，何况自己腹背受敌，再加上内耗严重，最终被秦军打得大败而逃。汉军向北退至绵竹，獠军则退往成都南面。打了这么一个大胜仗，成都的威胁也解除了，邓羌收到了探子的消息，说桓石虔已到达涪西（今四川射洪）。

得知这一消息，邓羌决定先啃桓石虔这根硬骨头。成都外围的乌合之众留给杨安收拾，他则领着五万大军沿涪江而下，去打桓石虔。涪江是嘉陵江的支流，它从岷山流出，经江油、绵阳、射洪、遂宁到合川汇入嘉陵江，是川西到川东的一条重要水道。桓石虔逆水而来，行动上本就不便，再加上沿路又有前秦守军的阻碍，打到涪西时，已经是一支疲惫之师。邓羌大军一到，加上姚苌等前秦将领的助攻，桓石虔纵有三头六臂，也难以抵挡秦军迅猛的进攻。因此，他连成都的影子都还没看到，就被打得一败涂地，再也无力西进了。

打退了桓石虔，邓羌挥军北上，大破在绵竹的汉人义军，义军首领张育战死。与此同时，成都南面的獠军也被杨安清理得干干净净，斩杀三万余人。四川之战，以前秦大获全胜而告终，四川也就此成了前秦进攻东晋的前沿阵地。如果苻坚能像当年西晋灭吴那般楼船出峡，或许历史就会被改写了，可惜上天却没有给苻坚这个机会。

统一北方

前秦帝国在占领四川之后，一改此前胡人的统治方式，积极推行汉化。苻坚拜王猛为丞相，希望通过汉族王朝的统治方式来延续自己的政权。可惜，苻坚和王猛这对如刘备与诸葛亮一般的君臣，并未能携手开创出一个时代。

三年之后，王猛在前秦丞相的位置上累倒了。

五十岁的王猛此时已是油尽灯枯，秦国天王苻坚到处求神拜佛，想为其续命，却终是徒劳。宁康三年（375 年）六月，前秦丞相王猛病逝，苻坚抚棺痛哭不已："这是天不让我定六合啊，才这么快就带走寡人的王景略！"

王猛临终之前，给苻坚留下了几条遗言：一是希望苻坚不要荒废朝政，继续励精图治；二是东晋为道德正朔，君臣上下一心，不可轻易征伐；三是对鲜卑、羌人需要有所警惕，这些人虽然表面臣服，内心却如同仇寇，如不早做打算，将来必成大患。后来的历史，完全印证了王猛的预言，苻坚哪怕听进去一条，也不会落得那样的下场。

王猛死后一年，苻坚遣使召前凉国主张天锡来长安朝见，又令武卫将军苟苌、左将军毛盛、中书令梁熙、步兵校尉姚苌、秦州刺史苟池、河州刺史李辩、凉州刺史王统，各率人马于甘肃会合，准备彻底解决西北问题。

前秦使者来到前凉国都姑臧（今甘肃武威）说明来意，张天锡已是坐立难安。他很清楚，如果自己前去长安，必定会被苻坚囚禁；倘若不去，前秦大军便会挺进河西。就在这生死存亡的紧要关头，再看前凉君臣的反应，真是让人大跌眼镜。

张天锡这边没了主意，便召集众臣来开个紧急会议，商量一下对策。张天锡这边抛出了话题，前凉众臣只是面面相觑，都默不作声。只有一位叫席仂（lè）的大臣提出了自己的观点，他建议将世子送去长安做人质，再以重金贿赂前秦重臣，让他们在苻坚面前替自己说好话，劝苻坚退兵，兴许凉国可以安然无恙。

谁知席仂话音刚落，刚才那些默不作声的大臣们竟然齐声反对："我凉国世代奉晋朝为正朔，现在竟然要送世子去做人质，这不是辱没祖宗，屈尊侍贼吗？再说，我凉国有河西天险，又有凉州精兵，往西可招西域之兵，往北可招匈奴之士，怎知打不过秦国呢？"张天锡一看，全国众臣皆愿拼死一战，自己也不愿意送儿子去长安，他一挥衣袖，道："孤意已决，有再敢言投降者，斩。"

既然要打，那么就先把前秦派来的使者绑缚辕门，凉主张天锡命令军校们拉开弓弦万箭齐发，两位秦使就这样被乱箭射成了筛子。苻坚听说张天锡杀了自己派出的使者，立即下令让甘肃各军向河西进发。太元元年（376 年）八月，梁熙、姚苌、王统、李辩四支人马攻陷凉州河会城（今黄河与湟水汇合处）。接着，四将与苟苌会合，又攻陷缠缩城（今甘肃永登县南）。

前凉国主张天锡派龙骧将军马建率军两万驻屯清塞（今甘肃古浪县境内）抵御秦军，又派征东将军掌据率军三万镇守洪池（今甘肃武威市南），自己则亲率五万大军驻守金昌城（今甘肃永昌县北）。前凉自以为有三路纵深，可以层层牵制前秦的兵力，动一点则其余皆可相互救援。

可惜，张天锡太高估自己手下的忠诚度了。前秦以姚苌为先锋，率军三千挺进清塞。姚苌一到，马建一仗未打，立即开城投降了。掌据还在洪池等马建的战报，谁知道战报没等来，却等来了前秦的大军。

慌忙之中，掌据来不及整军，领着三万人马就在山岭之间与前秦军大战一场。前秦七路人马来攻洪池，掌据拼杀一阵后大败而走，战马却不幸被秦军杀死。掌据一个跟头栽下，他武艺还不错，强行站起来，继续砍杀。他的一个下属见状，忙舍生忘死杀到掌据身边，将自己的战马给他，让他快走。掌据一声叹息，说："我对不起凉王啊，你快走吧！"说罢，向西叩头，随后引剑自杀。与掌据一同战死洪池的，还有那个唯一敢言的席仂。

前凉三路纵深，一路降了，一路全军覆没，只剩凉主张天锡一路还在固守金昌城。张天锡见势不妙，再派司兵赵充哲领兵去战秦军，秦军七路人马在赤岸（今甘肃武威东南）大战赵充哲，俘杀凉兵三万八千人，赵充哲也战死了。秦军逼近金昌城，张天锡亲自率军出城迎战。谁知他刚出城，城内的士兵竟然就发生了哗变，张天锡无奈，只能逃回姑臧。

前秦大军一路追至姑臧，将姑臧城围得水泄不通。凉主张天锡这下彻底没咒念了，前凉的众臣们再也不高喊口号了，他们既招不来西域兵，也请不动匈奴兵。这帮贪生怕死之徒，逼着张天锡准备好素车白马，乖乖出城投降。至此，盘踞凉州近百年，幅员千里的西北霸主——张氏前凉，就此灭亡。

一千多年后的大明崇祯十七年，也有这么一群臣子，他们秉持着"平时信手谈心性，临事一死报君王"的理念，抱着"不战，不走，不降，不割地，不求和，君王死社稷"的决心，将一个帝国带入了不归路。历史总是如此相似。

解决完西北，苻坚再把地图展开，发现北方竟然还存在着两个各自称王的少数民族首领，一个是匈奴王刘卫辰，一个是代王拓跋什翼犍。原本苻坚都已经把他们遗忘了，可没想到这两位竟然打起来了。这又是怎么回事呢？

拓跋鲜卑建立的代国此前已经有过交代，当年代王拓跋猗卢派兵帮助刘琨打汉国，后来因为传位的问题，代国内乱，实力大减。代国此后为后赵所灭，拓跋鲜卑一部逃奔辽西，直到一个叫拓跋什翼犍的人重返云中城（今山西大同），代国才得以重新复立。为了重振拓跋鲜卑的实力，拓跋什翼犍向燕王慕容儁求娶了他的妹妹，至此，拓跋代国有了前燕的庇护，在漠南草原一代发展壮大起来。

可拓跋代国的发展壮大，侵犯了匈奴人的利益。当年刘渊山西起兵建立汉国，后来刘曜改国号为前赵，匈奴人也曾在中原大地上风光一时。前赵灭亡之后，匈奴人的势力被剪除殆尽，但还有一支匈奴人，他们并没有参与刘渊的行动，而是一直在漠南草原与山西北部游牧，这一支的首领叫作刘虎，算起来也是前赵八竿子打不着的堂兄弟。

拓跋什翼犍和刘虎的势力范围在今天内蒙古南部和山西北部，拓跋代国发展壮大，就挤占到了匈奴的地盘。刘虎打仗不如拓跋什翼犍，被鲜卑人打得毫无还手之力，最后被活活气死了。刘虎死后，他的儿子刘务桓看打不过拓跋什翼犍，索性投降了代国。直到刘务桓的儿子刘卫辰继承匈奴首领，他不满足于拓跋代国的管控，开始与前秦勾勾搭搭。拓跋什翼犍当然不许这帮匈奴人倒向前秦，便和刘卫辰打了几仗，最后打得刘卫辰连栖身之地都没了，干脆跑去长安认苻坚当老大。

符坚见刘卫辰来投，认为是时候解决拓跋代国了。太元元年十月，符坚发兵三十万，以符洛为主帅，刘卫辰为向导，挥师北上。拓跋什翼犍这时已年过半百，身体大不如前，甚至难以领兵上阵。他听说前秦发兵三十万前来，便让几个鲜卑部落出兵抵挡，自己又派南部大人刘库仁领兵十万迎战。

前秦大军纵横南北，灭了那么多国家，几无败绩，仅靠零散的部落武装，根本抵挡不住大军北上的步伐。刘库仁的十万鲜卑大军连战连败，接仗便败，最后竟乱作一团，根本组织不起来。拓跋什翼犍见大势已去，只好放弃云中城，逃亡漠北。漠北的敕勒人曾经被前燕打得倾家荡产，这时看到鲜卑人，恨得牙根痒痒。因此，拓跋什翼犍竟被这帮敕勒人又从漠北撵回了漠南。

按说都快亡国了，这时候大家本应该团结一致，对付外敌。但拓跋鲜卑不是这样，越到这个时候，越要争夺王位。拓跋什翼犍的弟弟叫拓跋孤，当年拓跋什翼犍为感谢他拥立自己，便将半个代国的权力都给了拓跋孤。拓跋孤死后，他的儿子拓跋斤想承袭父王的权力，拓跋什翼犍却把它收回了。怀恨在心的拓跋斤一直想找机会报仇，趁着代国危亡之际，他竟然忽悠拓跋什翼犍的长子拓跋寔君谋杀拓跋什翼犍。拓跋寔君为什么要杀自己的亲爹呢?因为他是庶出，拓跋什翼犍的嫡子有十几个，怎么也不会轮到他当代王。所以，要登上王位，他必须干掉亲爹才行。

于是，在拓跋斤的怂恿下，拓跋寔君展开行动，他带着人马，先是去杀他的弟弟们，杀完弟弟之后，他又冲进拓跋什翼犍的中军大帐，把自己的父亲也一并杀了。这下，拓跋鲜卑的大营里可就乱了套了。那些被杀王子的妻子们闹起来了，纷纷声讨拓跋寔君。这帮马背上长大的女子，一个个竟比男子还彪悍，她们领着自己的部曲就反了。

要造反，还得找帮手，而最近的帮手，就是南边的三十万前秦军。于是，她们带着拓跋鲜卑的部曲纷纷投奔前秦。前秦军在匈奴刘卫辰和这帮鲜卑女人的帮助下，顺利拿下了云中城，拓跋寔君与拓跋斤皆被擒获。符坚对于不孝之人绝不手软，两人被处以车裂之刑。前秦就此灭掉了拓跋代国，代国之地则由刘库仁与刘卫辰分而治之。

这一分治，又为数年之后的历史埋下了伏笔。刘库仁的领地上，拓跋什翼犍的孙子拓跋珪正在茁壮成长。而对面，刘卫辰也有个儿子成长了起来，他的名字叫刘勃勃，后来，他放弃了这个被汉武帝赐予的国姓，改姓赫连，刘勃勃即是赫连勃勃。

至此，前秦帝国终于结束了自西晋八王之乱以来，中国北方割据的局面，完成了中国北方的统一。从漠南草原到长江之滨，从炎热的吐鲁番盆地到寒风凛冽的辽东，一个幅员万里的帝国雄踞于华夏大地。对于偏安江南的东晋而言，前秦一统北方之后，下一个目标自然就要对准自己了。而被胜利冲昏头脑的苻坚，也将王猛的临终遗言抛诸脑后，一场中国历史上著名的大战，就此拉开了序幕。

第八章

淝水之战

襄阳之战

前秦一统北方，又占了四川，对于东晋朝廷来说，这可不是什么好事。如果苻坚把当年晋灭吴的历史重演一遍，那所谓的华夏衣冠就要沦丧了。然而，此时的东晋却不似当年的吴国，既没有暴君剥人皮玩，也没有奸臣误国。相反，正如王猛的遗言所说：君臣上下一心。

东晋大司马桓温在他死之前干了一件在历史上争议极大的事情，那就是废立皇帝。他把年轻的皇帝司马奕废了，让那个总揽朝政的丞相司马昱登上了皇帝的宝座，这便是晋简文帝。司马昱在位两年，临终时所留遗言竟与刘备白帝城托孤类似："太子可辅则辅之，如若不能，桓温可自立。"桓温当然乐得接受司马氏的禅位，然而，简文帝的遗诏却被谢安与王坦之以"效诸葛武侯及王公故事"篡改了。桓温做了半天皇帝梦，等来的却是让自己效仿诸葛亮，鞠躬尽瘁死而后已，差点儿把他气死。次年，桓温病重，不治身亡。

此后，司马昱的儿子司马昌明继位为帝，这便是晋孝武帝。而在荆州桓氏退出朝廷中枢之后，接替他们的士族大家便是陈郡谢氏。这陈郡谢氏中的佼佼者是一对叔侄——谢安与谢玄。晋孝武帝拜谢安为丞相，此人成为东晋继王导之后的又一名相，东晋这艘蹒跚的航船，在谢安叔侄的推动下，扬起了新的风帆。

谢安接手的东晋，局面并不坏，此前桓温打下的底子还在，国家大体上也算安稳。只是前秦的势头太过迅猛，短短几年时间便将混乱了几十年的北方统一了，这让谢安不得不在战略上做出新的考量。于是，谢安以桓温的弟弟桓冲总督西南军事，防守四川到荆州一线；以孝武帝的岳父王蕴总督江南军事；以侄子谢玄为兖州刺史，总督江北军事。

江北是战争的前哨站，东晋要想守住建康，则必然要重兵防御江北。谢安把自己的侄子安排在这里，很多人都认为他是让侄子去镀金，将来好接替他的位置。其实，谢安把谢玄安排在江北，一方面是对谢玄寄予厚望，另一方面也是孤注一掷，将谢氏家族与东晋绑定在一起，不成功便成仁。

历史证明，谢玄并没有辜负谢安的一片苦心，这位士族公子既能与王羲之在兰亭流觞曲水，饮酒作诗，也能在百万大军阵前横刀立马，驰骋疆场。王羲之虽然领着右将军的官衔，但他除了会写书法，一天仗也没打过。而他的儿子们也都沾染了士族公子崇尚清谈的做派，没有一个能像谢玄这般，拯救国家民族于危亡之际。

谢玄来到江北之后，首先做的事情便是招募新军。东晋朝廷里但凡脑子清楚一点的人都知道，这么多年，晋军老打败仗的原因，就是东晋的正规军实在太差劲了。想当年祖逖北伐，东晋朝廷一个兵不给，他能靠着自己的亲兵和招募来的流民横扫河南。再看殷浩北伐，东晋几万大军，却连姚襄这种流散的部落都打不过。所以，谢玄果断放弃了朝廷的正规军，他要自己招募一支军队，来防守江北重镇。

很快，谢玄就招募了一支几万人的精锐部队来镇守京口地区，这支部队号称"北府兵"。北府兵里大都是出身贫苦人家的子弟，甚至还有很多是北方逃难而来的流民。而谢玄用人也不拘一格，北府兵里有一员出色的猛将，此人正是流民出身，生得面色赤紫，天生神力，他就是北府名将，刘牢之。

就在谢玄募兵江北之际，前秦天王苻坚也终于按捺不住自己激动的心情，开始向东晋发起挑战。别忘了，他的人生目标是要拉着慕容垂去泰山封禅，现在他距离这个目标只剩最后一步，那就是消灭南方的东晋，完成华夏的统一。什么道德正朔，苻坚不屑一顾，等有朝一日他灭了东晋，再行封禅大典，他就是正朔。

太元三年（378年）二月，苻坚以庶长子苻丕为主帅，前后出动大军十七万，分进合击，进攻襄阳。这十七万人马分别是：苻丕、苟苌、慕容暐率领的七万人马，直奔襄阳；石越率领的一万人马，出鲁阳关（今河南南召）；慕容垂、姚苌率领的五万人马，出南乡（今河南淅川）；苟池、毛当、王显率领的四万人马，出武当（今湖北十堰）。

襄阳是江汉平原的门户，它北临汉水，西接巴山，南望长江，东近武昌。当年曹操率军南下，也是拿下了襄阳之后，才与孙权会猎于吴。当然，苻坚之所以去攻襄阳，还有一个重要的原因，那就是前秦没船，也没有王濬那样能造船的人。因此，只有拿下襄阳，他才能依托平原地势，让骑兵得以施展。

东晋的襄阳守将是当年桓温的部下，叫作朱序。朱序这个人在桓温帐下时也是一员猛将，没少立战功。他听说苻丕率领七万大军前来，丝毫不敢懈怠，又是加固城池，又是收拢汉江上的船只，一艘船也不留给秦军。朱序认为，他把汉江上的船只都收拢之后，秦军便过不了汉江。于是，他没有在汉江南岸设防，将所有的兵力都集中在襄阳城内御敌。

等到苻丕大军抵达汉江北岸，果然傻眼了，汉江上一艘船都没有，这该如何是好？苻丕派人沿江勘察，发现汉江南岸竟然无人防守，于是，他派石越率领五千骑兵，骑马浮渡汉江。马这种动物只要列阵而行，靠着四个蹄划水产生的浮力将马肚子托起来，便能浮渡江河。可惜，朱序这家伙没学过物理，也不懂生物，就这么让秦军轻松到达了汉江南岸。

石越渡过汉江，占领了襄阳外城，原来朱序把收拢的所有船只都集中在了外城。石越命人将船只全部投入汉江，苻丕的七万先头部队就这样顺利渡过汉江，对襄阳发起了猛烈进攻。朱序在外围不设防，是为了确保所有的兵力都能集中守卫襄阳城，因此，苻丕虽然顺利渡过汉江，却在襄阳城下遭遇了朱序的拼死抵抗。

再加上，朱序的母亲也是一位神勇的老太太，她为这场襄阳保卫战做的贡献，丝毫不亚于她的儿子。这位韩老太太看到前秦大军气势汹汹，赶忙登上城头，去查看城墙是否坚固。走到西北角，老太太发现此处城墙有坍塌的危险，便召唤城中数百名女子在旧城墙之内又筑了一道新城墙。随后，她嘱咐将士们，先守旧墙，一旦旧墙坍塌，立刻转入新墙继续防守。

前秦大军呐喊着攀缘城壁，襄阳保卫战打响，城上城下，死尸狼藉，攻击者和守卫者都付出了惨重的代价。猛然间一声巨响，襄阳中城西北角果真坍塌，守城将士立刻转入新城，继续防守。苻丕见西北角塌方，还以为破城在即，却不料城内有城，不禁感叹襄阳难下。襄阳人为感念朱序之母所建的新城墙，便将此处取名为"夫人城"。

见襄阳久攻不下，苻丕非常焦虑，又怕东晋江北的援军赶来，自己陷入腹背受敌的境地。武卫将军苟长建议他将襄阳外围的百姓迁往河南，用这些百姓堵塞从北面入襄阳的道路，这样东晋的江北援军一时半会儿便过不来了。苻丕全盘接受，立即让人将襄阳外围的百姓赶往河南，堵塞道路。也在此时，慕容垂与姚苌率领的五万人马赶到了，十七万人马终于会集一处，开始日夜不停地对襄阳发起攻势。

北边的道路被堵，襄阳南面也该有援军。荆州刺史桓冲还有七万大军驻守在襄阳东南，只是他却按兵不动，坐看苻丕攻打襄阳。按说桓冲打仗也有两下子，当年他随桓温打进关中，第一个就冲到了白鹿原，现在怎么就变成缩头乌龟了?其实桓冲有自己的考量，他不救襄阳，是要保存实力。桓冲这七万人马那可是荆州的家底儿，就算襄阳守不住，他还能带着这七万人退守武昌，扼住长江要津。如果此时这七万人马也在襄阳耗光了，秦军就会占领整个湖北，建康就危险了。

苻丕在襄阳城下一连攻了半年，襄阳竟然安然无恙。朱序在孤立无援的情况下，靠着自己之前做的守城准备，让十七万前秦军受阻于此，为东晋的战争准备赢得了大量时间。苻坚对于襄阳的战事也感到失望，于是，他又派兖州刺史彭超率军七万，向东晋的江北地区发起进攻，配合苻丕的襄阳攻势，同时也牵制谢玄的北府兵。

即便如此，东晋朝廷在谢安的调配之下，对前秦作战却是有条不紊。又过了四个月，苻丕还是拿襄阳城一点办法也没有。而襄阳城里的朱序不仅坚守着城池，还时不时派出小股部队偷袭前秦大营，搅得苻丕寝食难安。十七万大军，耗时十个月，竟拿不下一个小小的襄阳城，前秦朝廷里有人借此大做文章，弹劾苻丕。苻坚也坐不住了，他派人送了一把剑到前线，并且告诉苻丕："明年开春要是还拿不下襄阳，你就自己抹脖子吧。"

这么一来，苻丕更不敢松懈，日夜催促秦军加紧进攻。秦军打了十个月，将士们早已人困马乏，就算主帅日夜催促，老虎还有打盹儿的时候，他们实在累得打不动了。朱序一看秦军打不动了，他正好领着人马杀出城来，直冲秦军大营。秦军猝不及防，被朱序打到汉江岸边才稳住阵脚，重新安营扎寨，此时更是轻易不敢发起进攻了。

朱序打了个大胜仗，襄阳之围也解除了，没了秦军的日夜进攻，他便摆起酒宴，犒赏三军。朱序手下有个叫李伯护的督军认为，襄阳城如此守下去，迟早会被秦军攻破，因此，他趁守军松懈之际，派自己的儿子秘密前往秦军大营，去见苻丕，想做秦军的内应。苻丕耗时耗力都攻不下襄阳，正一筹莫展，听说李伯护愿意做内应，大喜过望，立即点齐兵马再攻襄阳。

此时，襄阳守军因上次大胜，已经出现松懈的状态，再加上有李伯护这个吃里爬外的奸贼做内应，很快，秦军就找到突破口，一举攻克了襄阳这座江汉重镇。朱序因力战不敌被俘，苻丕将其押送回长安，朱序见了苻坚也不投降，只求速死。苻坚面对朱序这员态度如此坚决的勇将，不仅不杀他，反而十分欣赏，觉得朱序忠勇可嘉，当即拜其为度支尚书。相反，那个自愿去做内应的李伯护却被苻坚以不忠的罪名斩杀了。少数民族的帝王更讲忠义气节，苻坚对于卖主求荣的人，从来不会给好的待遇。

拿下襄阳，整个江汉平原就面临着无险可守的境地。但是别忘了，桓冲还有七万人马守在湖北，秦军想要从湖北平蹚过去，还需要费一番功夫。可是，连续十个月的轮番进攻，秦军的消耗也很大，需要时间来做休整，西线战事就此告一段落。此时，东线的战事，还在紧锣密鼓地进行当中。

江北之战

就在苻丕迟迟没能攻下襄阳时，前秦兖州刺史彭超领兵七万，在江北向东晋发起了进攻。他一面派后将军俱难、右禁将军毛盛进攻淮阴与盱眙（xū yí），一面亲自率军进攻彭城。

在中国的南北方向上有两座重要的要塞城市，一座是湖北襄阳，另一座便是江苏徐州。任何一个偏安江南的政权都必须守住这两座要塞，才能依托长江天堑，保住半壁河山。而北方政权要想南下，也必须打通这一西一东两个要冲，方能做渡江的准备。

彭城即是江苏徐州，按照中国南北地理分界线的划分，它是属于北方的城市。如今从徐州到南京，坐高铁不过一小时左右，即便在古代也属于比较近的距离。可那个时候，前秦大军进攻彭城，便是要打通一条进逼建康的战略通道。因此，想要保住建康，彭城就必须得救。那么，谁能救援彭城呢？自然是坐镇江北的谢玄。

彭城的守将是东晋龙骧将军戴逯（lù），此人打仗一般，守城更是一般，他最想做的就是弃城逃跑。谢玄十分清楚戴逯的为人，就怕他跑了，便派部将田泓去彭城告知戴逯，说："你再坚持几天，我的救兵随后就到。"谁知田泓走到徐州外围，竟被彭超的斥候部队活捉了。彭超见到田泓，给了他极高的礼遇，不仅好吃好喝地供着，还给了他很多钱。彭超的用意很明显，那就是收买田泓，而且他要田泓做的事情也简单，只需要田泓在彭城下对着守城军士们高喊，南来的救兵败了。

田泓一口就答应了彭超的要求，他与彭超骑着马一前一后来到彭城之下，田泓扯开嗓子，使出了吃奶的劲高声大喊："谢将军派我来通知你们，北府兵马上就到了，各位再坚持一下，我不幸被俘，与大家来生再见了。"话音刚落便被彭超斩落于马下。

很快，谢玄领着万余北府兵来到彭城外围，袭击了彭超的粮草、辎重。彭超赶忙解除对彭城的围困，前来救援。谁知，他一解围，戴逯竟然领着人马出城来与谢玄会合。谢玄一看戴逯来了，心头一惊，心想这小子不守城跑出来干什么。结果，戴逯一领兵出城，彭超也不管城外的粮草了，立即带兵杀入城中，徐州这座战略要塞就这么让这个白痴将军丢了。

谢玄又气又恨，生吞戴逯的心都有了，可是又很无奈，靠他带来的这点兵，一时半会儿根本夺不回彭城，他只能带着戴逯退守扬州。襄阳丢了，又丢徐州，前秦大军南下的步伐瞬间加快。俱难在占领淮阴之后，留下邵保守城，自己则与彭超合兵一处，进攻盱眙，很快盱眙失守，前秦军开始进攻三阿（今江苏高邮），东晋已是全线告急。

谢玄赶紧让弟弟谢石率领水军于滁河列阵，守住从安徽滁州到南京六合这一线，算是在建康的北面建立起一道新的屏障。而他自己则必须死守扬州，一旦彭超突破扬州防线，建康则危若累卵，随时会被秦军攻破。谢玄赶紧给谢安去信求援，谢安派遣右卫将军毛安之率军四万驻守堂邑（今南京六合），防止秦军偷袭堂邑，直下建康。

前秦将领同样看到了堂邑的重要性，这里可以说是扬州与建康的双重软肋，拿下堂邑，向东可进攻扬州，向南则可突破滁河，一路杀到长江北岸。因此，毛安之守堂邑，那可是万分紧张，紧张到寝食难安的地步。他一紧张，手下的兵士们也跟着紧张，平常自己吓自己都能吓出一身冷汗，更别说秦军杀来了。果然，前秦将领毛当与毛盛领兵来攻堂邑，还没开打，毛安之和他那四万守军就被吓跑了，堂邑丢了。

堂邑一丢，扬州和建康的门户就算彻底打开了。眼看建康不保，东晋君臣慌作一团，连谢安这种泰山崩于前也面不改色的人都有点坐不住了，写信催谢玄赶紧想办法御敌。谢玄眼下则面临着两个抉择，一是去打三阿的彭超与俱难，二是去打堂邑的毛当与毛盛。经过一番考量，他决定去打彭超与俱难，毛当与毛盛带的两万人马本就是来助战的，彭超进攻扬州顺利，他们才可能去打建康，彭超如果被打退，毛当与毛盛将不攻自退。

太元四年（379年）五月，谢玄带着北府兵全体出动，去救三阿。俱难与彭超本就在三阿陷入了胶着的状态，突然谢玄带着北府兵杀来，二话不说就加入战斗，给了他们迎头一击。此前，秦军对于谢玄的这支北府兵毫无了解，以为跟东晋的正规军一般接仗就败，谁知一交战才知道，北府兵个个勇猛非凡，以一当十。这下前秦军就顶不住了，七万人马竟然被三万北府兵打得落荒而逃。俱难与彭超一口气逃回盱眙，谁知北府兵马不停蹄追至盱眙，二人又放弃盱眙逃奔淮阴。

中国古代以山南水北为阳，山北水南为阴，之所以叫淮阴，就是因为这个地方地处淮河南岸。面对北面的滔滔淮河与南面的北府强兵，镇守淮阴的秦将邵保选择背水一战。而谢玄要破前秦军，就必须切断其北返的退路，如何才能断其退路呢? 那就是烧掉淮河上的浮桥。

要烧掉浮桥，那就必须沿淮河逆流而上，可是逆水行舟速度慢不说，还容易被秦军发现。这一年到了五月，淮河尚未进入汛期，但江南却进入了梅雨季节。江南各条河流暴涨的江水进入东海，随着洋流的作用向北移动，导致淮河出现了海水倒灌的现象。如此一来，北府兵驾船顺着海水倒灌的方向行进，改逆水为顺水，即使被秦军发现，他们也追赶不及，淮河浮桥便被北府兵放火焚毁。

断了秦军的退路，谢玄带领北府兵主力夜袭邵保大营。邵保领着几万大军沿淮河列阵，他万万没想到北府兵竟然丝毫不惧，还敢夜袭大营。阵脚大乱的秦军准备后撤淮北，见浮桥被火焚毁，没了退路的秦军陷入绝望，像没头的苍蝇一样乱窜，被北府兵俘杀的，跳入淮河被淹死的，不计其数。就这样战斗了一夜，几万秦军连同主将邵保，全成了北府兵的刀下亡魂。天亮以后，谢玄带着北府兵打扫战场，却没发现俱难与彭超，原来这两位还没开打就逃去淮北了。

谢玄整顿人马，立即开向淮北，追击俱难与彭超。这两人原本以为邵保的几万人马怎么也能抵挡北府兵数日，足以让他们跑回彭城了，没想到邵保一夜之间就全军覆没，二人还没跑到安徽就被谢玄追上了，跑是跑不掉了，那就硬着头皮打吧。败军之将，何以言勇。这一仗，北府兵继续发挥了超凡的神勇，俱难与彭超的七万人马最后被打得一个不剩，二位主帅只身逃回彭城。在堂邑的毛当与毛盛见秦军败成这样，近十万人被三万北府兵杀得片甲不留，赶紧从堂邑撤军，退回彭城。

东线大败的消息传回长安，苻坚肺差点儿给气炸了。十万人马全军覆没，这是自前秦开国以来从未有过的事情。东晋这个老虎屁股这么不能碰?苻坚偏不信这个邪，他准备御驾亲征，同时，他下令将俱难贬为庶人，彭超下狱问罪。不久，彭超在狱中自杀。

到了这一年的秋天，前秦国内的粮食竟然没有收上来，闹起了饥荒。想来，五月淮河还能出现海水倒灌，可见北方得旱成什么样子。粮食绝收造成前秦国内饿殍遍野，民不聊生。第二年，苻坚的堂弟苻洛又在辽东扯旗造反，多亏苻坚手下一员悍将出马，才稳住了局面，这员悍将便是吕光。

悍将吕光

吕光，字世明，前秦太尉吕婆楼之子。其实，吕光早在苻坚征张平的时候就已经展现出他的神勇。那位阉大哥张蚝就是被吕光一枪刺中，落下马来的，前秦也是因此才成功保住山西之地。吕光在苻坚手下屡立战功，前燕灭亡之后，吕光被封为都亭侯，后又被派往洛阳，入北海公苻重幕府担任长史。苻重于洛阳叛乱，吕光抓捕苻重回到长安，担任太子右卫率。

太元四年三月，也就是秦晋东线战事最为紧张的时候，东晋右将军毛虎生率兵进攻四川巴中，四川人李乌也率众两万起义，进攻成都来配合毛虎生。苻坚又以吕光为破虏将军，率军入四川平叛。吕光大军一到，李乌的两万起义军顷刻间就被打垮，很快，吕光进军巴中，毛虎生见秦军大胜李乌，吓得不敢应战，只得退到巴东一线驻防，四川之乱遂被平定。吕光也因此功绩，升任步兵校尉。

太元五年（380年）正月，苻坚再度起用北海公苻重，让他担任镇北大将军，驻守蓟城。苻坚的心也是够大，一个叛乱之人非但不杀，反而委以重任，这不是放虎归山吗?苻重镇守蓟城，原来的幽州刺史苻洛却被苻坚调往四川担任征南大将军、益州牧。苻洛之前也出现过，就是那位率领三十万大军灭了拓跋代国的主帅。

苻洛灭了代国，自以为功劳甚大，便向苻坚提出加授开府仪同三司的官衔。苻坚认为他的功绩还不能跟三司平起平坐，就拒绝了他的请求，反而把他从北方调往四川。苻洛看到朝廷的调令，气不打一处来，他对手下说："我是皇室至亲，却不得进入朝廷中枢出将入相，现在还要把我调去西南，这里面一定有阴谋，苻坚这老小子莫不是想让梁成把我投到汉江里去喂鱼吧?"

苻洛越想越气不过，加上他手下也是一群见风使舵的人，这帮人便忽悠苻洛，说："当今大王穷兵黩武，弄得国内十室九空，您作为宗室，如果能振臂一呼，响应者必然云集。到时候，什么乌桓、鲜卑、高句丽、百济都得臣服于您，这些兵马加起来有五十余万，您还怕苻坚吗?"

苻洛也是一根筋，就顺着这帮人的思路去想："对哦，我有五十万大军，还不造反等什么?"于是，他把苻坚的调令撕了，在幽州竖起了造反的大旗。大旗竖起来了，苻洛就等着乌桓、鲜卑、高句丽、百济这些北方的少数民族首领来称臣。结果，他的敕书送到这帮少数民族首领面前时，他们一致认为苻洛是个疯子，手底下兵都没几个，就敢扯旗造反。苻洛不想活了，他们还想过几天安稳日子呢，因此，他们谁也不理会苻洛。

226

符洛反旗竖了快一个月了，根本招不来兵，怎么办呢?他跑去蓟城找他亲哥哥，新上任的镇北大将军，符重。符坚本想着让符重去幽州换符洛，没想到符重前脚刚到蓟城，符洛后脚就在幽州扯旗造反了。别忘了，符重也是造反专业户，这哥俩一见面，都想到一块儿去了，于是符重也反了。符重手下有十万前秦军，他也足够大方，留下三万人守城，自己跟弟弟带着七万人马到辽东发展，顺便跟东北的少数民族拉近关系。

符洛带着这七万人到了和龙，这个地方今天属于吉林延边，紧挨着朝鲜。这里本来是高句丽的地盘，高句丽对前秦十分友好，甚至还感谢前秦灭了前燕，帮他们报了当年的掘墓之仇。所以，符洛造反，他们原本不想理睬，现在倒好，符洛竟然跑去他们地界造反，还想拉他们下水，这帮高句丽人见符洛来了，撒腿就往朝鲜半岛跑。符洛本想和高句丽搞好关系，结果到地方一看，人影子都没有，只好在这里扎下营垒，准备发展壮大。

令符洛和符重都没想到的是，自他们在幽州造反之时，符坚就以符融为主帅，吕光、窦冲为先锋，领着平叛大军向北而来。符洛与符重见符坚出兵，也放弃了在东北发展的计划，七万人马跟旅游一样，又从和龙回到了蓟城。并且这哥俩连蓟城也不守了，带着十万大军南下河北，准备在河北定州附近跟符融决战。

很快，他们就遭遇了窦冲和吕光的先锋部队。符重对于吕光并不陌生，他在洛阳造反时，就是吕光抓的他，这一次冤家路窄，他俩又碰上了。吕光对于符重与符洛毫不客气，两军撞上之后，二话不说直接开打。别看符重十万大军，但其中大都是被裹挟而来，根本不想造反。他们见吕光来了，纷纷临阵倒戈，符洛没几个回合就被吕光生擒了。符重见势不妙，想逃回蓟城，吕光拍马就追，对于符重这样的造反专业户，吕光可不像符坚那么菩萨心肠，追上之后当场斩杀。

符洛与符重的这场闹剧前后折腾了不过两个月，就被吕光轻而易举地平定了，符重还因此丧了性命。符洛被押回长安后，符坚菩萨心肠再起，只是将其流放凉州。吕光则因平叛之功，升任骁骑将军。

太元七年（382 年）九月，西域的车师前部王弥寘（tián）、鄯善王休密驮到长安来向前秦朝贡，这两位在西域被当时强大的高昌、龟兹打得毫无还手之力，于是借着给前秦朝贡的机会忽悠苻坚，希望前秦能出兵西域，他们愿意帮助前秦征服西域诸国。前秦经过两年的休养生息，基本度过了饥荒。苻坚现在正在积极准备南下灭东晋，一听说西域这两位能够帮他征服西域，真是喜上眉梢。于是，他以吕光为使持节、都督西讨诸军事，率领十万步兵、五千骑兵浩浩荡荡开向西域这片神秘的土地。

当时的西域诸国受到印度佛教影响，几乎每个国家都痴迷地信仰佛教，尤其是高昌，那是西域最大的佛国。吕光带着前秦大军到达高昌，高昌便向前秦称臣，而吕光在这里也接受了佛教的熏陶，并且还遇到了高僧鸠摩罗什，吕光将其带在身边，一有空就来聆听鸠摩罗什讲法。可以说吕光还未征服西域，就先被西域的宗教征服了。也正是由于吕光的这次西征，才让佛教在中原大地上得到了一次快速发展。而鸠摩罗什翻译的多部佛经在后来流传甚广，其中，《金刚经》的传世，对华夏的语言文化影响深远。

十万五千前秦大军的武力加上佛法的加持，吕光在西域可谓所向披靡。他从高昌出发，穿过三百里沙漠来到了焉耆（qí），焉耆王听前秦十万大军前来，吓得赶紧带着自己的属国投降了。吕光又从焉耆向龟兹进发，龟兹在当时的西域，算是响当当的大国，如果不是它把车师、鄯善等国打得无路可走，也不会招来吕光和他的大军。但是，龟兹王帛纯认为自己既然能称霸西域，自然也能抵挡前秦大军，于是，他联合自己的属国一起组织武装，负隅顽抗。

吕光带着大军到达龟兹国都延城（今新疆库车）附近扎下营寨。他下令，每隔五里设一营寨，挖深沟，筑高垒，还将盔甲披在木人身上，在营垒上列阵，作为疑兵迷惑敌人。龟兹王不知秦军虚实，也不敢出城迎战，反而将城外的百姓通通赶入城内，坚壁清野，准备做长期抵抗。吕光也不着急，有焉耆诸国作为他的后勤保障，他只每隔三五日才攻城一次，就这样在延城外面与龟兹耗了好几个月。

吕光这边不紧不慢地进攻，而龟兹国内却显然有些扛不住了。帛纯无奈之下，只好献出重金去向在克里塞湖（今属吉尔吉斯斯坦）附近的狯胡国求援。狯胡王收到重金后，又联合温宿、尉头等国出兵十七万救援龟兹。有了狯胡等国的十七万大军，龟兹也有了底气，开始派出军队向吕光进攻。

前秦军对于这些弓马娴熟且善于用绳索套马的西域人一开始有点束手无策，连吃几个败仗，士气跌落到谷底，面对西域兵时甚至有了怯战的情绪。主帅吕光一看，这样下去可不行，没准自己和这十万大军都得交代在这里。他见这些西域兵多穿锁甲上阵，这种锁甲最大的好处是能抵御箭矢，一般的箭头很难射穿。但是，这种锁甲也有一个很大的弊端，那就是容易与别的物体勾连，一旦被勾住，士兵们便无法伸展，只能任人宰割。

于是，吕光集合各营军士，开始针对锁甲的弱点，训练钩锁战法，又将骑兵打散，作为游兵来回穿插于步兵之间，只要步兵阵中出现缺口，骑兵就上去补位。于是，一套对阵西域兵的有效阵法形成了。龟兹与狯胡等国打了几场胜仗之后，对秦军放松了警惕，作战依然用原来那一套方法。等到吕光训练的这套钩锁战法出现时，这帮西域兵一个个都傻眼了，双方一交战，这些锁甲兵竟一个个被放倒，倒下之后又动弹不得，再加上他们根本找不到秦军的突破口，被秦军打得大败，斩首万余级。

狯胡王看西域联军败了，二话不说，带着手下的残兵就往自己国家的方向逃命。龟兹王帛纯更是连夜放弃延城，跟着这些残兵向西逃亡。十七万大军就这样瞬间瓦解，龟兹国都延城也被吕光占据。吕光进了延城之后，封帛纯的弟弟帛震为龟兹王，曾经的西域霸主从此走向没落。吕光打败了龟兹后，西域三十多个国家纷纷献上汉朝政府册封他们的符节，表示愿意归附前秦。吕光接收这些符节后，又将前秦的符节授予他们，西域由此也纳入前秦的版图。

吕光征服西域，却错过了另一场大战。等吕光带着佛经以及琵琶、二胡等龟兹乐器回到凉州时，北方大地上已发生了翻天覆地的变化。这场决定两个帝国命运的战争，便是著名的淝水之战。当然，吕光的故事也没结束，留待后文再说。

御驾亲征

苻坚在经过两年多的休养生息之后，除了派吕光率领十万五千人马西征外，又一次将目光对准了南方的东晋。上次东线战场的失败，在苻坚看来只是用人不当而已，因此，这一次他要御驾亲征，他这位前秦天王亲自披挂上阵，去实现他一统华夏的夙愿，去实现他封禅泰山的愿景。

太元七年十月，苻坚召开了一次关于南征的御前会议，会上苻坚对众臣说："寡人自登基到现在，已经三十年了，经过三十年的东征西讨，四海略定，现在唯一还没有臣服于我大秦的，就是东南一隅。大秦现在全国之兵共计九十七万，寡人欲举全国之兵御驾亲征，众卿以为如何？"

苻坚这边话音一落，下面的大臣就议论开了，支持的、反对的声音都有，但苻坚听来听去，反对的声浪竟然高过了支持的，这让他很不高兴。首先，羌族大臣权翼站出来反对，理由是："东晋虽弱，却没有大的过错，又有谢安、桓冲这样声望极高的重臣辅佐，我军出师不义，不可征伐。"接着，太子左卫率石越也出来发对："东晋有长江天堑作为屏障，民心民力也都向着东晋朝廷，不可乱伐。"

听了这些言语，苻坚一脸忧愤："昔日夫差、孙皓占据江东，还不是一样亡了国，我现在有大军九十七万，就算将马鞭子投到长江里，也足以阻断长江，东晋还有什么屏障可言？"见讨论不出什么结果，他就让众人散了，只留下自己的兄弟——苻融。

苻坚把苻融单独留下，是想让苻融站出来公开支持自己，毕竟亲哥俩好说话一些。哪知苻坚还没开口，苻融就摇着脑袋打断了他。苻融这人年轻时与苻生无二，也是个桀骜不驯的浑不懔。然而，苻融比苻生幸运的是，他遇上了王猛。对于王猛，他十分钦佩，经过王猛的一番培养，苻融最终成了一位文武双全的统帅，也成为继王猛之后，前秦唯一能撑起相位的人。苻融对苻坚的劝谏有三：第一，出师无名；第二，不是正义战争；第三，忠直之臣大多反对。

苻坚一看亲弟弟都不支持自己，气得火冒三丈："我百万之众还打不赢一个垂死之国？难道还要留着东晋这威胁，成为国家的肘腋之患吗？"苻融见苻坚如此，便将王猛的遗言又搬了出来："鲜卑、羌族遍布关中，陛下如果御驾亲征，他们要是闹起来，才是真正的肘腋之患，臣的话您可以不听，但王景略的遗言陛下是否还记得呢？"

苻坚听他又把王猛搬出来了，更加生气，兄弟俩一个流了满脸泪，一个窝了一肚子火，闹得不欢而散。回到后宫，苻坚问太子苻宏："寡人欲征东晋，你怎么看？"苻宏的回答是："东晋无罪，大举进攻，倘若不能取胜，那我朝可就颜面尽失了。"苻坚听了，气得吹胡子瞪眼："小儿无知，当年秦灭六国，难道六国都有罪吗？"

攒了一肚子火的前秦天王，这一天都过得不怎么顺遂，只要一说他要南征东晋，几乎都是提反对意见的。就在苻坚气得吃不下饭，睡不着觉的时候，慕容垂竟然连夜进宫来见他。慕容垂来干什么？他来给苻坚顺气，他说："当年晋武帝伐吴，朝廷里大多数人都反对，只有杜预和王濬两个人坚持，结果势如破竹，几个月就让孙皓投降了。陛下如今英明神武，威加海内，又有雄兵百万，猛将如云，还怕一个小小的东晋？您现在就应该乾纲独断，按照自己的意愿行事。"

听了慕容垂这话，苻坚身上的每一根汗毛都舒展开了，自认慕容垂果然是能与他一起成就大业之人，于是给慕容垂赏帛五百匹。慕容垂这番话其实纯属是在忽悠苻坚，此前的襄阳之战他也参加了，晋朝兵将们什么样他也看到了，对于一个久历战阵的猛将，他不可能不知道苻坚御驾亲征的后果。他之所以忽悠苻坚，其实是在为自己做打算，前燕灭亡之后，慕容鲜卑全族迁入关中，慕容垂便成了他们的领头人，这些人还想让慕容垂带着他们复国。

有了慕容垂的支持，苻坚越发觉得自己亲征东晋十拿九稳，他甚至都在为南征之后的泰山封禅做准备了。但是，前秦国内的一干大臣们，想尽了各种办法阻止苻坚。苻坚信佛，他们就安排和尚去劝苻坚，结果和尚的话他也不听。苻坚最宠爱张夫人，这帮大臣就去给张夫人洗脑，结果张夫人这枕边风也失灵了。他们最后找到了苻坚的小儿子，中山公苻诜（shēn），苻坚见小娃娃也张口就言东晋有谢安、桓冲可用，气不打一处来，以一句"天下大事，孺子安知"怼了回去。

大臣们是没咒念了，看来天王是铁了心要御驾亲征，现在只能寄希望于东晋，让苻坚找不到开战的理由，这样兴许还有转圜的余地。哪知道，东晋这时候也不知是哪根筋搭错了，竟然下令让桓冲率军十万去收复襄阳和四川，苻坚命苻睿、慕容垂、张蚝、姚苌分兵拒敌，桓冲这才偃旗息鼓，退守湖北一线。可这样一来，更是给了苻坚出兵的理由，苻坚下令：民间十个男子便要出一个当兵，富家子弟二十岁以下，只要有些本事的，就授羽林郎之职。如此一来，这帮年轻的富家少爷瞬间转变成好战分子，纷纷加入前秦军队，并且催促苻坚赶紧发兵。

苻融将这一切看在眼里，心里急得要吐血。他是拼了命也要劝阻苻坚南征的，可苻坚此时已经是脑子热到顶点，谁来劝也没用。不仅如此，他还将苻融任命为前敌总指挥，张蚝、慕容垂率军二十五万为前军先行，又召集全国步兵六十万、骑兵二十七万前往河南项城集合，准备发动百万大军南征。

太元八年（383年）九月，苻坚率先行动，他要先行抵达项城去集合大部队，部署南征事宜。百万大军从前秦各地赶往项城，路途近的还好说，路途远的可能诏令都还没有传到。苻坚在项城足足等了一个月，四川汉中的兵马才刚刚出动，凉州的兵马刚到咸阳，而河北的兵马才到彭城。苻坚已然没有耐心再等了，他点了点手下的人马，足有三十万，于是，他命令苻融率领这三十万大军先去颍口（今安徽颍上）驻扎，正面威胁扬州。

前秦三十万先锋军驻扎颍口，东晋朝廷里几乎炸开了锅，大家都等着谢安拿主意，可谢安却什么话也不讲，把这群人急得团团转。连前军总指挥谢玄也炸毛了，前秦先锋部队就来了三十万，后面苻坚还要亲自带兵前来，总数少说也有八十万。北府兵有一个算一个，加起来也不到十万，这一比八的比例，实在太吓人了。于是，谢玄也顾不上守扬州，先跑回建康去问问叔叔有什么退敌之策。

谢玄到了建康，谢安一开始并不搭理他，谢玄再三询问，谢安却只说自己另有安排。谢玄这边一个头两个大，谢安却不以为然，还拉着他外出游玩，又是流觞曲水，又是投壶下棋，到最后还是一个准主意也没给谢玄。不久，桓冲也给谢安写信，想分三千兵马来拱卫京师。谢安一看，就给三千兵马，干脆不要，回信说秦军这点人马，还能对付。

太元八年十月，苻融从颍口向寿阳（今安徽寿县）发起进攻，仅用了十几日就攻克寿阳，俘虏晋将徐元喜。而慕容垂则从襄阳攻郧（yún）县，前秦在东西两线同时向东晋发起了进攻。东晋这边则以谢石为征讨大都督，谢玄为前锋都督，派手下将领胡彬领水军五千救援寿阳。胡彬的水军还没赶到，寿阳就被攻陷，胡彬只好退守硖（xiá）石，却没想到苻融进军迅猛，派兵将硖石围了个水泄不通，胡彬这五千人被包了饺子。

谢石与谢玄得知硖石被围，赶忙率军前来救胡彬。苻融又派梁成陈兵五万于洛涧阻挡西来的北府兵。胡彬被围，谢玄被阻，形势对于秦军来说应该是一片大好，再加上胡彬的水军没带军粮，只能靠捞河里的鱼虾勉强度日。于是，胡彬赶紧写了封求援信，让手下带着去找北府兵。苻融这边把硖石围得死死的，连只苍蝇也飞不过去，更别说是人了。胡彬的求援信很快就落入苻融手里，苻融拿到信后赶紧命人送给苻坚，后面还附上自己的一段话："贼少易擒，但恐逃去，宜速赴之。"

苻坚接信之后，赶紧下令，全军开向寿阳，去与苻融会合。苻坚的命令下了一天，大军几乎没有动静，怎么了呢? 人太多了。有时候人太多并不是什么好事，人多就意味着行动慢，机动性差，想快速进军，几乎不可能。可苻坚等不及了，他让大军原地不动，自己带着八千人马向寿阳一路狂奔，他要亲自指挥这场灭东晋的关键之战。

苻坚到了寿阳，接过苻融的指挥棒，他开始坐镇中军，发号施令。他的第一道命令是叫来前东晋襄阳守将朱序。朱序自打襄阳战败被俘，心里一直不服气，尽管苻坚给他高官厚禄，他依然心向东晋。这次苻坚出征，把他也带上了，并且苻坚竟然派朱序去劝降谢石与谢玄。朱序听说苻坚要派他去晋营，自然满口答应。

朱序来谢玄营中，压根不提苻坚让他来劝降的事情，反而责难谢玄为什么还不开打。谢石听说苻坚亲自率兵来了，怕得要命，哪里还敢进兵! 于是，朱序对谢石说:"如今苻坚只带八千轻骑来到寿阳，寿阳军全算起来，不过二三十万，其余大军或在项城，或在路上，若要等百万大军全部集中，当然打不赢，但若抓紧时间，击败其前锋部队，则秦军士气必为我所夺，后面的秦军便可不攻自破。"

谢玄一听朱序之言，立刻精神为之一振，他点齐人马便要开打。谢石却认为苻坚本人到了寿阳，秦军必然重兵拱卫，不如等他们粮草耗尽，自行撤退。谢石拦着谢玄，有人也出来拦住了谢石，谁呢? 谢安的二儿子谢琰。谢琰虽然不懂军事，却非常赞同朱序的意见，如果不先挫其锋芒，等到前秦百万大军会集，就没机会了。谢石一看谢琰和谢玄都铁了心要打，自己也只好同意。先打谁呢? 自然是拦住他们去路的梁成。

梁成可是前秦的一员虎将，北府兵里能与之一较高下的人，只有刘牢之了。于是，谢玄命刘牢之率五千北府兵去打洛涧，务必要杀出一条血路。刘牢之领着五千人马就出发了，而他的对面是梁成和他的五万前秦军，一对十，想想都觉得可怕。梁成见晋军终于出动了，他巴不得早点开战，又看刘牢之只带了五千人，他便让五万秦军于洛涧西岸列阵，晋军要打，就必须蹚过洛涧。

　　洛涧是淮河的一条小支流，此时已进入枯水期，梁成本想在他们渡河的时候发起进攻，哪知道刘牢之带着五千北府兵竟然平蹚过来了，把梁成直接吓蒙了。北府兵一冲过河，不由分说就开打，梁成之前打四川的起义军还行，遇到北府兵，尤其是刘牢之，还真不是对手，五万人竟被五千人杀得如砍瓜切菜一般，根本没有招架之力。前秦弋阳太守王咏不服，领兵再战，结果仅一个回合，就被刘牢之斩落于马下。

　　梁成见王咏被阵斩，心中大惊，敌军如此战斗力，这还怎么打?赶紧撤吧。他领着残兵向淮河一线撤退，北府兵在后面乘势掩杀，到了淮河岸边，梁成退无可退，只能硬着头皮接茬再战。结果很不幸，梁成也成了刘牢之的刀下鬼。秦军那就更惨了，跑得慢的被斩杀于淮河岸边，跑得快的想跳进淮河逃跑，可那是冬天，这些北方人根本没见识过南方的冷，刚跳下水就被冻抽了，冻死、淹死无数，五万大军就此打了水漂。

　　打通了洛涧，谢石、谢玄领着八万北府兵水陆并进，到达淝水东岸的八公山一带。苻坚听说王咏、梁成战死，一开始还不相信，后来又听说晋军到了八公山，与自己隔河对峙，心里便打起了鼓。于是，苻坚赶紧登上寿阳城楼，远眺对岸的八公山，只见北府兵队列严整，旌旗漫天，苻坚的心里就有些发怵了。他甚至看到八公山上的草木被风吹动，也以为是北府兵，不禁喃喃自语道："如此劲敌，谁说东晋国弱?"

　　苻融心里憋闷："除了你自己，有谁说过东晋弱吗?"

淝水决战

　　秦晋两军隔着淝水对峙，如此下去，对于兵力偏少的北府兵而言是十分不利的。谢玄要想与秦军决战，就必须渡过淝水，可秦军把营垒全部设在淝水岸边，还没等晋军过河，西岸的箭矢就过来了。

谢玄想过河，还得找人帮忙，那么他能找谁呢?前秦天王苻坚。苻坚此时不仅头脑发热，求胜心也十分急切。谢玄急，他比谢玄更急，所以他也想早日决战。谢玄抓住了苻坚的这个心理，就给苻融写了一封信，信中既表明了双方的对等关系，又间接吹捧了苻坚。苻坚这人就喜欢被人捧着，只要有人捧他就高兴，他一高兴就不知道会做出什么不理智的事情来。

苻融接到谢玄的信，展开一看，大意是："将军领兵而来，陈兵于淝水岸边，是要做打持久战的准备啊。你要是有胆量，就领兵稍稍退后，等我的人马渡过淝水，我们决一死战如何?"苻融不敢怠慢，急忙送去给苻坚，苻坚让众将也看了信，众将都认为没必要理谢玄。可苻坚却觉得应该让谢玄渡河："既然谢玄要打，那咱就打，我几十万大军还怕他不成?而且在他们渡河之时，我们可以趁他们渡到一半进攻他们，这也正应了'兵半渡而击'的兵法，晋军又岂能不败?"

大伙儿一看苻坚要让谢玄渡河，也不再坚持，而且眼下也确实没有更好的办法与晋军决战。因此，苻坚让苻融给谢玄回信，与他约定好时间展开决战。谢玄见苻坚上钩，心中暗自窃喜。他既然敢用这一招来引苻坚上钩，那就已经做好了应对秦军的准备。谢玄命人时刻盯住秦军的一举一动，有丝毫异动都要立即向他汇报。谢玄又命北府兵早早地做好渡河准备，只要秦军往后一退，他们就立即过河。

从这一点上来说，谢玄不愧是军事天才。他利用的正是前秦大军人数众多，机动性差的这一弱点。苻坚几十万大军进入寿阳，小小的寿阳城如何放得下这么多人?大多数情况下，秦军都是由各自的主帅带领他们找一处地方安营扎寨。这些营寨并不集中，因此各营寨之间的联络起来也不是很方便，要是擂鼓进军，大家还能步调一致。现在要往后退，这中间就必然会出现信息差的问题，而谢玄打的就是这个信息差。

等到双方约定的日子到了，苻坚再次登上寿阳城头，视察自己那漫天无际的大军。决战的时刻到了，成败在此一举，他回头将目光移向苻融，示意他可以下令了。于是，苻融将令旗一挥，传令官便带着令旗奔向各营去传令，秦军也开始渐渐后退。八公山上，北府兵见秦军后撤，立即开始登船准备渡河。

北府兵这边的船只到了淝水中流，前秦那边却没有派出铁骑来"击敌于半渡"。没错，谢玄要的信息差出现了。传令兵传令，也是要有个时间顺序的，肯定是先得到命令的队伍就先行动，后得到命令的队伍后行动。因此，先得到命令的队伍就纷纷开始后撤了，而没有得到命令的队伍看到自己的战友袍泽都在往后面跑，竟然不知道发生了什么事情。

此时，前秦的军营里突然传出了一声："秦兵败了！"这个声音就如同引爆了一颗原子弹，不知缘由的秦军纷纷丢盔弃甲地往后跑。苻坚和苻融正等着击敌于半渡，没想到前秦大军这一稍稍后退竟然被信息差变成了败退，失败的阴影如同幽灵一般根植于秦军的内心，三十万人齐刷刷地朝着北边拼命奔逃，宛如泄洪一般壮观。秦军之所以能产生这样的蝴蝶效应，都是因为那个声音，而那个声音是谁发出来的呢？正是那位身在曹营心在汉的朱序。别忘了，朱序在前秦官居尚书，他说的话，小兵们当然信以为真。

苻融一看大军跑得没边了，心说坏了事，他拍马就赶来收拢队伍，准备组织反击。很快，北府兵八千先头部队在刘牢之的率领下冲杀上岸，还没来得及后退的秦军便成了这八千北府兵的俎上鱼肉，一通砍杀下来，秦军更加绝望，跟没头苍蝇一般乱撞，根本组织不起任何有效的抵抗。

苻融在马上急得不行，打了一辈子的仗，从来没遇到过这样的情况。他不断在后退的人群中大喊，可是收拢回来的人马依然不如逃跑的人多。即便是他收拢的队伍，此时心中也已然产生畏惧，如何打得了仗？正当苻融骑着马各种着急的时候，他的马不知被什么东西绊倒了，把苻融摔得四仰八叉，爬也爬不起来。此时，追击秦军的北府兵也赶了上来，可怜这位前秦的顶梁柱，就这样被北府兵的刀枪一通招呼，尸骨无全。

苻融一死，秦军逃跑的速度那是比兔子还快，根本停不下来。谢玄、谢石、谢琰带着七万二千北府兵一路追击秦军到青冈，在这里追上秦军，三人甩开膀子一通招呼，秦军再次被打得大败，什么粮草、辎重、盔甲、战衣，全部丢弃在路旁。秦兵只顾逃跑，一时间，前后军阻塞于路，竟至相互踩踏，又是几万人死于泥沼。到了夜里，秦军听到野外的风声和鹤唳都认为是晋军追赶而来，是又累又饿又冷，从寿阳到淮北，一路上到处是秦兵的尸体，十几万人都因冻饿而死，其状凄惨无比。

朱序引发了秦军的混乱，自己却趁乱跑进北府兵的大营，在长安待了好几年，终于回到东晋。与他一起回来的还有寿阳守将徐元喜和前凉后主张天锡。张天锡为什么跑去东晋?人家前凉张氏可是一直奉晋为正朔，这次算是回归祖国了。

与他们相比，苻坚就更惨了。自己的云母车做了北府兵的战利品不说，肩膀上还中了一箭，如果不是手下兵士将战马让给他，他都不知道要怎么往回跑。从寿阳到淮北一路跑了几百里，竟然粒米未进，饿到前胸贴后背。幸好在淮北有人认出他来，给他送了些猪腿骨和酒水来，苻坚和他的随从们这才饱餐一顿。望着这些人离去的背影，苻坚不禁潸然泪下，对着张夫人说："寡人如今还有什么脸面治理天下?!"

那些驻扎在项城的秦军听说苻坚打了败仗，竟然一哄而散了，苻坚一路上收拢了一些军队，总共也不过十来万人，此前的百万大军如今灰飞烟灭，苻坚的内心已经崩溃了。然而，令他更加崩溃的是，他手里没有粮食。这十来万人要吃饭，无奈之下，他这个天王竟然要厚着脸皮去找慕容垂。好在慕容垂此时还念及苻坚之前的礼遇，把自己的兵马、粮草都交给苻坚，这才让他返回洛阳。

建康城里的东晋丞相谢安也收到了谢玄第一时间送来的军报，此时的谢安正在和朋友下围棋。军报到了之后，谢安打开看了一眼就合上了。与他对弈的朋友坐不住了，忙问谢安："军报上都写了些什么啊?"谢安一边举棋落子，一边泰然自若地说："也没什么，就是孩子们已经把贼兵破了。"他那位朋友激动得都快跳起来了，谢安却面无表情地照常下棋。等下完了棋，谢安起身回屋，过门槛的时候，把木屐上的屐齿都撞断了，可见他的内心也是无比激动的。

　　淝水一战，可谓中国战争史中非常经典的以少胜多的战例。前秦几十万大军被东晋的几万北府兵打败，从此，南北方的格局也发生了翻天覆地的变化。东晋不仅守住了东南的半壁江山，也为华夏文明保留下了楚楚衣冠与名士风范。相反，前秦天王苻坚在淝水战败之后，意志逐渐消沉，随之而来的是北方少数民族的再次割据分裂。苻坚三十年励精图治创造的辉煌前秦烟消云散，等待他的是一步步走向身死国灭的凄惨结局。

第九章

北方纷乱

后燕立国

经历了淝水大败之后的苻坚，辗转回到长安，几十万大军灰飞烟灭，再加上前秦顶梁柱苻融阵亡，几个月前还是一代雄主的苻坚，此时无论是身体还是意志都已经垮掉了。可是，苻坚这一战败，好容易统一起来的北方又陷入了混乱，各地不臣之心也昭然若揭。

见到这样的状况，慕容垂跑来找苻坚了，他来的目的是请求苻坚让他出镇河北，以压制河北等地蠢蠢欲动的地方武装。当然，慕容垂的小心思可不仅仅是这样，作为慕容鲜卑的首领人物，恢复慕容燕国才是他此行的真正用意。只是苻坚几乎没有察觉到慕容垂的心思，竟然答应让他去河北。

羌族大臣权翼听说此事之后，立即跑来见苻坚，想让他拦住慕容垂。他说："王师新败，四方皆有反叛之心，当下之计应该是将四方将领召回长安，巩固根本，怎么能让慕容垂离开长安，出镇河北，这不是放虎归山吗？"苻坚觉得权翼说得有道理，但是他却以"匹夫尚不食言，我身为万圣之尊就更不能出尔反尔"的理由拒绝了。权翼一听苻坚这样答复自己，仰天长叹："关东之乱，从此开始了。"

慕容垂这边带领人马向北而来，走到河南安阳，遇到了镇守此地的苻坚庶长子苻丕。慕容垂的手下建议慕容垂杀了苻丕自立，苻丕的手下也建议苻丕杀了慕容垂以解决隐患。结果双方竟然都没有下手，正在僵持之时，有消息来了，敕勒反了。造反的这一部敕勒人首领叫翟斌，他们本来生活在西域的大月氏（zhī）一带，后来向东迁徙至蒙古草原。前秦统一北方之后，又将他们从草原迁至河南渑池，如今这些敕勒人看到苻坚打了败仗，就想重回草原，怎么才能回去呢?只有造反。

按理来说这些敕勒人其实翻不起多大的浪，可苻坚自淝水大败之后，心里是十分恐慌，派别人去也不放心，干脆就让慕容垂带着苻丕的兵去平定敕勒人的叛乱，毕竟只有慕容垂在淝水战后是全身而退的。慕容垂在安阳正为募兵的事情发愁，一看苻坚令他接管苻丕的兵，心里乐开了花。然而，苻丕也有自己的算盘，慕容垂祖业在邺城，如果让他回到邺城，那是比较难办，但现在让他去河南平叛，正好一石二鸟，让慕容鲜卑与敕勒人打个两败俱伤。

苻丕在心里拨弄着自己的算盘珠子，分了两千老弱残兵给慕容垂去渑池。慕容垂这边呢，他才不急着去渑池，而是拼了命往邺城跑，他要去干什么?祭祖。在慕容垂心里，这一仗是他复国的关键之战，这一仗胜了，那么燕国复国就有望了。因此，他要去邺城祭祖，祈求慕容氏的先人们保佑他复国成功。慕容垂到了邺城祖庙，守门的人却把他拦住了。慕容垂见大摇大摆地进去不行，便乔装打扮想混进去，结果仍然被守门的看出来了。无奈之下，他只能手起刀落，杀了守门人，才进入祖庙烧香磕头，一番祭拜之后，他从邺城赶往渑池。

慕容垂在从邺城到渑池的路上还做了一件事情，那就是募兵。奉旨讨贼，两千人马怎么够，苻丕又不愿多发兵，那就只能自行募兵了。但是，慕容垂募兵却只招鲜卑人，这些被氐人压制许久的鲜卑人一看，自己的首领在募兵，纷纷前来效力，很快就组成了一支八千人的劲旅。

除了苻丕给的两千老弱残兵，前秦还派了一支一千人的军队前来助阵，主将是苻飞龙。到了出征之时，慕容垂进行了一番排兵布阵，他说翟斌凶悍，为了不打草惊蛇，他建议大军昼伏夜行，以他的儿子慕容宝为前锋，苻飞龙和两千秦军居中，自己率后军断后。苻飞龙听了慕容垂的安排，觉得可行，于是，大军就这么出发了。慕容垂则暗示儿子慕容宝，一切听他击鼓行事。

这一万多秦军正朝着渑池方向进发，前面是慕容宝，中间是苻飞龙，后面是慕容垂。行进之间，突然慕容垂的后军鼓声大作，苻飞龙还以为慕容垂的后军遭遇了埋伏，正在进退无措之时，只见慕容宝带兵朝着他的中军杀来，苻飞龙这才明白，自己中了慕容垂的奸计。这三千氏人哪里是八千鲜卑人的对手，慕容宝三下五除二就把苻飞龙和他的三千氏族将士全解决了。

慕容垂反了，关中、关东以及辽东的鲜卑人也都坐不住了。这其中，慕容垂的侄子慕容凤成了第一个起兵响应他的人。慕容凤是慕容垂的弟弟慕容桓的儿子，前燕灭国时，慕容桓在逃往辽东的路上被前秦军杀了。慕容凤到了关中之后，整日舞刀弄枪，到处结交豪杰义士，并且立下了报仇雪恨的誓愿。苻坚得知后，非但没有杀他，还认为他是个可造之才，将来可为国家所用，这下可好，成了国家大患。

慕容凤并没有直接去投奔他伯父慕容垂，而是拉了一批豪杰义士与鲜卑故人，以及段氏鲜卑去渑池投靠翟斌。翟斌一看："我敕勒人从来没被其他民族瞧得起过，现在竟然有鲜卑人来投靠。"于是他高兴地接纳了慕容凤。苻坚那边听说慕容凤反了，连忙派大将毛当前来平叛。毛当在淝水战前也算前秦的一号人物，曾经打到了东晋的建康附近，搅得东晋君臣寝食难安。如今，派毛当去平叛，苻坚认为应该手到擒来了。

可是，令苻坚没想到的是，毛当的大军刚到渑池，就遭遇了慕容凤和他的鲜卑大军，双方这一开打，这帮鲜卑人竟个个猛如虎狼，再加上敕勒人在侧翼相助，毛当和他的前秦军被打得落花流水，大败而逃。毛当这边见势不妙跟着逃跑，结果被慕容凤拍马赶上，只一刀便当场殒命。

毛当一死，河南算是彻底脱离了前秦的掌控。慕容垂带着人马在河南游移，慕容凤和翟斌也在河南、山西一带纵横。镇守安阳的苻丕一看这局势，赶紧跑去邺城坐镇，万不能让这群姓慕容的进驻邺城称帝，与前秦分庭抗礼。而邺城里，此时还有几个姓慕容的人在，苻丕要是脑子清楚一点，就该杀了这些人，可他竟然放任他们不管。

那么在邺城里的这些姓慕容的都是谁呢？他们是慕容垂的儿子慕容农，侄子慕容楷和慕容绍。要说这三位，那还真不是一般人，尤其是慕容绍，他竟然凭着自己一人的力量，逃出邺城，去到蒲池，弄到了三百匹战马。有了这些战马，慕容绍竟然拉起一支人马，跑到河北南部的列人城，会合慕容农与慕容楷带出来的鲜卑部曲，扯旗造反了。

符丕这边还在邺城喝酒，酒酣耳热了才想起来，还有三个姓慕容的家伙在邺城，便派人去找他们来陪自己喝酒。这帮人去了才知道，这三个姓慕容的早就跑没影了。符丕这才反应过来，忙派出兵马到邺城之外去找，找来找去也没找到，过了好些时候才得知一个消息，这哥仨已经割据列人城，造反了。

很快，慕容凤与翟斌就在河南与慕容垂会合，慕容垂自称燕王，拜大将军、大都督，设立百官，于是，一个完整建制的燕国朝廷出现了。而慕容垂要恢复燕国，就必须占有燕国的都城——邺城。于是，他集结二十万大军，声势浩荡地杀奔邺城。

邺城守将符丕对于慕容垂的二十万大军似乎完全没有概念，这位糊里糊涂的王爷此刻还想着如何去对付割据列人城的慕容农。他派将军石越率领一万人马进攻列人城，务必把这些逃出邺城的家伙一网打尽。别看慕容农只有三百匹马，但他在列人城的这段时间，与匈奴、鲜卑各部搞好了关系，也组织起一支上万人的军队，他根本不惧石越的这一万人马。

石越这人用兵有一个特点，就是讲求兵贵神速，他从邺城飞奔而来，人马都已经精疲力竭。慕容农也不等他来到城下，竟然组织了一支军队从列人城中杀出，迎头给石越这支急行军来了一记当头棒。石越虽然作战勇猛，怎奈手下兵士一个个连刀都抡不起来了，这仗还如何能打？只能往后撤退。

慕容农见石越撤了，也不追击，让他在自己的眼皮子底下安营扎寨。手下人很不解，此时正是应该乘胜追击杀他个片甲不留才对，怎么反而让他扎下营来？慕容农有自己的考虑，首先他的兵是临时招募来的，没有临阵的经验，心中多少有些怯战。其次，他这次出击本来就是为了挫石越军队的锐气，现在目的达到了，石越只要安营，就说明他已经锐气不足了。

等到当天夜里，慕容农从军中挑选了四百勇士，组成了一支敢死队，并由他亲自带领这支敢死队前去劫营。石越军白天跑了一路，本就人困马乏，加上被慕容农打败，士气衰颓。到了夜里，一个个睡得如死猪一般，就连守卫也是眼皮子打架，毫无警觉。于是，慕容农和他的四百勇士如入无人之境，一路摸到石越军寨的大门口，他们砍断栅栏，一拥而上。石越大军顿时乱作一团，已然无力回天了。

兵士们慌不择路，作为主帅的石越却死战不退，这位曾经在襄阳之战中立过首功的将军，却不想在这列人城外，被这帮鲜卑人乱刃分尸了。慕容农见石越战死，大喜过望，忙命人将石越的人头送去献给自己的父王慕容垂。石越一死，前秦国内还忠于苻坚的能战之将屈指可数，氐族军队那天下无敌的神话已被打破，北方各族纷纷揭竿而起，曾经不可一世的前秦帝国濒临崩溃。

太元九年（384 年）一月，慕容垂等不及拿下邺城就称帝了，他不仅国号大燕，连年号也叫大燕，慕容宝被立为太子，后燕政权就此建立。

前秦分崩

慕容垂一称帝，各路鲜卑大军纷纷响应，河南、河北、山西甚至辽东的鲜卑、匈奴、敕勒人都听从后燕的号令，开始围攻邺城。苻丕这个糊涂蛋此时才慌了神，石越战死，他手下无将可用，只好派了个叫姜让的人去当说客，想让慕容垂罢兵。慕容垂那边已经箭在弦上了，苻丕却还在做着白日梦。

这姜让倒是个忠臣，跑到慕容垂的大帐里，一通胡诌海侃，除了揭慕容垂的老底，还不忘震慑慕容垂，说："将军已七十高龄，自作孽不可活，与其将来悬首级于旗下，不如知错就改，我家主上还可饶你性命。"

慕容垂当时不过五十出头，姜让这话分明就是在骂慕容垂是个老不死的贼。慕容垂见到姜让这么个说客，真是又好气又好笑，气的是他骂自己，笑的是他竟然还敢来。一干鲜卑将领认为姜让太过侮辱他们的皇帝，纷纷要求杀了姜让，慕容垂沉吟半晌，想着苻丕毕竟是苻坚的儿子，而苻坚对自己也算有恩，便放了姜让。他让姜让回去转告长乐公（苻丕），他不会伤害苻丕，占领邺城后，他会将苻丕安全送回长安。

慕容垂送走苻丕的说客，毫不客气地向邺城发起了进攻。别看苻丕做事糊里糊涂，打起仗来还真不含糊，尤其是守城战，打得有模有样。慕容垂在城外攻了几个月，一点进展都没有。不仅如此，邺城周围的东胡首领王晏竟然还要派兵来增援邺城，帮助苻丕守城。

慕容垂本想分兵去迎击王晏，却被侄子慕容楷拦住了。慕容楷是慕容恪的儿子，凭借太原王的威名，在燕国也算是数一数二的人物。他亲自带了几百号人跑去见王晏，一通威逼利诱，竟把这个东胡首领争取到了自己的阵营里。苻丕眼巴巴等着王晏的援军，没想到援军成了敌军，只能气得干瞪眼。

慕容垂在河南河北这一闹，位于陕西甘肃一带的慕容家人也坐不住了。北地长史慕容泓头一个跳了出来，他也反了。慕容泓造反主要的原因不是苻坚，而是慕容垂。这慕容泓是前燕皇帝慕容暐的弟弟，慕容俊的儿子，慕容垂称帝的做法气得他怒火中烧。燕国的皇帝怎么也该是自己哥哥慕容暐，什么时候轮到慕容垂了？既然如此，自己作为前燕皇子，自然要与慕容垂分庭抗礼，于是，他自称都督陕西诸军事、大将军、雍州牧、济北王，还给慕容垂去了一封诏书，封慕容垂为丞相。历史上称慕容泓建立的这个政权为"西燕"。

慕容泓造反对于苻坚来说，无疑是雪上加霜，然而还有令苻坚更痛心疾首的事情，那就是平阳太守慕容冲反了。其他人反了，苻坚只是生气，他想自己以德服人，以礼待人，怎么就感化不了他们呢？而慕容冲反了，苻坚却心痛到极点，因为这一次他遭遇的，是爱人的背叛。

慕容冲，字凤皇，小名凤凰儿，也是前燕皇帝慕容暐的弟弟，此人九岁便被封为前燕的大司马，是慕容俊的儿子当中长得最漂亮的一个。如果要给中国古代的美男子排个序，慕容冲至少能进前三。因此，当前燕灭国的时候，慕容冲和他姐姐都站在俘虏堆里，等着被重新分配，他无论如何也没想到，作为一个男孩，他竟和姐姐一起，被分配到了符坚的后宫。

于是，十四岁的清河公主与十二岁的慕容冲成了前秦天王符坚的专宠对象。在很长一段时间里，慕容姐弟可谓宠冠后宫，让长安皇宫里的女人们恨得牙根都要咬碎了，还做了一支歌："一雌复一雄，双飞入紫宫！"符坚不仅在感情上倾心投入，在物质上更是要什么给什么，给他们盖别苑，赠他们各种金银珠宝，玉带锦袍。总之，这两姐弟在当时就是符坚心尖尖上的人儿。

在符坚这里是爱情，可在慕容冲心里，这可是莫大的屈辱，从前燕的大司马到前秦的变童，这落差搁谁也难以忍受。可是这位凤凰儿为了活命，只能委曲求全，从了符坚，他的内心也开始变得扭曲。后来符坚在王猛的劝导之下，将慕容冲送去阿房宫居住，只留清河公主在皇宫内。等到慕容冲长大成人后，符坚便让他做了平阳太守。要说这慕容冲不愧为那时的"顶流"，一出长安，马上后面一群男女粉丝追随，边依依不舍地瞭望边唱："凤凰凤凰止阿房。"

慕容冲一边做着平阳太守，一边还想着如何找符坚报仇。他见叔叔慕容垂和哥哥慕容泓纷纷起兵造反，他也一不做二不休，跟着反了。符坚在长安得知慕容冲造反的消息，伤痛之情溢于言表，别人无非普通君臣，可凤凰儿是他枕边人，以前的恩爱都不作数了？符坚深受打击，整个人彻底崩溃了。

悲痛归悲痛，慕容冲造反这件事符坚不能坐视不管，于是，他派左将军窦冲率军两万去征讨慕容冲。慕容冲十二岁入宫，等到成年之后才离开符坚来到平阳，虽说慕容家打小也是学了些武艺，但是打仗这种事情也不能靠一己之勇。从来没打过仗的慕容冲当然不可能是窦冲这种百战名将的对手，窦冲到了山西，只一仗就打败了慕容冲。这小凤凰打仗的本事不行，逃跑倒是很有一套，他见山西待不了，干脆去陕西投奔他哥哥慕容泓。

慕容泓此刻已占据华阴，正准备向长安进发。苻坚也派自己的儿子巨鹿公苻睿和龙骧将军姚苌领兵五万前来进攻慕容泓。慕容泓别看扯旗造反挺起劲，真的见到前秦大军来了，立马就怂了，准备放弃华阴去投奔叔叔慕容垂。谁知他这边还没开拔，那边苻睿的五万大军就将华阴围了个水泄不通。跑是跑不了了，那就只能硬着头皮开打，好在这帮鲜卑人刚刚造反，斗志倒是挺高昂的，于是，慕容泓开了个誓师大会，大意就是必须杀出一条血路来，才有机会去找慕容垂。

慕容泓经过一番部署，给苻睿下好了套，等着他往里钻。而苻睿果然是个打仗不怎么用脑子的，非要和慕容泓正面硬抗。姚苌在一旁拦也拦不住，只好跟在苻睿后面好做接应。苻睿的五万人马在华阴刚摆开阵势，慕容泓就带着鲜卑人马从华阴城里杀出，鲜卑人如今已经没有退路，只能拼死一战，每个人都拿出了拼命的架势来打苻睿的氐族军。

苻睿压根没想到鲜卑人如此勇猛，他这边刚摆好阵脚，就被鲜卑军冲散了，要想再组织起来谈何容易，于是被鲜卑军各个击破，苻睿也只好带着残兵后撤。他一后撤，正好落入了慕容泓给他设下的"口袋"，鲜卑军从四面将苻睿和他的残兵包围了，苻睿当场战死。

姚苌一看苻睿战死，赶紧给苻坚上表汇报，还附带自己的一份深刻检讨，让自己的手下赵都、姜协送往长安。哪知苻坚听说儿子死了，气得暴跳如雷，不仅将赵都、姜协斩首示众，还扬言要治姚苌的罪。姚苌心里十分不忿，苻睿自己找死，苻坚现在反赖到他头上，是何道理?不过现在也管不了那么多了，保命要紧，于是姚苌脚底抹油，跑回了天水一带，煽动羌族豪强竖起"万年秦王"的大旗，迅速招拢五万羌族部曲，他也反了。

姚苌带着他的几万人马，在渭北一带杀得有模有样。不过姚苌这人人品实在不怎么样，他攻打城池时，经常是好话说尽，哄得人家开城投降，结果城门一开，他便将城内老幼尽数坑杀。因此，姚苌在历史上的无耻残暴也是出了名的。

符睿死了，姚苌反了，符坚的前秦帝国已经摇摇欲坠。慕容泓更是一不做二不休地做起了西燕皇帝，和他兄弟慕容冲一道从华阴向长安开了过来。可是，慕容泓的大军走到半道，也不知道慕容泓的气性怎么那么大，手下人稍有不慎，就会被他责打，甚至枉杀，这样一来，鲜卑军竟然发生了哗变，慕容泓的皇帝瘾都没过足，就成了刀下之鬼。鲜卑军推举慕容冲为首领，继续开向长安。

就在鲜卑军朝着长安开来的时候，符坚却领着两万人马向西而去，他要去打姚苌。符坚这时已经彻底气糊涂了："鲜卑反，你也跟着反，还'万年秦王'？我要你半年也过不下去！"姚苌听说符坚亲自来了，心里有些愧疚，领兵迎战，却屡战屡败，后来找了个地儿扎营，却没想到那地方没水。符坚心里这才舒服点儿，心说："姚苌，我看你能蹦跶到什么时候，别说打仗，就眼下这没水的地儿，渴也渴死你。"哪知道突然天降大雨，满地积水，姚苌的后秦军顿时士气大振，倒霉到家的符坚也只能长叹道："老天也保佑贼吗？"内心正在挣扎，忽听探报："西燕慕容冲大军已到长安附近。"

符坚和他曾经的相好慕容冲在长安附近打得不可开交。都说爱情的力量是伟大的，虽说慕容冲不这样认为，但符坚却仍是相信两人之间的爱情的，因此他对着他这位旧情人大喊："凤凰儿，你难道忘了昔日的遗袍之恩了吗？"

这句话正戳慕容冲的痛点，想当年王猛让符坚将慕容冲迁往阿房宫居住，符坚怕他遭王猛杀害，所以将自己的袍子让慕容冲穿上，这样一来便没人敢再动他了。在符坚看来，这是爱意的表达，在慕容冲那里，却是多年耻辱的总和。符坚在长安城头望着慕容冲老泪纵横，慕容冲对符坚却是不屑一顾，他带着兵朝着长安城一通猛攻。

符坚这个时候已经是强弩之末，兵越打越少，现在连粮也断了。最后他一琢磨，不可困死于长安，便与老婆儿子几人，领军往岐山东北的五将山逃去，只留下太子符宏守长安。符宏如何守得住？符坚前脚一走，他后脚便带上母亲老婆，弃长安逃往甘肃下辨。

苻宏一走，慕容冲毫不客气，立刻兵入长安。这凤凰儿一入长安城，完全没有当年长安百姓待他那般温柔，而是纵兵大掠，连杀带烧，长安城内死尸累累。待折腾够了，慕容冲开始夜夜笙歌，在长安城中做起了土财主，根本不再提灭前秦的事儿。

谢玄北伐

就在苻坚众叛亲离的时候，南方的东晋也坐不住了，那位在淝水之战立下大功的谢玄此时也要来分一杯羹，因此带着他的北府兵向山东开了过来。

北方的局势已然是一团乱，谢玄正是要趁着这股子乱劲儿，实现从祖逖到殷浩再到桓温都未能实现的北定中原的理想。因此，他以胜利之师北伐，想的是王师所至，所向披靡，百姓箪食壶浆以迎。可惜，事情并不像谢玄想象的那样美好。

谢玄先是令刘牢之率兵进攻兖州，北府兵确实要比东晋的正规军战斗力强上千百倍，只一个月的时间，刘牢之就顺利拿下了前秦兖州治所鄄（juàn）城。接着，北府兵继续向北推进，又一个月拿下了青州，将整个山东尽收囊中。

山东既定，北府兵很快就进入了河南，并迅速占领了河南重镇黎阳（今河南浚县），而从黎阳到邺城可谓近在咫尺了。邺城之下，慕容垂与苻丕还在对峙，北府兵的到来，对于苻丕与慕容垂都是一个棘手的问题。困守孤城的苻丕陷入沉思："慕容垂是敌人，谢玄也是敌人，如今他们全来了，我该怎么办？"

面对鲜卑大军，苻丕毫无办法，只能困兽犹斗，迟早玩完，到时候苻丕是死是活还未可知。对于谢玄而言，他的目的是北定中原，所以无论是氐人还是鲜卑人，他都不会放过，何不让谢玄和慕容垂先干上一仗，解了眼前的燃眉之急再说。于是，苻丕经过一夜的思考，还真琢磨出了一计。

符丕给谢玄写了一封信，信的大意是找谢玄要粮食来换邺城，但是符丕耍了个诡计，那就是要等长安的消息，如果长安还在前秦手里，他就献城退往长安，倘若长安不在前秦手里了，他便替东晋守邺城。信写完了，符丕找来参军焦逮，让他去送给北府兵。

焦逮把信展开一看就懵了，这样的要求谢玄能答应吗？于是，他找来自己的好朋友姜让，就是之前去骂慕容垂的那位，姜让看信后没说话，就又带着信去找到了符丕的大舅哥杨膺。杨膺一看信，立即判断出谢玄绝不会答应符丕的要求，他与姜让一合计，竟然篡改了信的内容："请您给我粮草，外加救兵，如救兵一来，我必投晋南归。"

焦逮带着这封篡改之后的信去到北府兵兵营。谢玄见信之后大喜过望，大手一挥，立即让刘牢之率军两万往邺城送去两千斛粮食。刘牢之一切准备妥当，率军往邺城而来，走到半路，忽闻邺城发生惊变。

原来，姜让、杨膺修改了信件，自以为晋军必至，性命可保，便高高兴兴逍遥起来。哪知道这二位口风不严，竟将擅自修改书信之事泄露，被人告发给符丕。符丕大怒，这个死心眼加慢三拍此时真不含糊，一声令下，竟将杨、姜二人斩首。刘牢之听说此事，顿觉不妙，便按兵不动，再不往前。邺城之下，刘牢之、慕容垂、符丕形成了三足鼎立的胶着之势。

慕容垂的目的很明确，进邺城当皇帝；符丕的目的也很明确，死也要守住邺城；刘牢之的目的虽然有所变化，但终极目的还是要收复中原。四川有句俗语，"下雨天打孩子——闲着也是闲着"。刘牢之也是这样的想法，打谁不是打啊？于是，他带着兵马就去进攻后燕黎阳太守刘抚了。

刘抚本身名不见经传，哪里是刘牢之和北府兵的对手？情急之下，他便派人去向慕容垂请求救援。慕容垂刚刚建立后燕，原本想着拿下邺城安安稳稳做皇帝，没想到谢玄会跑来横插一杠。符丕已是笼中之鸟，插翅也难飞了，不如就让他再多活几天，先把东晋这"搅屎棍"收拾了再说。慕容垂留下慕容农继续围困邺城，自己则亲率后燕精锐来救刘抚。就这样，北府兵与后燕军展开了一场殊死较量。

一个是淝水之战的新锐，一个是开国之军，针尖对麦芒，谁也不服谁，两军在黎阳附近大战一场，刘牢之督军死战不退，慕容垂挥师全力以赴，两边杀得天昏地暗，竟打成平手。要说这刘牢之与慕容垂倒也是棋逢对手，难解难分，可是这么打下去，最后的结局必然是两败俱伤。于是，两人一琢磨，不能再打了，多少给自己留点家底儿，毕竟以后要打仗的日子还长，竟不约而同地先后撤军了。

晋燕双方虽然都撤了军，可刘牢之与慕容垂这两位主帅的心里多少都有些不痛快。刘牢之是北伐受阻，气不顺；慕容垂是刚建国就打了这么一场窝囊仗，面子上挂不住。不行，还得继续打。太元十年（385年）四月，刘牢之主动率军逼近邺城，来寻慕容垂的晦气。慕容垂见刘牢之又来了，他也毫不客气，竟然动用了自己的全部兵马，要在邺城之下与北府兵来一个了断。后燕军与北府兵的第二次交手开始了。

如果说上一次晋燕两军还是遭遇战，这一次双方可真是摆开了阵势对砍，两军这通对战，打得是天昏地暗，日月无光，人头滚滚，血流成河。一场大战下来，慕容垂服软了，不仅服软，还将围困了好几个月的邺城之围都给撤了，鲜卑大军来了个脚底抹油，掉头开溜。按说，后燕军撤了，刘牢之此时进入邺城几乎是兵不血刃的事。可是他没有这么做，而是想一鼓作气灭了慕容垂。北府兵全军追击，把在邺城城头看热闹的苻丕高兴坏了，竟然也整顿兵马，出城追击后燕军。

就这样，后燕军在前面跑，北府兵在后面追，前秦军又跟着北府兵的屁股跑，三支军队你追我赶，不亦乐乎。一连跑了好几天，慕容垂实在窝火，索性停下来，对手下人说不跑了。

不跑了？那就打吧。慕容垂不愧是名将，被刘牢之和苻丕逼急了，愣是想出了一条破敌之计。慕容垂下令，全军回转，做好战斗准备；又命后勤部队押运粮草辎重在后面引诱北府兵上钩。刘牢之领着北府兵马不停蹄地疾驰了两百里，眼看离后燕军越来越近，心里正美，又看见后燕军推着大车、赶着驴马、押着辎重，在前面异常辛苦地逃。刘牢之乐了："对方的辎重部队就在眼前，弟兄们，杀啊！"

北府兵呐喊着狂追而至，押送辎重的后燕军见势不妙，丢下辎重就逃，这一应用度之物全都扔给了北府兵。北府兵追了一路，又饥又渴，一瞧辎重满地，有金银有吃喝，毫不客气，争吃争喝争夺金银，队伍瞬间大乱。刘牢之一看不好，便要命令全军整队，可惜为时已晚。只听一声呐喊，后燕军伏兵四出，北府兵只顾争夺物件，被杀了个措手不及，损失惨重，数千人横卧疆场。刘牢之大败而归，后燕军在后紧追不舍，幸亏苻丕的人马随后赶来，方才救了刘牢之一命。

经此一败，河北局势又一次陷入三足鼎立的胶着状态。只不过苻丕刚回到邺城，就有一个噩耗传来，前秦天王苻坚被后秦姚苌绞死了。可怜苻坚一代雄杰，最终败给了自己的勃勃野心与妇人之仁，落得个身死国灭的下场。苻丕闻讯后大哭一场，转天便在邺城登基，即皇帝位，成为只有一座孤城的前秦皇帝。而刘牢之因打了败仗被召回建康治罪，只剩谢玄还在河北苦苦支撑。

凉州分裂

就在中原地区前秦、后燕、东晋三方打得不亦乐乎的时候，西北地区也乱成了一锅粥。此时的长安，慕容冲正做着西燕皇帝，夜夜笙歌；而后秦姚苌杀了苻坚之后占据了新平（今陕西彬县），这两位在关中展开了一场拉锯战。在甘肃，鲜卑人乞伏国仁占据勇士城，自称大都督、大将军、单于，下设宰相，建立了西秦政权。此外，那位出征西域的前秦悍将吕光竟也带着他的十万大军东归了。

　　吕光在龟兹待了三年，俨然成了西域共主。按说他在龟兹好吃好喝好安乐，又在鸠摩罗什的引导下信了佛教，就在西域待下去也没什么不好的。然而，他的佛学导师鸠摩罗什却一个劲儿地劝他离开龟兹东归，并且告诉他："此地乃凶亡之所，不可久留，将军应东归，中途自有福地。"

　　于是，吕光便听从了鸠摩罗什的建议，收拾东西准备东归。吕光这一次西征，那可是发了一笔横财。在他东归的队伍里，有一支由两万头骆驼组成的驼队，每头骆驼都载满了奇珍异宝。不仅如此，他还顺带牵走了上万匹西域好马。这十万西征大军个个脑满肠肥，从新疆一路走到甘肃宜禾（今甘肃瓜州县）。在这里，他们被凉州刺史梁熙拦住了。

　　梁熙拦住吕光干什么？原来这老兄也想趁着前秦大乱，自己关起门来做皇帝，可偏偏在这个节骨眼上，吕光带着十万大军回来了。梁熙心里憋着火气，眼看着自己就要称帝，半路却出现了吕光这尊煞神，不把他挡在玉门关外，自己别想登基坐殿。

　　梁熙这边急得跟热锅上的蚂蚁一般，吕光那边却还在享受从西域带回来的胜利果实，他就在瓜州城外安营扎寨，决定看看这梁熙如何表演。梁熙这人不仅实力不行，还是个二杆子。他的手下有人建议他立正流放在凉州的苻洛为帝，这样一来便可以用前秦这杆大旗去招拢前秦旧部，尤其是吕光这十万西征军。有了吕光的十万大军，什么后秦、西燕通通不在话下，到时进入中原也未可知。可惜，梁熙这二杆子对这个建议不仅没有采纳，反而派人去把苻洛宰了。他的想法很简单，就是必须自己登基做皇帝。要立其他人？没门儿！

　　凉州不少郡县的太守看到梁熙这个举动，就知道此人没什么前途，便纷纷投靠了吕光，甘肃的杂胡见当官的都归顺了吕光，也跟着归降了。一时间，吕光实力大涨，他迅速进兵姑臧灭了梁熙，自称凉州刺史，在凉州建立起了后凉政权。从此，凉州被一分为二，北边是吕光建立的后凉，南边是乞伏国仁建立的西秦，双方就这么面对面地僵持着，彼此都怕自己被对方吃掉，但谁都不敢动手，倒也相安无事。

他俩在甘肃相安无事，在陕西的姚苌和慕容冲却打起来了。原来这慕容凤皇除了夜夜笙歌之外，也担心姚苌会兵进长安来打自己，怎么办呢？不如先发制人。慕容冲派手下大将高孟率军五万去新平主动进攻姚苌。要说西燕这伙人打符坚这个倒霉蛋还行，要打身经百战的姚苌，还真不是对手，他们被姚苌打了个全军覆没不说，连主将高孟也投降了。小凤凰这一回算是把脸扔到了地上，捡都捡不起来。西燕群臣连同军队集体向慕容冲发难，大家一致的意见是："既然打不赢后秦，索性离开关中，去投奔慕容垂。"

这本来是慕容泓在华阴之战时就给他们想好的退路，没想到小凤凰凭着自己的一腔怨气，竟然把符坚从长安赶走了。可是长安是什么地方，人人垂涎三尺的都城，什么姚苌、乞伏国仁、吕光都在西边盯着呢，随时有可能兵临城下。慕容冲本就没多少领导才能，又打了这么一场败仗，可不就是说什么的都有了。再加上这慕容冲还没过够皇帝的瘾，怎么可能想去投慕容垂？他死活不愿意离开长安。

慕容冲不想走，也难不住西燕这帮人，他们本来就骄横无比、目空一切，见慕容冲只想享乐，不愿东归，一群人一商量，便采取了昔日对付慕容泓的办法，杀了慕容冲，立他手下的将军段随为傀儡王。慕容冲寻符坚报凌辱之仇，符坚亦因慕容冲而死，仇报完了，凤凰便真的涅槃了，真是冥冥中自有定数。

段随这个傀儡王没当几天，西燕这帮人就闹起来了："燕国乃我慕容氏之燕国，岂能容他姓段的称王？"于是，西燕慕容氏后裔慕容永等人再次发难，杀了段随，随后又是一阵自相残杀，最终又拥立西燕开国君主慕容泓之子慕容忠为帝，以慕容永为宰相，率领四十多万鲜卑人弃了长安，往东而去，要归故国。

西燕这伙人一走，姚苌便顺顺当当地进入长安城，踏踏实实地做上了后秦皇帝。姚苌这人，脸皮之厚，天下难寻。当了皇帝高兴，他就摆酒，喝着喝着，有点高了，就指着下面这些昔日的前秦大臣说："你们昔日与我在前秦同殿称臣，此时却又做了我的大臣，你们自己说，是不是很无耻？"一个大臣站起笑道："陛下做了天子，老天的儿子，老天尚且不以陛下为耻，我们又怎会以当陛下的大臣为耻呢？"这话回答得相当艺术。

可惜，姚苌在长安的日子并不好过，苻坚的侄子苻登在陇右一带继续打着前秦的大旗跟姚苌的后秦死磕。甘肃这一带本就已经有后凉、西秦和后秦三个政权了，哪里还有地盘给苻登发展呢？别说，还真就有这么一块氐人的根据地，此地在前面已经出现了不止一次，那就是枹罕城。在这枹罕城里竟然还有许多的氐族部众，这些氐人由于实力有限，又惧怕姚苌的后秦军，因此要找一个能征善战的勇将来带领自己守卫家园，他们打着灯笼到处找附近的苻氏后裔，最终找到了狄道长苻登。

今天甘肃省的临洮县，古称狄道。狄道长，就是负责这个地方事务的长官，也就是狄道县县长。一个小小的县长竟自立为陇右指挥官，这让邺城里的前秦皇帝苻丕相当不满。可事到如今，又能怎么办？苻丕只得顺水推舟，承认了苻登的地位，从此苻登称秦征西大将军，开府仪同三司，南安王，都督陇右诸军事，抚军大将军，雍、河二州牧，并且拥兵数万，兵锋直指姚苌，要为苻坚报仇。

姚苌在长安屁股还没坐热，突然他旁边就冒出了个苻登，不仅如此，这苻登还扬言要为苻坚报仇，带着兵马就往秦州而来。秦州守将姚硕德，这位是姚苌的弟弟，眼见自己顶不住了，赶紧派人去长安向姚苌求救。姚苌刚刚称帝，正要立威，没想到苻登就打上门来了，这哪坐得住，亲自领着兵就来救秦州。苻登见姚苌亲自来了，心中大喜，发动猛攻，打得姚苌抱鞍吐血，损失两万人马不说，自己还中了一箭，败逃上邽。

从此，苻姚大战正式拉开序幕，而苻登也成了姚苌后半辈子的噩梦，他与他的帝国被这人搅得鸡犬不宁。西北的局势先按下不表，此时的北方，一个新兴的政权正在崛起，它的到来，将为乱世开创一个新的时代。

北魏崛起

当年前秦三十万大军在匈奴人刘卫辰的引路之下，灭了拓跋什翼犍重新建立的代国。代国虽然被灭，但拓跋氏的后裔却在自己母族的庇护下，迅速成长起来，这其中就有拓跋什翼犍的孙子，拓跋珪。

代国灭亡之后，地盘被两个姓刘的匈奴人瓜分了，一个是刘卫辰，一个是刘库仁。而这位刘库仁，他的母亲是拓跋鲜卑的公主，他自己也是拓跋鲜卑的上门女婿，因此，孩提时的拓跋珪便被寄养在刘库仁处。别看刘卫辰与刘库仁都是匈奴人，两人为了争夺地盘也照样打得你死我活。不过，可能刘卫辰天生就是挨打的命，拓跋什翼犍在的时候，他被拓跋什翼犍打得到处跑，如今他又被刘库仁打得到处跑，再也不敢染指河东之地。

苻丕困守邺城到处求援，也求到了刘库仁的帐下，刘库仁感念当年苻坚的恩情，领兵去救援邺城，可惜走到半路出了事儿。他手下有个将领叫作慕舆文，是鲜卑慕容氏的后裔。前燕灭国之后，慕舆文没能分配到长安，而是被分配到了刘库仁的手下。如今，慕容垂称帝建立后燕，慕舆文就有了回归燕国的心思。于是，他趁刘库仁出兵之际，率领部下突然发难，杀了刘库仁，投奔慕容垂。

刘库仁一死，河东顿时陷入一片混乱之中，先是刘库仁的儿子刘显杀了自己的叔叔刘眷自立，后又是河东内部各种自相残杀。十三岁的拓跋珪也趁着河东内乱，逃出河东之地，跑去敕勒的贺兰部找到他舅舅贺讷。一年之后，十四岁的拓跋珪在贺讷的帮助下，称王建国了，只不过这一次，他没有称代王，而是称魏王。由此，北魏政权就这么赫然出现在了历史的长卷上。

称王之后的拓跋珪除了要召集昔日的代国旧部，还要带领族人重新收复代国的土地人口。这对于一个十四岁的娃娃而言，并非易事。在与刘显的地盘争夺战中，拓跋珪并没有占到什么便宜。因此，他不得不给自己找一个强大的后盾，他把目光瞄向了同样刚刚建国称帝的慕容垂。慕容垂此时对于这个小娃娃表现出了浓厚的兴趣，他派自己的儿子慕容麟率兵协同拓跋珪作战，条件是魏国向后燕称臣。

对于称臣这个要求，拓跋珪二话不说就答应了。只是慕容垂万万没想到，多年之后，这个小娃娃不仅要了他的命，还要了后燕帝国的命，这都是后话了。此时的慕容垂根本来不及想北魏的事，他眼下连邺城都没有拿下来。而同样在邺城称帝的苻丕竟然向天下发了檄文，一连来了七八路不知名的人马聚集到苻丕麾下，要跟随他兵出平阳，定鼎陕西。

此时的苻丕也真是疯了，放着好好的邺城不守，非要去陕西找姚苌报仇，结果半道上正遇到往东去投奔慕容垂的西燕人马。西燕丞相慕容永压根不想和苻丕打仗，他们只想回河北去。可苻丕这疯子一听是姓慕容的，气就不打一处来："管你是谁，都是害我老爹丢了性命的，我见了就不会放过，今天有你没我，咱们刀枪相见。"

慕容永一看自己遇到疯子了，没办法，那就打吧。这多好，本是张三找李四打架，王五寻赵六玩命，结果阴差阳错，张三和王五在寻仇的路上动起了刀子。双方在襄陵（今山西襄汾）大打出手，西燕军本就憋着一口气，见了苻丕这疯子更是同仇敌忾："谁不让我们去投奔慕容垂，我们就让谁玩儿完。"一仗下来，苻丕和他那七八路勤王人马被打得七零八落，苻丕更是连陕西也不去了，掉头往洛阳跑。跑着跑着不知从哪里冒出来一路人马，苻丕一看，竟然是东晋军队。

原来刘牢之回江南时，曾留了一支两千人的军队守卫邺城，苻丕的军队被调往邺城外围防守，并且晋军还准备收编这支前秦军。没有邺城和军队的苻丕如何做皇帝？他竟然不顾与东晋的结盟，带着军队打退这两千晋军夺回了邺城。这样一来，谢玄的北伐算是彻底没戏了，这笔账也就记在了苻丕头上。如今苻丕在襄陵大败，转头去往河南，晋军也朝河南开了过来，在半道上截住了苻丕。苻丕还在庆幸不是燕军追了过来，谁知这些晋军也亮出了刀子，苻丕被打了个措手不及，两个儿子当了晋军的俘虏，自己则当场殒命。

符丕一死，前秦在中原地区的最后一点残存力量也消失了。而慕容永跑到山西之后，西燕这伙人又杀了他们的皇帝慕容忠，拥立慕容永为帝。称帝后的慕容永带着西燕这伙人在山西各种晃悠，就是不敢去河北投奔慕容垂。对于慕容垂而言，符丕放弃邺城，他正好可以进入邺城当皇帝。然而，慕容垂却没有把后燕的都城定在邺城，而是定在了今天河北省会石家庄附近的中山，远离了邺城这是非之地。

不久，符丕的死讯传到秦州，符登即皇帝位，史称前秦高帝。称帝后，符登卧薪尝胆，不忘复国，于军中立符坚牌位，牌位上方黄罗伞盖，下方骏马拉车，周围三百虎贲军团团护住，如其在世时一般。他训练出精锐五万，每人铠甲上都刻着"死"字和"休"字，意为视死如归。最狠的是符登的后勤理念：敌人来多少，就有多少军粮，渴了喝血，饿了吃肉。

.

符姚大战

就在姚苌被符登打得大败的同时，西燕慕容永突然挥军陕北地区，要与后秦一决高下。姚苌成了救火队员，到处扑火，他刚准备去陕北打慕容永，符登这边就派前秦将军兰椟与符纂一同领兵攻打长安。姚苌闻讯之后，马上发兵迎击，谁知前秦军走到半道却发生了内讧。符纂的弟弟符师奴要符纂攻下长安后，自立为王，不听符登号令，符纂不同意，符师奴便杀了符纂，自立为王。兰椟听说符纂被杀，便要挥军攻打符师奴，巧的是行军途中竟然撞上了慕容永的西燕军，双方一场大战，兰椟竟然不敌慕容永，被慕容永打得大败，只得向姚苌投降，条件是姚苌帮着打慕容永。

姚苌本来就是个老狐狸，现在见慕容永竟然无意中帮了自己的大忙，正高兴，他对于西燕与前秦的争斗并不怎么感兴趣，倒是那个杀兄自立的符师奴要继续进攻长安，这才是他的燃眉之急。于是，姚苌明面上同意去救兰椟，却留兰椟与慕容永互相残杀，自己则领着兵马去灭苻师奴。苻师奴一个叛变之人，手下军队本就不齐心，如果能顺利杀进长安还好控制，一旦失败必然是一哄而散。姚苌正是瞅准了这一时机，在苻师奴进军长安的途中截杀苻师奴，只一战就将苻师奴十几万人马收降大半，苻师奴只能带着残兵向东投奔后燕。

取得重大胜利的后秦军不仅士气大涨，还收降了前秦数万人马，实力大增。腾出手来的姚苌马不停蹄赶往陕北，将慕容永和兰椟逐个击破。西燕慕容永继续跑回山西一带晃悠，兰椟则兵败被擒，做了姚苌的俘虏。正当姚苌还在为自己取得如此战果沾沾自喜之时，一个坏消息突然传来——将军徐嵩反了。

徐嵩本是前秦的将领，曾经跟随苻坚一起守长安。苻坚逃出长安之后，徐嵩带着人马找了个寨子安顿，后来实在活不下去，便投降了后秦。姚苌对徐嵩可谓是礼遇有加，不仅给他送钱送粮，还把苻坚的尸骨按照天子之礼埋葬在徐嵩驻军的附近，让徐嵩为苻坚守陵。姚苌本以为这样，徐嵩就能安稳地为后秦效力，谁知苻登一崛起，徐嵩就趁着姚苌出征之际造了反。

姚苌一听徐嵩反了，怒火中烧。他可不是苻坚，一心想通过自己的仁慈来感化敌人。姚苌立即派左将军姚方成率军去进攻徐嵩，徐嵩立即向苻登求救。可惜远水解不了近火，姚方成三下五除二就把徐嵩的寨子攻破了。徐嵩被姚方成施以酷刑，斩首三次方才死去，徐嵩手下的士卒也被姚方成全部坑杀。

徐嵩的反叛虽然很快被平定，但这事却给姚苌留下了阴影。他下令将苻坚的尸首挖出，学伍子胥鞭尸楚平王，将苻坚尸首痛鞭无数下，直打得衣衫乱飞，浑身上下没一根线，之后裹上荆棘，随便刨个土坑埋了。

苻登和姚苌这回算是没完了。他以方圆大阵为法宝，打得姚苌坚守不出。苻登见姚苌当了缩头乌龟，便想出一计，打算先破姚苌的军心，再强攻其营寨。苻登的这个攻心计，乃是楚汉相争时张良的四面楚歌之计。但姚苌手下，全是羌人，苻登手下，都是氐人，总不能照葫芦画瓢，让氐人唱羌歌吧。因此苻登吩咐："围住姚苌大营，给我哭！往死里哭！"

姚苌的军队打了败仗，士气低落。苻登这边哭声一起，姚苌听得汗毛根都发怵，哭了半宿，哭得姚苌几乎崩溃。就在此时，姚苌也想到了办法。姚苌下令："各营将士，选出嗓门大的，集中起来，冲营外大哭，秦军不哭，咱也不哭，秦军若哭，尔等更当大哭，务必要把前秦军的哭声压下去。"此令一下，这下可就热闹了，苻登与姚苌那是营里营外哭成一片，上万名大老爷们立地干号，你哭你的，我哭我的，嗓门一个比一个大，个个如丧考妣，那叫一个壮观，足足哭了一夜。

天亮了，前秦军也好，后秦军也罢，人人哭得晕头涨脑，面赛桃花，苻登做梦也没想到姚苌用这一招对付自己，心说算他姚苌狠，然后让将士们别哭了，撤兵！这是十六国期间很经典的一次疯子作战。

姚苌打不赢苻登，心里着急，加上他本来就迷信，最后归结出一点，那就是苻登得了神助。这个神是谁呢？姚苌思来想去，应该是被他杀了又鞭尸的前秦天王苻坚。于是，姚苌命人在军营中塑了一尊苻坚的铜像，日日跪拜祷告，口中还念念有词，说："天王，我杀你杀错了，你不要怪我。"转念一想不对，人都被自己杀了，说这话也没什么用。他干脆把责任推给他死去的哥哥姚襄，说："天王，不是我要杀你，是我哥哥的鬼魂让我杀你的。"

姚苌就这么日日拜苻坚，拜了几个月，自己还是打败仗，他一怒之下，又将苻坚的铜像推倒，把头锯下来，派人送给苻登。苻登接到苻坚的铜头，气得七窍生烟，当即命大军出发，直扑安定（今甘肃泾川）。这一次，姚苌的激将法还真起了作用，苻登只顾发兵，粮草、辎重却被留在后方。姚苌一看机会来了，就选了一个黑夜，亲率三万骑兵，偷袭苻登后方。苻登的皇后毛氏带着为数不多的后勤部队应战，终因寡不敌众被擒。姚苌见毛氏长相艳丽，就想将其纳入后宫。怎奈毛氏贞烈，竟然搬出苻坚来骂姚苌，直戳中姚苌痛处，这位毛皇后就此香消玉殒了。

　　苻登因一时大意，不仅丢了粮草、辎重，连老婆也没了，心里郁愤难平，一定要找姚苌报杀妻之仇。于是，他广发英雄帖，召集各路前秦的残余势力，要与姚苌决一死战。然而苻登的败绩却让各路人马产生了观望的心态，甚至有人还劝他投降姚苌。姚苌也主动向苻登示好，表示只要他肯投降，一切既往不咎，可苻登依然不为所动。

　　苻登不投降，姚苌便只能与之死磕。想想姚苌戎马一生，好不容易才立国称帝，六十来岁的人了，还要天天当救火队员，不仅身体累，心理更累，因为他还得提防苻坚的鬼魂出现在他的梦里，搅得他夜不能寐。苻登广撒英雄帖的同时，姚苌也在长安附近招募自己的人马，此时，一个叫郭质的人带领一路人马投奔了苻登，而一个叫苟曜的人却反其道而行，投奔了姚苌。姚苌立即授予苟曜一个刺史的官职，并且给了他一万人马驻守渭水，拱卫长安。

　　哪知苟曜竟是个无间道。太元十六年（391年）四月，苻登突然接到苟曜的信，说："我有精兵一万，主公快来，我们共取长安。"苻登读信后，立即点齐兵马，往长安东面的马头原方向杀去。姚苌得报，有前秦军出现在马头原附近，他也领兵前来迎敌。两军一对垒，前秦军的方圆大阵威力尽显，一片矛山剑丛夹带着无数箭矢向后秦军逼来。姚苌这边刚要突破外围，便被阵内的骑兵杀退，一场鏖战下来，后秦军又是大败亏输，只得撤军。

　　姚苌这边撤军，苻登却并没有追击，而是马不停蹄赶往渭水河畔与苟曜会合。姚苌见状，心里便已猜到一定是苟曜反水了，想与苻登里应外合攻取长安。于是，姚苌下令全军掉转马头，追击苻登，只要见到前秦军就把他们的人头砍下来，不用讲什么战略战术了。苻登万没料到，刚被打败的敌人竟然杀了个回马枪，想摆方圆阵已经来不及了，全军大乱，死伤累累。苻登见势不妙，忙下令撤军，匆匆忙忙领着败军退回原路。

　　眼看长安唾手可得，前秦军却来了个先胜后败，不仅没有捞到半点好处，甚至连此前召集来的各路人马也有了分崩离析的迹象，这让苻登憋闷不已。怎么办呢?仗还得接着打。苻登很快又组织起一众人马朝安定城杀来。姚苌是真心累了，可他没有任何办法，符登就像一贴狗皮膏药，只要粘上他，甩也甩不掉，他非得把这个救火队员干到底不可。

姚苌在这次出征之前做了一系列安排，他让自己的儿子姚兴镇守长安，并寻机除掉那个吃里爬外的苟曜。苟曜一见姚苌领兵往安定去了，便以觐见皇帝的名义进入长安打探虚实。姚兴正愁抓不到苟曜的短，如今他自己送上门来，那就设个套让苟曜自己往里钻。苟曜尚不知道姚苌已经猜出他是内鬼，大摇大摆地往皇宫而来，刚入宫，就被姚兴埋伏的人生擒了。苟曜还要挣扎，见姚兴已然知晓自己的内鬼身份，只能束手就擒。

这边姚兴在长安除了苟曜，那边姚苌在安定城又大败符登。符登的方圆大阵论野战确实有两下子，但是攻城就不太在行了。于是，姚苌大军到安定后，前秦军此前那猛攻猛打的劲头赫然消退，符登只得再次撤离安定城，回到自己的老窝枹罕城等待时机。太元十七年（392 年）三月，符登突然得到一个消息：姚苌病入膏肓。攻取安定城的时机已然出现，符登再整军马，于当年七月再攻安定城。

姚苌真的快要死了吗? 真的。常年的征战早已掏空他的身体，加之他杀了符坚后心中有愧，又常常在夜里梦见符坚，吓得惊魂难定，整个人都神经衰弱了。八月，符登大军攻到安定城外，刚准备入城，只见一员猛将横刀立马于城门之前，符登定睛一看，不是别人，正是姚苌。不是说姚苌要死了吗，怎么会出现在马背上? 符登心里一惊，领兵就往后逃跑。跑出几十里路后，符登还没反应过来是怎么回事，等他领兵再寻后秦军时，看到的只是一座座空营而已。

太元十七年十月，六十三岁的姚苌将皇位传给自己的儿子姚兴后，便撒手人寰了。其实姚苌这辈子做梦也没想过自己会当皇帝，如果不是符坚一意孤行，他怕是会一直做前秦的龙骧将军直到他死。然而，时运却驱使他举起后秦的大旗，用他最后的岁月建构起一个新的帝国，而这个帝国还将在他儿子姚兴的手里继续壮大。

姚苌一死，符登立即发兵长安，想趁后秦易代之际打它个措手不及。可惜年富力强的姚兴对符登可没有姚苌那么客气，他甚至连登基大典都推迟举行，领着人马就来迎击符登。也该符登倒霉，不仅遇上姚兴这么个难啃的硬骨头，在选择驻地时竟然选了个没水的地方，前秦军被渴得七窍生烟，很多人因为严重缺水而倒地不起。而在这种要命的时刻，主帅符登居然还强行下令进兵，结果可想而知。姚兴只是派出一小股部队，就把符登打得大败亏输，死者十有七八，剩下一点残兵跟着符登一起逃入甘肃固原的马毛山。

再遭惨败的符登此时已山穷水尽，怎么办呢？他把目光瞄向秦州的西面，那个由乞伏国仁所建立的西秦帝国。如今，乞伏国仁已死，他的弟弟乞伏乾归继位，称河南王。作为前秦皇帝的符登竟然把自己的一个儿子送到西秦去做上门女婿，以联姻的方式向西秦请求援助。还别说，这乞伏乾归真是个厚道人，立即就点了一万兵马去救援符登。

有了西秦的一万人马，符登觉得自己可以东山再起了。于是，他也点齐自己手里这点残兵，与西秦兵会合。符登还以为自己的对手是姚苌，他只要一跑，姚苌就会立马回长安享乐，再也不管他，可惜姚苌的儿子姚兴却不是这样的人。他见符登躲进山里，也不进山搜寻，只是派人在山外监视符登的举动。如今，符登的人马竟然大摇大摆地出山来了，这正是姚兴等待的机会，因此他亲自领兵在山口截击符登。

符登这边正内心窃喜，想象着自己与西秦兵会合之后的仗该怎么打。猛然一抬头，却见姚兴率领的后秦人马已经在山口列阵相迎了。符登想往后撤，可惜后路已经被后秦军抄断了，只能硬着头皮与姚兴决一死战。姚兴这边见符登要殊死搏斗了，他也拍马入阵来战符登。几个回合下来，符登便处于下风，身边的兵士越打越少，很快，符登就兵败被擒。姚兴倒也干脆，问也不问，一刀将其杀了。至此，前秦最后的一点力量消亡，一个时代也即将结束。

西燕灭亡

如今与苻坚、姚苌同时代的人里，就只剩下慕容垂了。同样垂垂老矣的后燕皇帝这些年的经历其实与姚苌相差无几，也是处于四处灭火的状态。东边的情势一点也不比西边轻松。慕容垂带着他的鲜卑子弟从中原到辽东，从塞内到塞外，几乎打了个遍，好不容易才让后燕帝国消停下来。就在姚兴与苻登大战的同一时期，慕容垂也把目光投向盘踞在山西一带的西燕慕容永，慕容家的人终于自己打起来了。

太元十八年（393年）十一月，慕容垂发兵七万讨伐西燕，慕容永闻听，不敢怠慢，派兵五万守护河北到山西的咽喉之地——潞川。说起来，当年慕容永带着西燕这伙人离开长安，不就是要去投奔慕容垂的吗？如今却和慕容垂的后燕打起仗来，想想当初被杀掉的慕容冲与慕容忠，死得真叫一个冤！

后燕七万人马兵分三路，从河北进入山西，其中太原王慕容楷出滏口（今河北邯郸附近）、辽西王慕容农出壶关（今山西省东南部）、慕容垂自己则亲率一军出沙庭（今河北临漳西南）。后燕三路人马而来，西燕慕容永也同样派出了三路人马拒敌。慕容垂一看，自己这侄孙子还真有两下子，知道自己三路进兵，他就三路拒敌。反正走哪一路都是一场硬仗，干脆不走了，就在山西外面按兵不动，看他怎么办。

慕容垂按兵不动，慕容永可就瞎了心了。他原本就等着慕容垂来了开打的，现在左等右等，却是连后燕军的一个人影都没见着，莫不是慕容垂在耍什么阴谋诡计？慕容永毕竟是孙子辈的人，他也知道自己这个叔爷爷身经百战，战场的经验比他丰富太多，因此也由不得他不多想。慕容永在这边想来想去，突然一个激灵："不对，慕容垂肯定是故意放出风来，说他三路进兵，引我三路拒敌，然后他趁我不备，绕小路突袭而来，那我可就危险了。"

想多了的慕容永马上做出战略调整，他将西燕三路拒敌的人马全部调回，而后合兵一处，死守太行山口以防慕容垂从小路突袭。他这一做调整，慕容垂在临漳可是乐开了花，孙子就是孙子，爷爷稍微动了个小心思，就乖乖地把路让了出来。于是，慕容垂一声令下，后燕三路人马缓缓开动，挺进山西。

太元十九年（394 年）五月，后燕军进入山西之后，立即直扑西燕的粮草重地——台壁（今山西黎城西）。慕容永还在太行山口死等，忽然听到探马来报，后燕大军直扑台壁，心里大呼上当，赶紧派了两员大将去救台壁。这两人一个是慕容永的堂兄，一个是他的侄子，前者叫慕容大逸豆归，后者叫慕容小逸豆归，乍一看还以为是兄弟俩。这大小逸豆归领着人马直奔台壁而去，谁知慕容大逸豆归在半道遇到了后燕大将平规，一接仗就被打得落荒而逃。慕容小逸豆归更惨，遇到了慕容垂的三儿子慕容农，这位爷可是从河南打到辽东无敌手的猛将，慕容小逸豆归在他面前就是个小侄孙子，根本不是一个量级的，没怎么打就已经大获全胜。

慕容永见两路人马都败了，他也不含糊，立即领着西燕全部五万人马向台壁冲杀过来。慕容垂一见慕容永要玩儿命了，也怕自己这边有什么闪失，他设了一计，等着慕容永往里钻。慕容永还真是个四肢发达头脑简单的家伙，他压根儿没来得及多想就带着人马冲过来。慕容垂、慕容楷、慕容农三人领兵接仗，打了一阵之后，三人便往北逃跑，慕容永领着人马往北面去追。等追出了两三里，突然从台壁城南的山涧里涌出无数后燕军，向着慕容永杀过来。与此同时，慕容垂这爷仨也掉转马头，向慕容永杀了过来。在后燕军的前后夹击之下，西燕军被打得溃不成军，不仅被斩杀上万，甚至连晋阳也丢了，慕容永只得带领残兵退守长子县，很快后燕军便赶了上来，将长子县围了个水泄不通。

慕容永见长子县被围，这下可惨了，他和他的西燕政权此刻可谓危若累卵，怎么办呢?慕容永赶紧派人去建康找东晋求救。东晋君臣一番商议，还真发了兵来救慕容永，可是路途太远，一时半会儿过不来。慕容永还以为是东晋觉得他没有诚意，于是，他让儿子慕容亮再去建康，必要时就留在建康做人质。哪知慕容亮刚出长子县城，就被平规捉了去。慕容永心里更是着急，什么救命稻草他都要试一试，这一次他想到了拓跋珪。

拓跋珪这些年在北边越混越壮，连当初帮助他的舅族敕勒贺兰部如今也成了他的臣下，不仅地盘归北魏，还要为北魏提供军事援助和后勤补给。一直在草原上帮助拓跋珪的慕容麟看到北魏政权这般发展，将来一定会成为后燕的威胁，于是，他建议慕容垂发兵进攻贺兰部，以削弱北魏的势力。谁能想到曾经亲如兄弟的拓跋珪与慕容麟竟然在草原上打了一仗，而慕容麟不仅没有削弱北魏的势力，反而让拓跋珪打得四处逃窜，最终被赶出草原。

赶走了慕容麟，拓跋珪在草原上更加肆无忌惮，看谁不顺眼他便要灭了谁。于是，当初那个带着前秦来灭他祖国的刘卫辰成了他的目标。拓跋珪带兵直入河西地区，将河西地区的匈奴人赶尽杀绝。可怜刘卫辰一家老小，除了跑了一个刘勃勃外，其余均死于拓跋珪刀下。如今的拓跋珪早已不是当初那个只知向慕容垂称臣的十四岁小娃娃，他已然成为草原共主，随时准备南下中原。因此，收到慕容永求援信的拓跋珪此时想都没想，就发兵五万向长子县进发了。

要说慕容永这人缘混得是真好，一个小小的西燕，竟然让南北两个大国都发出援兵来救他。只可惜慕容永没这个好命，无论是晋军还是魏军，他一个也见不到了。就在长子县被围的一个月内，慕容永就被西燕这伙杀惯了皇帝的兵士了结了性命。他们可没有忘记自己东归的目的，这伙人终于投身到慕容垂麾下，成为后燕真正的子民。西燕是什么？见鬼去吧！

参合大战

西燕虽然被灭了，但北魏的军队既然南下，就没有无功而返的道理，因此，他们立即与后燕撕破脸，双方从盟友变为死敌。太元二十年（395 年）五月，北魏大军长驱直入，开始袭扰后燕的北部边境，后燕皇帝慕容垂终于被拓跋珪这个白眼狼惹怒了，派出大军八万五千，由太子慕容宝担任主帅，辽西王慕容农、赵王慕容麟、范阳王慕容德和陈留王慕容绍为副帅深入塞北讨伐北魏。

慕容垂这一次动了真格，他几乎把自己子侄当中能打的人都派了出来，目的就是一举消灭这个刚诞生不久的北魏政权，为后燕帝国除去这个北面的隐患。面对来势汹汹的后燕大军，拓跋珪连忙开了一个战前会议，制定了自己的作战方案。拓跋珪的方案很简单，放弃河东退守河西，同时派人去长安请求后秦出兵相助。

要说这千里河东之地，也是北魏好不容易夺回来的地方，怎么会轻易放弃呢？其实，拓跋珪想得很明白，北魏现今还是一个游牧政权，他的农业生产主要还是以畜牧业为主，对于耕地的需求暂时没有那么重要，把河东让给后燕，一来可以拉长他们的战线，二来也可以借黄河这道天然屏障，为自己争取有利的战机。

很快，后燕大军就来到黄河边上，慕容宝兵不血刃就得到了河东的千里沃野，心中正志得意满，接着他便下令在黄河东岸筑城造船，准备渡过黄河去消灭北魏。而在黄河西岸，拓跋珪也把营寨驻扎在黄河边上，魏、燕两军就这么隔着黄河对峙，双方的一举一动都在对方的眼皮子底下。慕容宝这边每日按部就班地伐木造船，拓跋珪那边却没有任何动作，除了日常的巡逻外，每日就是埋锅造饭。

两军对峙了一月有余，后燕太子慕容宝竟然突发奇想，将他刚刚造好的战船沿着黄河一字排开，试图给毫无动作的拓跋珪一点心理震慑。哪知这位太子行军打仗却不看天气，他这边刚把战船排好，忽然就刮起了一阵狂风，这风刮得遮天蔽日，让人连眼睛都睁不开。等到风停了一看，后燕几十艘战船齐刷刷地被风刮到了对岸，拓跋珪还以为是慕容宝发起了进攻，等到凑近了才发现船上没什么人。送上门的战利品，拓跋珪赶紧拉回来为己所用。

船被北魏军拖了回去，船上的人拓跋珪却一个不留地放了。如今后燕军气势正盛，要是把这些人杀了，他们肯定同仇敌忾憋着劲儿来报仇，不如放回去，他们或许还能领个人情。慕容宝第一次祭出军威就被一阵大风折了面子，此后他再也不敢轻言挑衅，两军又相安无事地对峙了一个多月。这一回，轮到拓跋珪出招了。

别看拓跋珪这个人年纪轻轻，却是一个极会分析局势、权衡利弊的人。北魏军营表面上看着什么事情也没发生，但拓跋珪却暗中办了两件事情，其中一件便是派人去中山打探后燕皇帝慕容垂的消息。按说灭国这样的大战，慕容垂一定要身先士卒，亲自指挥的，这一次却只派自己的子侄们领兵前来，这里面一定有什么隐情。果然，一打听才知道，慕容垂病了。

慕容垂虽然在中山养病，不能亲自指挥，但他这样一个打了一辈子仗的人，绝对不会对此次的战役撒手不管。因此，他一定会定期派出信使送信给慕容宝，让他知道自己的状况，也好让慕容宝定期给他汇报前方的战况。于是，拓跋珪先是派出探马打探后燕信使送信的时间规律，而后利用掌握到的情况在后燕信使传递书信的途中进行拦截，只要看到慕容垂的信使，便将其拿下送回北魏大营，日日如此。这一个月，拓跋珪之所以没打仗，就是因为他把主要精力放在了做这件事情上。

一个月没有收到老爹的书信，这可急坏了后燕太子慕容宝："我爹的身体究竟怎么样了？会不会是出了什么事了？"他一天见不到信使，就一天放不下心来，对于这场战该怎么打，他是一点儿主意都没有了。不仅太子如此，其余的慕容子侄也颇为担心慕容垂的安危。就在这个时候，拓跋珪却用威逼利诱的手段收买了其中一个后燕信使，让他隔着黄河给慕容宝喊话："太子爷，我不幸被敌军抓住了，但是有个消息我不得不告诉您，皇上已经驾崩了，您赶紧回去看看吧！"

他这一喊不要紧，只见对岸的后燕军营里突然就炸了营了。一时间后燕军心大乱，有劝慕容宝赶紧登基的，也有认为慕容宝能力不足想另立他人的。大家七嘴八舌，你一言我一语，慕容宝不胜其扰，更是没心思再打仗了。可有些事情就是这样，怕什么就来什么，一日，慕容宝收到一个消息："赵王慕容麟不愿意奉您为主，正在拉拢心腹准备自立。"

慕容宝一听，这还得了，立即就把慕容麟拉来审问。一问才知道，原来不是慕容麟要造反，是他手下大将慕舆嵩等人怂恿他造反。慕容宝二话不说，就把慕舆嵩等一干撺掇慕容麟自立的人杀了。然后，慕容宝在自己的中军帐里召开会议，最终诸王众将一致同意撤兵。

为了让自己早一点回到中山去登基坐殿，慕容宝在撤兵的时候竟然不留斥候打探敌军的情报。诸王都在纳闷，没有这么撤兵的道理，慕容宝却说："如今黄河尚未结冰，拓跋珪没有战船，他的军队如何能够轻易渡过黄河来追击？只要己方大军走得快些，不等拓跋珪追来，大家就已经回到中山了。"

这慕容宝真不是一般的蠢，他也不想想，自己撤兵的时候已经是当年的十月底，距离黄河结冰封冻最多不会超过半个月。因此，拓跋珪在西岸目送这支后燕大军缓缓离去，自己则继续坚守在这里，等待着黄河封冻。对于一支八万五千人马的大军来说，就算给他们一个月的时间，也不可能从塞北走回中山，拓跋珪在心里盘算着，很快他们就会再见面了。

同年十一月，草原上的白毛风呼啸而至，将气温降到零摄氏度以下。此时的黄河冻得那叫一个坚硬，别说是人，就连车都能在冰面上碾压而过。拓跋珪看时机已到，只带两万轻骑向后燕军撤退的方向马不停蹄地追了过去。

正当后燕大军走到今天内蒙古凉城县附近的参合陂时，忽然一阵白毛风卷地而来，吹得后燕大军寸步难行。后燕军中一位名叫支昙猛的和尚找到慕容宝，告知他："风暴骤来，敌军很可能就在后面，应当作好御敌的准备。"慕容宝一听这话，将嘴一撇："你这个疯和尚，说的什么疯话，拓跋珪如今远

270

在天边，我御哪门子的敌啊？"

和尚见慕容宝不采纳他的建议，又连着在慕容宝耳边说了好几次自己的预感，还没等慕容宝开口，慕容麟抢先将和尚喝住："以殿下之神武，我大燕军之盛况，足以横行大漠，不要说敌人没来，就算来了又有何可惧？你这和尚要再敢胡说乱我军心，当斩。"支昙猛见赵王这般发言，知道他这是在发泄心中的怨气，于是，他把目光望向慕容德。慕容德与支昙猛四目相对，心下就明白了他的意思，随即向慕容宝建议派一支军队断后。

慕容宝听叔叔都这样说了，那就留赵王的军队断后吧。慕容麟一听要让自己断后，差点没气吐血，可是太子爷下了命令，他又不得不执行。慕容麟带着人马向后奔去，只是他可不是去断后的，而是去草原纵马游猎，尽情玩耍了。

大风一过，慕容宝又走了十几里路，眼看天也黑了，自己也乏了，他便下令就地安营扎寨，而他扎营的这个地方正是参合陂，拓跋珪的出生之地。参合陂的东西之间，有座大山，名叫蟠羊山，蟠羊山东面有一条河，就在这山与河之间，有一块平地，慕容宝的后燕军就在这块平地上睡觉。而拓跋珪的北魏军想要向后燕军发动攻击，就必须翻过蟠羊山。北魏军到达蟠羊山下已是深夜，拓跋珪下令连夜翻过蟠羊山，等天一亮就对山下的后燕军发起攻击。

太元二十年十一月丙戌，旭日照常从东方的地平线上升起，照在参合陂这块平地上，映着河水闪出潾潾波光。北魏军经过一夜攀爬，终于在这太阳初升的时刻爬上蟠羊山的山顶。拓跋珪往山下的平地一看，后燕大军正懒懒的打着呵欠，伸着懒腰从睡梦中醒来。一阵阵炊烟缭绕，军中的伙夫们还在为大军忙碌地做着早餐。猛然间，一个军士抬头向蟠羊山上望去，先是一怔，随后便大喊："魏军来啦！"

所有的后燕将士都被这一声大喊惊醒，他们的目光同时看向对面的蟠羊山，山上密密麻麻全是魏军。拓跋珪此刻一声令下，两万北魏军朝着平地上的后燕军发起冲锋，被吓傻了的后燕军完全不知所措，很多人连武器都没拿到手，就被北魏军如砍瓜切菜般剁下脑袋。此时的后燕军，人人都恨不能多长几条腿，好使自己能跑得更快，可惜他们的前方是一条河，除非他们身后能长出翅膀来，飞过去，不然命运就只能在这个叫作参合陂的地方画上句号。

这八万五千后燕军不仅要应付北魏大军的刀枪剑戟，自己内部还乱成了一锅粥，人撞马马踩人，到处是滚滚人头、残肢断臂。那条原本清澈见底的小河已被后燕大军的尸骨阻断，无数惨烈的嘶喊声与那汩汩被鲜血染红的流水，在阳光的映射下成了振聋发聩的绝唱。

这一仗，八万五千后燕军几乎全军覆没，除慕容宝、慕容麟、慕容农、慕容德单骑逃走外，其余的后燕王公大臣悉数被俘，甚至连慕容垂的弟弟慕容道都做了北魏的俘虏。而那位陈留王慕容绍则当场战死，近五万后燕军被生擒。如何处理这些后燕的王公大臣，成了摆在拓跋珪面前的一道难题。他本想学苻坚，以仁德之心去换取中原的民心，可是北魏大臣中有一个叫王建的人反对这一做法。最终，拓跋珪采纳了王建的建议，将几千后燕王公大臣全部活埋，北魏军"杀人狂魔"的名号也由此而来。

遭遇如此惨败，这是慕容垂一生从未有过的事情。当慕容宝等人将参合陂之战的战况汇报给慕容垂时，这位年近七十的后燕皇帝被气得吐了血，耻辱啊，简直是奇耻大辱!老皇帝立即下诏，令高阳王慕容隆率领辽东精兵进入河北，誓要报仇雪耻。

太元二十一年（396 年）三月，慕容垂留下弟弟慕容德守中山，自己则带着辽东精兵御驾亲征。这一次讨伐北魏，慕容垂要来一个出其不意，一定要神不知鬼不觉地出现在北魏的都城，云中城下。这云中城在今天内蒙古呼和浩特附近，要拿下云中，就必须拿下平城。因此，慕容垂带着人马直接进入太行山中，一路上逢山开路、遇水搭桥，硬是从崎岖的太行山中凿出一条通向平城的山路，如从天而降一般出现在平城之下。

平城守将拓跋虔，是拓跋珪的堂弟，爵封陈留公。此人生性粗豪，力大无比，是北魏军中赫赫有名的猛将，拓跋珪将其放在平城，就是想让他在这里形成"一夫当关，万夫莫开"的气势。可惜，这员猛将如今遇上了独辟蹊径的慕容垂，当慕容垂领着后燕军出现在平城之下时，拓跋虔才反应过来，毫无御敌的准备。

慕容垂一抵达平城就下令攻城，拓跋虔倒也真是勇武，一杆长槊在手，立马于吊桥之上，大有一夫当关的气概，誓与平城共存亡。慕容垂以慕容农和慕容隆率领的辽东军为前锋，迎战拓跋虔。由于辽东军并未参加参合陂一战，所以对拓跋虔毫无畏惧，一个个勇往直前，向着拓跋虔和他的北魏军冲杀过去。而那个在参合陂打了败仗的慕容农此时更是凭着一股怨气直杀向拓跋虔，两人战得难舍难分。可惜，拓跋虔单凭一人之勇，难敌万人之勇，他这边只顾与慕容农厮杀，哪知后面的辽东军扑了上来，将其从马上拉下，乱刀剁成了肉泥。

拓跋虔一死，平城顺势被慕容垂拿下，得知消息的拓跋珪被吓傻了，坐在地上半天没回过神来。北魏朝野更是一片哗然，要逃跑的、要投降的，甚至要反叛的纷纷跳了出来，弄得拓跋珪焦头烂额。眼见自己一手缔造的北魏就要分崩离析了，却不想命运之神竟如此眷顾他，就在他一筹莫展的时候，一个消息传来——慕容垂死了。

后燕军从平城往云中进发的途中，要经过参合陂。原本打了胜仗、士气高昂的后燕军是准备一鼓作气拿下云中，灭了北魏的，可是当他们走到参合陂时，眼前的场景让他们再次陷入深深的绝望。原来，拓跋珪打完参合陂之战后并未打扫战场，对那些战死的后燕将士也没有做任何掩埋处理。几万阵亡燕军的尸骨就这样无序地散落在参合陂的山头、地上、河中。到处是尸体腐烂的臭味，到处是野狗啃食的痕迹，到处是白骨露于野的惨状。

作为后燕的皇帝，作为一个打了一辈子仗的统帅，慕容垂见到这一惨烈的场景时，不禁瑟瑟发抖，浑身战栗，他立即命人收殓和埋葬了这些阵亡燕军的尸骨。等到墓冢建好，慕容垂又亲自社坛祭拜，几万后燕军眼见同袍惨死的情状不禁悲从中来，号啕大哭，声震寰宇。听到如此哭声，慕容垂的内心彻底崩溃了，一口老血从他的胸腔中涌了上来，这位苍颜白发的老人就此倒地晕厥，不省人事。

后燕众臣见慕容垂倒了，赶紧传军医进行抢救。可惜，在这个行军的途中，根本找不到可以救治皇上的方法和药物。太元二十一年四月，一代雄杰慕容垂崩逝于平城之外三十里处的军营中，享年七十岁。

随着慕容垂的崩逝，那些在冉魏之后开创过辉煌帝国的时代英雄，尽数陨落。

第十章 刘裕北伐

后燕溃败

慕容垂死后，后燕太子慕容宝立即于中山登基坐殿，成为后燕的第二位皇帝。从慕容宝在参合陂一战中的表现上就可以看出，这位仁兄是个十足的庸才，如今做了皇帝，那也是一个十足的庸君。这样的庸君放在太平时期或许还能做个守成天子，可惜，慕容宝接手的后燕内忧外患，然而皇帝慕容宝还做出了各种自寻死路的决策。

慕容宝刚登基，就联合弟弟慕容麟逼死了慕容垂的皇后小段氏，原因是当年小段氏曾向慕容垂吹过要废掉慕容宝的枕边风。逼死自己名义上的母亲，后燕的太后，这对于后燕的皇亲国戚们而言，可不是一个好的信号，这些人开始与皇帝离心离德。

接着，慕容宝承认世家大族的地位，在朝廷中有意抬高清流们的地位，这又让一帮靠着军功爬到上位的鲜卑人大为不满。而慕容宝更找死的决策是罢除了军户，将慕容垂好不容易建立起来的世袭军人制度废了，这让那些只会打仗，不会种地的北方少数民族陷入生存危机。

慕容宝做了两个月的皇帝，就一口气做出了三个重大的蠢决定，把后燕上、中、下层得罪了个遍，搅得后燕国内怨声载道。太元二十一年八月，缓过劲儿来的拓跋珪尽起全国大军四十万，一路出山西，一路出河北，朝着后燕杀了过来。刚刚罢除了军户的慕容宝，面对北魏四十万倾国之兵，可以说毫无招架之力，只能做困兽之斗。

先说山西一路，守卫晋阳的是后燕名将慕容农。按说慕容农打仗没怕过谁，几个月前打平城的时候，就是他拖住了拓跋虔，后燕才拿下了平城。可是这回轮到慕容农防守，他却一败再败，最终连山西也丢了。这是怎么回事呢？

要说慕容农这人吧，领兵打仗确实没得说，但缺乏治理地方的能力。不仅如此，他自认为是皇族，对于百姓毫无体恤之心，他带着自己的数万部曲来到山西之后，强行搜刮山西百姓的钱粮，使得山西多地出现粮荒，老百姓饿殍遍野他也不管，他只求自己的部曲有饭吃。

这样一来，山西百姓对慕容农那叫一个恨之入骨，当然不可能为他卖命。北魏大军一入山西，慕容农就率兵迎战，结果将士不愿拼命，一仗下来输得稀里糊涂。慕容农见野战不行，干脆退回晋阳凭城据守，但当他率军回到晋阳城下时，晋阳的守军竟然不给他开门。慕容农无力攻城，只得逃往河北，半路上还被北魏军追上，老婆孩子都当了魏军的俘虏，最后只身逃回中山。

山西丢了，坐在中山皇宫里的皇帝慕容宝急成热锅上的蚂蚁，赶忙召开紧急会议，商议对策。群臣你一言我一语，吵得不可开交，不过吵完后倒也总结出三条建议来：一、加固城防；二、囤积粮草；三、慕容农守安喜，慕容麟总管军事。慕容麟倒也直接，派兵守住各大道口，看你拓跋珪怎么从山西过来。

拓跋珪见慕容麟把大道都封锁了，他也学起慕容垂，在太行山中逢山开路、遇水搭桥，硬是把当年韩信在背水一战时走过的小路开了出来，成功地绕过慕容农重兵防守的安喜县，从井陉口出了太行山，进入华北平原。

井陉县今属河北省会石家庄市，后燕的都城中山也在今天的石家庄附近，北魏大军神不知鬼不觉就到了中山附近，中山皇宫里的慕容宝却丝毫没有察觉。等到拓跋珪占领了河北常山郡，河北各州郡军民纷纷傻眼，天，魏军都是天兵吗？紧接着，除邺城、中山和信都（今河北邢台）三城外，其余河北各州郡全部投降北魏。

这下可好，慕容垂辛辛苦苦花了近十年时间打下的后燕江山，到慕容宝手里仅仅四个月，就只剩下三座城了。这位"宝宝"心里真是愁啊，怎么办？他只能让慕容隆负责中山所有军事防务，务必挡住拓跋珪。慕容隆领命之后，带着他的辽东人马担负起中山城的一切防务，誓与拓跋珪死磕到底。

拓跋珪这边则派王建领兵攻信都，又派自己的堂弟拓跋仪打邺城，既然慕容隆要与自己在中山死磕，那么自己便跟他对抗到底。于是，魏王拓跋珪亲自领兵进攻后燕国都中山城。作为后燕的国都，中山城不仅城高谷深，还有慕容隆的辽东军镇守，拓跋珪连攻几个月，死了好几千人，也未取得丝毫进展。既然中山打不下来，那就不打了，他又带着所有兵马去打邺城。

邺城的守将是慕容德，这位五六十岁的老将也是戎马一生，根本不把拓跋珪这个小娃娃放在眼里，两人打了几仗，愣是没让拓跋珪占到任何便宜。就在魏军连日攻城疲惫之际，慕容德乘机夜袭北魏军大营，打得拓跋珪狼狈逃窜，跑到新城（今河北临漳）才算稳住阵脚。拓跋珪原本以为河北全境投降，只剩下这三城，四十万大军怎么也能在顷刻间拿下，没想到他先败于中山，后又受挫于邺城，心里一团邪火没地发，正好他最看不顺眼的别部大人没根又经常来烦他，这通邪火就都发在了没根身上，结果把这位别部大人逼得投了后燕。

慕容宝是万没想到，自己都到了这般田地了，竟然还有人来投奔自己。他热情接待了没根，没根向他讨要一支精兵，准备夜袭拓跋珪的大营，暗杀拓跋珪。慕容宝一听没根找他要兵，一时间愣住了，自打他罢除了军户，他这个皇帝就是个光杆司令，手里根本就没有兵，所有守城的兵都归属于慕容隆，他根本指挥不动。最后，慕容宝一咬牙一跺脚，给了没根一百轻骑，这已经是他能拿出来的最后家底了。

没根心里那个气啊，早知道慕容宝这么窝囊，自己还不如去投慕容德。可事到如今，也没有其他的办法了，一百就一百吧，反正是暗杀，人多了反而影响行动。于是，他领着这一百人就去偷袭北魏军营。没根很容易就带着人混进魏军的营寨，然后偷偷摸向了拓跋珪的中军大帐。没有魏王的手令，任何人都很难进入中军大帐，没根到了附近，想也没想，大手一挥，领着这一百人就向里面冲。

拓跋珪此刻正躺在中军大帐里睡觉，听见外面有人杀来了，赶紧起身就跑，衣服、鞋子都没顾得上穿，直奔马厩，随便找了一匹马向外奔去。没根见拓跋珪骑马跑了，他也拍马来追，怎奈来救驾的北魏军越来越多，他这一百人根本不是对手，只能眼睁睁看着拓跋珪逃跑，自己则带着一百人杀出魏营回到中山。

暗杀行动失败，拓跋珪加紧了对邺城的围攻，慕容德眼见自己快支撑不住了，他赶紧给后秦皇帝姚兴去了一封信，信的大致内容是："咱们好歹在长安一块儿喝过酒，这个时候只有你能救我一把了。"可他这封信发出之后，竟然石沉大海了，姚兴一点反应也没有。不过令慕容德没想到的是，竟然有人从城下给他射了一封信来，来信的人是拓跋仪手下的司马，叫丁建。

丁建之所以反水，是因为在此时的邺城之外，北魏的军营里，两位领兵的主帅起了内讧。打邺城的明明是拓跋珪的堂弟拓跋仪，可拓跋珪对他这位堂弟不放心，把他一个八竿子打不着的舅舅贺赖卢派来帮拓跋仪一起打邺城。这贺赖卢论辈分是拓跋珪的舅舅，也是拓跋仪的舅舅，却因为指挥权的问题，两人在邺城下闹得不可开交。

这丁建可能是在贺赖卢那里受了气，心里十分不舒服，思来想去，干脆反了吧。于是射了一封信给慕容德，说："我们这边两位老总打起来了，您赶紧找个机会出城来收拾他们。"慕容德接到信后简直喜出望外，眼看自己就快玩儿完了，没想到还能看到转机，他立即与丁建商议如何破敌。

这天，突然大风骤起，贺赖卢的军营里不知为什么燃起了一把大火。丁建一看贺赖卢军营起火，连忙禀报拓跋仪，说："大帅不好了，贺赖卢的营中起火了，他是不是要叛变，所以烧营逃跑？"拓跋仪出来一看，果然是烈火熊熊，心里暗自思量一番，下令撤军。贺赖卢见拓跋仪撤了，自己也跟着撤了，邺城之围遂解。丁建趁乱逃出魏营，进入了邺城。

慕容德听说拓跋仪和贺赖卢都撤了，赶紧点齐七千人马由慕容镇、慕容青统领，出城追击魏军，结果拓跋仪被后燕军追上，杀了个措手不及，死伤惨重，大败而逃。慕容德打了个大胜仗，正在兴高采烈地庆功，没想到探马飞奔来报：信都失守了。

在后燕的这三座城池里，中山有慕容隆，邺城有慕容德，唯独信都没有慕容家的人镇守。其实，信都城中的军民早就想投降了，可拓跋珪派去打信都的人是王建，这家伙在参合陂杀了几千投降的后燕文武大臣。信都百姓听说之后，谁还敢降王建，只能拼死抵抗。

没根偷袭拓跋珪的大营，暗杀拓跋珪未果，这让拓跋珪不敢再待在邺城了。于是，这位魏王干脆领着兵马来打信都。信都城里的老百姓听说拓跋珪亲自来了，扬言只要拓跋珪不杀降，他们就开城投降。

拓跋珪当然乐得答应他们的条件，率军进驻信都城。王建在这里打了几十天，损兵折将都打不下来，而自己一来，百姓就开城投降，拓跋珪看了看王建，面上是一脸不悦，心想参合陂之战真不该听他的。

信都丢了，三城变二城，后燕皇帝慕容宝急了，他这一急倒是豁出去了，竟将中山皇宫中的所有奇珍异宝都拿了出来，招兵买马。别说，这一招还真管用，慕容宝立即招来了一支十几万人马的队伍。按说，军户都解散了，老百姓更是不会为后燕卖命，这十几万人是打哪儿来的？其实大部分都是落草为寇的土匪。就算是土匪，也比没有人强啊，慕容宝终于不用再做光杆司令了，腰杆自然也硬起来了。

隆安元年（397年）二月，就在拓跋珪准备再战中山之时，国内突然传来消息，没根的侄子没丑提反了，他一反，贺兰部的几个小部落首领也反了。镇守云中的拓跋顺正领着人马跟这帮反贼在草原上死磕呢。拓跋珪接到这个消息，立即就打算撤军回云中，又怕慕容宝在背后追击，于是，他给慕容宝去了一封信，要求停战，并答应留他一个弟弟在中山做人质。

刚刚招募了十几万大军的慕容宝怎么可能答应拓跋珪的停战请求，他可不会放过这么一个千载难逢的好机会，要在河北一雪前耻。慕容宝领着他的十几万土匪武装在太行山东麓的曲阳滹（hū）沱河北岸列阵，与北魏大军隔着滹沱河对峙。慕容宝给他的部下布置下战略任务，他要在夜里派一万人潜渡滹沱河，偷袭魏军营寨，前方若得手，他即率主力渡河发起总攻。

到了夜里，果然有一万匪兵渡过滹沱河到魏军营寨放火，魏军毫无防备，吓得四散奔逃。拓跋珪又一次连衣服和鞋都没来得及穿就仓皇逃走。慕容宝一看前方得手，指挥主力部队也渡河过来，进入魏军营寨。北魏军逃跑得十分突然，军营里除了手里的武器外，什么都没带走。这帮匪兵看得走不动道，纷纷开始抢劫，根本顾不上慕容宝追击的命令。

等到北魏军缓过神来，拓跋珪正准备组织反击时，他竟然发现自己营寨里的后燕军自己打起来了。土匪嘛，分赃不均打架本是日常，可现在是在为国打仗，然而这帮土匪现在眼里也没有国，连慕容宝这个皇帝都指挥不了了。拓跋珪大喜，下令反击，北魏骑兵疯狂向后燕军冲去，后燕的土匪们正打架分赃呢，哪有心思抵抗，顿时被杀得血流漂杵。慕容宝见败势已定，他拔马就往北逃，跑回了大营。

慕容宝前脚刚回大营，拓跋珪后脚就追来了。慕容宝忖道："这帮不听指挥的土匪，坏我大事，如今留着他们也没什么用。"于是，他亲自挑选了两万亲兵，向中山逃去，将剩下的那十万人都扔给拓跋珪。拓跋珪压根不在意那帮土匪，只认慕容宝，他一路紧追不舍，把慕容宝撵得恨不得自己能飞。慕容宝下令将兵器、铠甲、帐篷，甚至连棉袍子全扔了，只希望拓跋珪追不上自己。

隆冬时节，大雪纷飞，慕容宝的后燕军为了逃跑也是豁出去了，全靠燃烧脂肪来抗冻。等这群人哆哆嗦嗦地回到中山城时，老百姓一看："咱们皇上可真是能耐，走的时候风风光光，如今却领着一群叫花子回来，寸铁未带不说，连身上的衣服都被扒光了，看来我大燕真的要完呐。"连见到这一幕的老百姓都对慕容宝有了这样的评语，更何况是后燕的朝臣，甚至还有人潜入皇宫，想暗杀慕容宝。

慕容宝越想越气恼，越想越不放心，再加上他弟弟慕容麟也想杀了他取而代之，最终他一合计，干脆回了辽东老家，把中原这四战之地留给拓跋珪去收拾。

辽东慕容氏进入中原半个多世纪，在十六国的乱世里建立了三个帝国，如今却悉数退回，只留下了还在邺城镇守的慕容德。不久后，慕容德逃出邺城，前往黎阳（今河南浚县）称帝，建立了南燕政权。此后，慕容德占据山东，以广固（今山东青州）为都城，算是延续了慕容氏最后的一点荣光。

刘裕崛起

北方的争夺战还在继续，南方的东晋也开始不消停了。这一闹，倒闹出了一个横扫乾坤的人物——刘裕。

刘裕，字德舆，小名寄奴。南宋辛弃疾有首词，其中"斜阳草树，寻常巷陌，人道寄奴曾住"说的就是刘裕。刘裕小名寄奴，从这两个字的字面意思多少也可以看出来，他小时候是吃百家饭长大的。刘备卖没卖过草鞋我们不知道，但是刘裕是真的卖过，家里穷得叮当响。除了卖草鞋，他还爱赌博，四邻八舍对他都没个好眼色，巴不得他赶紧离开这地方。刘裕也觉得没意思，索性去当了兵，而他所加入的，正是东晋最有战斗力的北府兵。

当年北府兵在淝水大败苻坚之后，跟随谢玄北伐，在邺城之外，由于刘牢之轻敌被慕容垂打败，北伐事业功亏一篑。加之当时的东晋朝廷内部对于谢玄北伐的反对之声日盛，谢玄的北伐大业最终被搁置。等到谢玄排除一切阻碍准备再次北伐时，天不假年，太元十三年（388年），年仅四十六岁的谢玄病逝，东晋的大权落到一个叫司马道子的人手中。

这位司马道子是东晋的宗室，晋简文帝司马昱的儿子，晋孝武帝司马曜的弟弟，爵封琅琊王。此人自幼就在纸醉金迷中长大，除了一身贵族的奢靡之气，就剩下不学无术和醉生梦死了。他一掌握东晋的大权，就开始买卖官爵、公开贿赂、滥行赏罚、大兴土木，把整个东晋从朝廷到社会搞得乌烟瘴气。最要命的是，此人对于世家大族十分不放心，如今谢氏的谢安、谢玄都已经作古，他便把目标放到了荆州的桓氏身上。

桓氏一直是荆州地区的实际统治者，桓温死后由他的弟弟桓冲等人坐镇，如今桓温的儿子桓玄业已长大成人，可司马道子为了压制桓氏，一直没有给桓玄授予正式的官职。到了桓玄二十三岁这一年，东晋朝廷也认为再不给桓玄一个职位说不过去了，于是便给了桓玄一个太子洗（xiǎn）马的官。

桓玄被授予官职，需要去建康谢恩，作为东晋的实际掌权人，司马道子当然也要接见桓玄，正当桓玄兴高采烈来见司马道子时，司马道子却说："你爹桓温晚年差点做了反贼，这是怎么回事啊？"一句话让桓玄怔住了，一气之下，桓玄跑回了荆州，无论朝廷给什么官职，他都不接受。

桓玄虽然不担任朝廷任何官职，但是荆州却一直以桓氏为统帅。荆州刺史殷仲堪无论什么要紧的事情都要找桓玄商议，桓玄俨然成了这位刺史的顶头上司。司马道子这一句话把桓玄气得躲在荆州不出来，而东晋实际上又很难控制荆州，作为皇帝的司马曜也觉得司马道子这样做不妥，他决定要给司马道子分权。可还没等到他开始实施，可怜的司马曜竟因为喝多了酒，说了句要废了自己的宠妾张贵人的醉话，被张贵人用被子活活捂死了。

司马曜一死，上任的便是司马曜的儿子司马德宗，一位比晋惠帝更加痴傻的晋安帝。这司马德宗长到成年还不会说话，只知道咿咿呀呀，生活不能自理。

司马道子一看，皇上是个大傻子，朝廷大权依旧由他掌控，他便更加肆无忌惮地祸国殃民，最终酿成祸患。兖州刺史王恭率先起兵清君侧，虽然他手中有北府兵，但要对抗朝廷，他还得拉拢一些地方实权，荆州刺史殷仲堪便成了他第一个拉拢的对象。老实巴交的殷仲堪当然不敢造反，但他的顶头上司桓玄却因为司马道子的一句话而丢了官，这口气他如何咽得下去？一听说王恭来拉拢殷仲堪，他便立即劝说殷仲堪起兵，与王恭一起清君侧。

王恭见荆州桓氏加入清君侧的队伍，他腰杆自然就硬了，双方约定时间，一起向建康进兵。司马道子看北边和西边都打出了清君侧的旗号，他还能怎么办呢？还真让他想到一个办法——找替罪羊。他们不是要清君侧吗？自己找个人给他们清不就行了。那他找的是谁呢？王坦之的儿子王国宝。王国宝此时正担任中书令、中领军之职，是东晋名义上的宰相，拿他出来当替罪羊，再合适不过了。

还没等司马道子动手，王国宝自己来了，主动提交辞呈，愿意辞去宰相之职，效仿曹爽，回家去做富家翁。效仿谁不好，偏去效仿曹爽，曹爽没有做成富家翁，王国宝也没有做成。司马道子不容分说就把王国宝杀了，并且把王国宝的人头给王恭送了过去。王恭一看，起兵的借口没了，只好退兵回镇。

经此一遭，司马道子也明白过来了，自己手里没有兵是不行的。于是，他让自己的儿子司马元显担任征虏将军一职，开始大肆征兵，扩充自己的势力，好报这一箭之仇。还没等司马元显招齐人马，又一个消息传来——司徒左长史王廞（xīn）于吴地起兵了。

王廞是王导的孙子，琅琊王氏此时在东晋的代表人物。他起兵原本是为了响应王恭清君侧的，为此，王廞在吴地大肆屠杀反对他清君侧的世家大族。等到王廞把这恶人当了，王恭却因为没了起兵的理由撤兵了。王廞这个气啊："我把你当盟友，没想到临了你把我坑了。"于是，他直接改变起兵的初衷，联合司马道子父子一起攻打王恭。

司马道子接到了王廞的投靠信，开始左右为难，一来他对王谢这些世家大族本来就很有意见；二来他还没有做好开战的准备，并且帮了王廞自己也得不到任何好处。司马道子想来想去，王廞不能帮，不但不能帮，他还要把王廞卖了，于是他立即让人将王廞给他的书信送给王恭。

王恭一看书信，勃然大怒，两个昔日的盟友就这么打了起来。王廞招募的都是些新兵蛋子，当然不能和刘牢之的北府兵相抗，刘牢之三下五除二就解决了王廞，同时还为王恭占领了吴地。

王恭接管吴地，司马道子真是肠子都悔青了，这不等于在自己卧榻之侧放了颗炸弹吗?为了制衡王恭，司马道子又出了一个昏着，那就是起用王国宝的哥哥王愉担任河南四郡的长官，在西面监视和牵制王恭。但河南本来就有一个军政长官，此人就是东晋名臣庾亮的孙子庾楷。

庾楷对于王愉的到来表现出了一万个不满意，他几次上书司马道子要求将王愉调回建康，可司马道子就是不同意。这位名臣之后此时也不顾及自己家族的名声了，他写信给王恭，约他再次起兵入建康，解决司马道子。王恭见信之后，想也不想就答应了，这家伙翻脸比翻书都快。

王恭这边正要安排起兵事宜，有人却提出了反对意见，谁呢?刘牢之。刘牢之反对的理由是:"庾楷原本跟司马道子是一伙的，现在人家窝里反，咱们看热闹就行，没必要跟着瞎掺和。"可王恭却说:"我大军在手，还怕他不成?"坚持要出兵。隆安二年（398 年）九月，庾楷、王恭兵分两路杀奔建康，司马道子吓得尿了裤子，上次能杀王国宝，这次他能杀谁呢?思来想去，自己还是躲了吧，他把一切都交给儿子司马元显去处理。

司马元显此时还不到二十岁，却毅然扛起了东晋平叛的大旗。他首先派卫将军王珣、右将军谢琰率军去挡王恭，又派宗室司马尚带兵去挡庾楷。这司马尚虽然是宗室，却没有东晋宗室贵族那些奢靡清谈的作风，打起仗来有模有样。相反，庾楷是出了名的清谈之辈，被司马尚打得丢盔弃甲，跑到殷仲堪那里去了。殷仲堪与桓玄早已接到了王恭的书信，又见庾楷跑来，他们也起兵向着建康而来。司马尚能挡住庾楷，却挡不住桓玄，很快，荆州兵马就到了石头城下。

司马元显见情势危急，连忙让王珣与谢琰回师建康，准备在石头城下与桓玄一较高下。司马元显虽然年轻，却比他那个只会祸国殃民的老子强了千万倍。他盘算了一下，庾楷被打败，桓玄又到了石头城下，王恭却迟迟没来。现在必须集中优势兵力与桓玄决战，不能让桓玄与王恭合兵一处，否则几无胜算。于是，司马元显做了两手准备，一是加强建康的兵力布防，二是派出细作去王恭的军营里了解情况。

很快，司马元显派去的细作传来消息，王恭与刘牢之闹翻了。刘牢之本来就不同意王恭起兵，因此，在行军过程中故意拖延，引起了王恭的极大不满，如果不是因为北府兵没了刘牢之不行，王恭早就把他这个老丘八罢了。得到了这一消息的司马元显立即给刘牢之去了一封信，信上说只要刘牢之能除掉王恭，王恭之位便是他的。刘牢之接信后，立马找来儿子刘敬宣商议，没想到隔墙有耳，被参军何澹之听了去，立即报告给了王恭。

而王恭对于何澹之的报告却是不信。原来何澹之与刘牢之平日里素来不和，两人没少到王恭面前相互告状，王恭早就听烦了，因此何澹之的话，王恭自然是不信的，但是王恭对刘牢之也产生了猜忌。他大摆宴席请刘牢之来喝酒，名义上是拉拢刘牢之，实则是派出自己的亲信监视刘牢之。刘牢之心中早已有了盘算，酒席一散，便跟自己的儿子刘敬宣一起杀向了王恭的中军营寨。

王恭的亲兵毫无防备，被刘牢之父子打了个措手不及，整个中军乱成了一锅粥。王恭趁乱骑马逃走，这位士族出身的王刺史素来娇生惯养，油瓶子倒了都不扶，浑身嫩肉，娇气得很，往日里很少骑马。这一骑马就把大腿磨破了，便弃马坐船，划船的船夫本是王恭以前的旧部，当日本欲舍身救主，想将他往桓玄处送。谁料这王恭竟是无人不识的士族明星，走在河道中便被人认出来，并告诉了司马元显。司马元显派兵急追，半路上拿了王恭，送往建康斩首。

王恭一死，刘牢之便被授予都督兖、冀、幽、并、徐、扬六州加晋陵之军事，集北方大权于一身。刘牢之倒也知恩图报，他立即率领北府兵驰援建康，准备与桓玄比试一番。桓玄还在石头城外等王恭，不承想王恭被杀，北府兵也投了司马元显，那这仗还怎么打？于是他停止了对石头城的围攻，撤到建康外围驻扎。

司马元显在建康城内见到这一情形，觉得可以靠政治手段来解决这场战争了。他立即让晋安帝下诏，封桓冲的儿子桓修为荆州刺史、桓玄为江州刺史、杨佺（quán）期为雍州刺史、殷仲堪为广州刺史。桓玄与杨佺期接到诏书后都大为欣喜，唯独老实人殷仲堪不高兴了。

事实证明老实人被欺负了往往会爆发出惊人的疯狂举动，殷仲堪就是这样的人。他先行率军回到荆州，回去之后便将桓玄和杨佺期的家人全部软禁了，然后去信给桓、杨二人，说："你俩赶紧给我回来，朝廷给的官一律不准做，否则我就杀你们全家。"桓玄和杨佺期见老实人发了飚，吓得赶紧撤兵往回赶，三人再度结成同盟，在荆楚形成割据之势。

司马元显见建康城的危机解除了，自己也乐得高枕无忧。司马道子则又恢复了往日的醉生梦死，这让儿子司马元显越看越来气。他干脆趁老爹喝醉了，直接给朝廷上书，把司马道子的一切职务都罢免了，自己接替老爹成为东晋的实际掌权者。等到司马道子酒醒之后，看到朝廷诏书，追着司马元显大骂不孝子，但已无力回天了。

不到二十岁的司马元显成了东晋的实际掌权者，他爆发出来的折腾劲儿一点也不比司马道子小。为了拱卫建康，他竟将吴地的佃户悉数迁入建康，以对抗来自荆楚的威胁。他折腾不要紧，却把老百姓逼反了。这其中，天师道的道士孙恩更是在百姓中散布各种神鬼邪说，使得更多的老百姓加入进来，促成了东晋末年最大的一场民变。

道教自张陵张天师在四川鹤鸣山发源之后，到了东晋，又进入一个鼎盛时期。东晋的世家大族们都十分崇尚玄学清谈，而这其中尤以道家学说最为盛行。在东晋，凡是名字后面带"之"字的，大都是道教门人，例如人们熟知的王羲之、王献之等。道教在世家大族中得到推广，自然也受底层人民欢迎，因此，孙恩就借着这样一场佃变，发动了对东晋朝廷的反叛，他很快就在吴地聚集了上万人。

孙恩也清楚，他聚集的这帮乌合之众是不足以去进攻建康的，于是，他将目光瞄向了会稽（今浙江绍兴）。此时的会稽太守不是别人，正是王羲之的儿子王凝之。王凝之受父亲的影响，从小就入了道门，并且他在清谈上的造诣之高，当时的士族中无出其右。王凝之听说一帮道士从吴地向会稽而来，非但不做任何防御，反而对他们敞开大门。结果，这位王太守被孙恩捉住杀了，倒是他的妻子谢道韫，这位曾经吟出"未若柳絮因风起"的一代才女，此刻竟拔剑与叛贼进行了激烈的搏斗，最终被孙恩放了，任其去留。

孙恩占据会稽，开始继续鼓吹他的教义，很快就有数十万人参与进来。这些叛贼攻城破寨，势如破竹，所过之处，无论男女，皆要从军，如有不从，立即被杀。妇女有婴儿者，先将婴儿溺死再逼迫其母从军，还说其子已登仙堂。他们还到处杀地方官员，教徒必须立刻吃下这些人的肉，不从者立杀。一时间，江浙大地恐怖横行，宛如人间地狱。

东晋朝廷闻讯，立即派刘牢之率北府兵去镇压这一恐怖组织。刘牢之领命后，带兵进入江浙一带，他先派人带小股部队去探路，为首的正是刘裕。刘裕带着几十个北府兵，侦察了几日便打算回去交令，没想到就在他往回走的时候，迎面却遇到了几千个天师道道徒。

北府兵再厉害，几十个也打不了几千个，一通厮杀，北府兵死伤殆尽，天师道道徒也付出了惨重代价。此刻，北府兵只有刘裕尚存，他手持长刀一口，犹自奋战不已。突然脚下一滑，刘裕落入一道堤岸之下，天师道道徒正准备跳下去看看此人生死，谁知刘裕突然跳到半空，长刀挥舞，竟连杀岸边几人。这帮叛贼本是农民，一顿厮杀早已心惊胆战，又见刘裕浑身是血，仿佛厉鬼一般，一个个吓得魂飞魄散，扭头就跑。

刘裕却越战越勇，天师道道徒逃跑，他竟迎头追了上去。正巧此时刘敬宣带兵赶来，见刘裕一人力敌数千道徒，刘敬宣赶忙率军助战，斩首千余级，大胜而返。回去后，刘敬宣赶紧向刘牢之陈述了刘裕之勇，刘牢之一听，甚是惊奇，从此视刘裕为大将。刘裕这个"老丘八"，终于迎来了自己的出头之日。

桓玄之乱

刘裕靠着与孙恩这群恐怖分子战斗的军功，逐渐成为北府兵中仅次于刘牢之父子的高级将领。随着孙恩与他的教众被北府兵打得困守孤岛，东晋历史上的又一场内乱也处在酝酿之中。而这一次的参与者，不仅有荆楚的桓氏家族，还有北府兵的统帅刘牢之。

此前由于殷仲堪在荆州软禁了桓玄与杨佺期的家人，两人不得不从建康撤兵回镇，跟着便与殷仲堪结成同盟，实际形成了一方割据势力。司马元显也因孙恩之乱无暇西顾，只得任由这三人割据荆楚。但是，令人没想到的是，这个靠绑架关系形成的同盟内部竟然打起来了。

桓氏家族在荆楚经过几代人的发展，可谓根深蒂固，再加上桓玄也是个狠角色，他回到荆州之后，表面上与殷仲堪、杨佺期结盟，实际上却抛开这两人，凭着桓氏家族的人脉和信誉，极速发展壮大，很快就超越了殷、杨二人。这就让名义上的荆州刺史殷仲堪产生了严重的焦虑。与此同时，杨佺期也看到了桓玄的发展势头，最终殷仲堪、杨佺期在原本的三人同盟之中，又结成了一个两人同盟，矛头指向很明确，那就是桓玄。

桓玄一经发展壮大，那必然是要与殷仲堪争权的，不仅如此，他还上书朝廷，要都督荆州等地的军事。朝廷此时正忙着对付孙恩，对于荆楚本就鞭长莫及，桓玄主动要官，那就给他好了。桓玄得到朝廷的正式任命，这可把杨佺期弄着急了。三人之中，殷仲堪是荆州刺史，桓玄如今又成了都督，只有他杨佺期什么官职都没有，成了名副其实的反贼。他这一着急，竟然派出兵马要去攻打桓玄。

殷仲堪看杨佺期要出兵，立马进行阻拦，他觉得他们三人无论如何，都是一根绳上的蚂蚱，有什么问题都可以商量解决，没必要兵戎相见。可是他太小看桓玄了，桓玄一听说杨佺期出兵，他也出兵了，并且他出兵不去打杨佺期，反而朝着殷仲堪来了。

殷仲堪没想到桓玄先打自己，立刻要杨佺期来救，杨佺期知道殷仲堪无粮，便要殷仲堪到自己的地盘去，有兵有粮才能与桓玄抗衡。结果殷仲堪举棋不定，又舍不得拱手让出地盘，竟骗杨佺期说自己有粮。杨佺期信了，来了一看才傻眼，殷仲堪根本就没粮。可是现在要跑也来不及了，桓玄已经到了，一场大战下来，杨佺期战死，殷仲堪自杀，荆州大权从此落入桓玄一人手中。接下来，他开始给司马元显去信，要求率兵去征讨孙恩。

司马元显当然不能让桓玄进入江浙，这边孙恩还没搞定，桓玄来了，不就是又一个孙恩吗？于是，他赶紧以朝廷的名义下诏，拒绝了桓玄的请求。桓玄见了诏书，认为这必定是司马元显不想让他入建康，他再度给朝廷去信，口气异常狂妄，说："整个朝廷，除了我桓玄，还有谁可以匡扶天下？"

司马元显见桓玄这阵势，大有再度兴兵东来之意，赶紧给刘牢之下令，让他去打桓玄。可此时的刘牢之却按兵不动，根本不理司马元显。司马元显见刘牢之不听号令，干脆自己披挂上阵，亲自去战桓玄，他还是给刘牢之去了封信，希望刘牢之率北府兵做先锋。

刘牢之一看司马元显亲自出动，自己再不去就有些说不过去了，再说他也有自己的小算盘：假如司马元显灭了桓玄，那北府兵就是东晋唯一能打的武装力量了，自己就有机会执掌东晋大权；假如司马元显灭不了桓玄，那么他就反过来与桓玄一起灭了司马元显。怀着这样的心思，刘牢之带着刘裕等人出发了，只是到了前线，刘牢之再次按兵不动，无论刘裕如何请战，刘牢之就是不动。

桓玄一看刘牢之这番表现，心里已经猜到了七八分。他立即派了个说客去刘牢之那里，晓以利害，又答应刘牢之，只要灭了司马元显，便许以高官厚禄。刘牢之对桓玄许下的高官厚禄并不感兴趣，他要的是桓玄先灭司马元显，自己再灭桓玄，最后这司马氏的江山就可以改姓刘了。

元兴元年（402 年）三月，北府兵正式倒戈，投降了桓玄。这无疑给了司马元显致命的一击。桓玄大军很快到了建康附近的新亭，司马元显吓得不敢出战，不仅如此，他还率先逃跑了。当初那个意气风发的司马元显如今却成了个缩头乌龟，无处可躲的他竟然躲进东晋皇宫里。桓玄几乎兵不血刃就进入了建康，最终活捉司马道子、司马元显与司马尚等人，斩于建康闹市。

桓玄成了东晋新的实际掌权者，对于那个临阵倒戈的刘牢之，桓玄许给他的高官厚禄竟然只是一个小小的会稽内史。这比起他当初那个总督兖、冀、幽、并、徐、扬六州加晋陵之军事小了不是一星半点，相当于一下子从大军区司令降到绍兴市市长，这个落差刘牢之能接受，刘敬宣也接受不了，他极力撺掇刘牢之攻打桓玄。刘牢之反过来问刘裕这仗该怎么打。刘裕冷笑一声："将军有数万北府兵，竟望风而降。如今桓玄已得天下，朝野人情皆向着他，将军要打，岂可得胜？将军恕罪，我要回扬州了。"

刘裕至此与刘牢之分道扬镳。最终，刘牢之因恐惧桓玄自缢而死，死后又被桓玄斩首，暴尸建康闹市。一代名将落得如此下场，虽是咎由自取，也令人唏嘘不已。

再说桓玄，他自执政以来，政令反复无常，今天这样干，明天那样做，弄得各地方无所适从，乌烟瘴气，乱七八糟，桓玄却得意扬扬。为绝后患，他竟连杀北府兵旧将数人，闹得一些北府兵旧部及司马元显旧部纷纷逃奔外国，有的奔北魏，有的奔南燕，有的奔后秦。

接着，桓玄逼着晋廷封他为楚王，又派自己的弟弟桓谦去问刘裕对自己封王的态度。刘裕知道这是桓玄在试探自己，他言道："楚王功勋卓著，晋室微弱，就算禅让，有何不可？"桓玄闻听，大喜过望，既然统兵大将都说应该禅让，那就让晋朝皇帝禅让好了。

元兴二年（403 年）十一月，桓玄逼晋安帝禅让，十二月，桓玄即皇帝位，国号大楚，史称桓楚。桓温当年没有做到的事情，他的儿子桓玄做到了。

只是桓玄没想到，他刚称帝，立即遭到了拥护晋室的世家大族和将领反对。两个月之后，益州刺史毛璩率先反了。紧接着，徐兖二州刺史刘裕和刘道规、刘毅、何无忌、王元德、王仲德、孟昶、魏咏之、檀凭之、诸葛长民、辛扈兴、童厚之共十二人，合谋起兵。

刘裕此前不是支持桓玄称帝的吗？其实那不过是刘裕耍的一个手段而已，桓玄如果不把自己搞得身败名裂，那么他刘裕又怎么有机会去扳倒桓玄，成为东晋的掌权者呢？如今益州已反，他再不举起大旗，恐怕大权就要旁落他人了。因此，刘裕谎称自己接到了晋安帝的密诏，让他诛杀逆党。可怜了桓玄的堂兄桓修，此时负责扬州京口军务，竟被刘裕派人杀了，北府兵旧部一看刘裕归来，纷纷投入其麾下，至此，江北军政大权尽归刘裕所得。

刘裕在江北闹出了这么大的动静，桓玄愣是在几个月之后才收到确切的消息。对于刘裕起兵，桓玄心里当然十分惧怕，但是既然自己已经做了皇帝，便不能弃江山社稷于不顾，他立即在建康城里大肆搜捕刘裕的同党，并将王元德、辛扈兴、童厚之三人杀了。同时，桓玄任命自己的堂弟桓谦为征讨大将军，派遣吴甫之、皇甫敷两员骁将率兵北伐刘裕。桓谦领兵出发之前，桓玄还亲自给桓谦设计了一条计策，让桓谦率军埋伏于建康城外的覆舟山，静待刘裕到来，之后再伏击他，只要刘裕大败，便引兵退去，千万不可追击。

桓谦一听，心想："这算什么计策，我大军只能打伏击，刘裕退了我还不能追击？"他压根儿没把桓玄的话放在心上，一心按照自己的方式来打这一仗。元兴三年（404 年）三月，桓谦手下大将吴甫之率领的前锋部队与南下的刘裕大军在江乘（今江苏句容北）遭遇了。一开始，吴甫之兵马十分生猛，狂冲猛打，刘裕军几番败下阵来。刘裕见状大怒，他纵马抡刀，亲自领兵当头厮杀，手下人受其感染，个个舍命掩杀，方与吴甫之的军队战了个平手。

吴甫之见敌军纷纷豁出性命，他也急了，学着刘裕的样子手持兵器往前猛冲，想给自己的手下做个榜样。谁知刚冲杀到前方，运气不好，刚好遇到刘裕，刚出征就被刘裕一刀砍了。主将一死，军无战意，吴甫之全军皆败。

刘裕领兵奋进，以檀凭之为前锋，行至罗落桥（今江苏南京东北长江南岸），又遇皇甫敷。皇甫敷也是一员勇将，一个冲锋，大败檀凭之，檀凭之死战不退，当场阵亡。

刘裕惊悉檀凭之战死，更是怒不可遏，他舍了大队人马，亲自领一军猛进，却正入皇甫敷包围圈之中。刘裕一心只想着为檀凭之报仇，挥刀一阵大砍，皇甫敷人马虽多，一时也奈何不了。刘裕擅自离开大队，所带人马并不多，一阵拼杀过后，身边人马死伤殆尽，刘裕本人背靠一棵大树，仍手持大刀奋战不已。

皇甫敷手持一支铁戟冲了过来，让刘裕投降，刘裕也不回话，只是拼杀，谁接近他，他就砍谁。皇甫敷长叹一声："刘裕，既然你不投降，那你说吧，想怎么死？"说着，一挺铁戟便向刘裕刺了过来。刘裕正在苦斗，猛见铁戟刺来，奋力一闪，同时目光如炬，瞪着皇甫敷，一声大吼，唬得皇甫敷肝胆俱裂，竟不敢再刺第二戟，往后退去。

此时刘裕的大队人马已经赶过来，皇甫敷以多打少，尚且不能将刘裕拿下，更何况对方援军也来了。皇甫敷顿时大败，混战中不知谁一箭射出，正中皇甫敷额头，从马上栽了下来。刘裕一看，挺刀直取皇甫敷，皇甫敷重伤不起，临死前喊道："若刘君得了天下，请善待我的子孙！"刘裕大喝道："我答应你！"言罢一刀，皇甫敷首级滚出老远。

桓楚两员大将阵亡，这对于刘裕来说是绝好的决战时机。因此，他令全军埋锅造饭，吃完之后，刘裕又下令将所剩军粮全部遗弃，打胜了自有桓谦大军的粮草补给，打败了也死而无憾。看得出来，刘裕这是破釜沉舟了。接着，刘裕又命人多造旌旗，以迷惑桓谦。

当刘裕大军行至覆舟山时，桓谦的大军一见刘裕的军容，漫山遍野的旌旗，完全不知道来了多少人马。再加上皇甫敷与吴甫之这两员勇将有去无回，桓楚军队立马被吓破了胆，士气全无。接下来，刘裕再次横刀立马，带领大军对桓楚军展开了冲锋。桓谦人马虽多，但根本不是刘裕的对手，加之刘裕军乘风放火，整个覆舟山上火光冲天。桓楚军看见火起，火势又朝着自己这边蔓延过来，阵脚大乱，纷纷溃散奔逃。大乱中，桓楚军队人马相互踩踏，死伤无数，桓谦见状，只带少数残兵逃回建康，其余大部都降了刘裕。

建康城里的桓楚皇帝桓玄一听桓谦败了，吓得他连皇帝都不做了，带着几千荆州人马奔着自己老家的方向跑了。桓玄一跑，刘裕便率军进了建康城。进城之后，他先是厚葬了被桓玄杀了的王元德等人。接下来，刘裕将桓玄留在建康城里的亲属部将，连同桓楚的官员一锅端，上千颗人头落地。刘裕将自己封为都督扬、徐、兖、豫、青、冀、幽、并八州诸军事兼领徐州刺史，又封赏了一些与他一同起兵的将领，刘毅为青州刺史，何无忌为琅琊内史，孟昶（chǎng）为丹阳尹，刘道规为义昌太守，魏咏之为豫州刺史，诸葛长民为宣城内史。

大肆封赏一番之后，刘裕接着要派兵去追击桓玄了。此时的桓玄正带着晋安帝一通狂奔，当然他还不忘派出小股部队断后，试图拦住刘裕派来的追兵。刘裕派来追击桓玄的将领是刘毅、何无忌与刘道规，这三人一边突破桓玄的阻拦，一边朝着荆州方向长途奔袭。一连追了几个月，追到了峥嵘洲（今湖北黄冈西北）。桓玄到了这里，不仅不跑了，反而率领几万桓氏部曲，在这里等着他们上门。

刘毅等人追了一路，到了峥嵘洲后也就剩下了几千人马，现在面对桓玄的几万部曲，这仗实在难打，怎么办呢?刘毅与何无忌都想退回建康去集结大军，再来与桓玄一战，可是刘道规不同意。刘道规的想法很简单："我们是追兵，如果现在撤回去，桓玄必然率军追击，到时候就不是你不想打就能不打的。如今，只能一鼓作气冲上去，才能有胜利的机会。再者，桓玄乃是败军之将，内心实则很虚，两军相遇勇者胜，只要己方团结一致，奋不顾死，桓玄必败。"

于是，刘道规当先率领一路人马，刘毅、何无忌跟随，直扑桓玄军。当时的风刚好刮往桓玄军方向，刘道规下令放火，火船引燃了桓玄军的战船。桓玄这数万人马是短期内招来的，人数虽多，但未经训练，打起仗来，心理素质很不过关，一瞧火起，便慌了大半。刘道规乘机使艨艟（méng chōng）闯入桓玄舰阵，登船便大肆砍杀，桓玄军大乱，一时间有逃的，有打的，无法形成统一的战斗力。

就在此时，作为主帅的桓玄临阵怯战了，他把自己船上的救生小艇解了下来，准备坐小艇逃跑。结果，他这几万部曲一看，主帅要跑，哪里还有心奋战，士气一下子就泄了下来，顿时一溃而散。桓玄见状，心里更加恐惧，他登上小艇就向西逃命去了。桓玄逃回江陵，刘裕已在江陵城中散布消息，谁若能献上桓玄首级，必有重赏。还真就有人为了领取重赏去暗杀桓玄，桓玄在江陵也待不住了，只好再向西逃奔汉中。

这一日，桓玄带着身边的寥寥数十人，正往汉中走，忽然遇到了一伙人马拦路，仔细一瞧，竟是益州刺史毛璩的侄子毛修之，官拜屯骑校尉。这毛璩与桓玄是水火不容，就是他第一个在益州竖起了反对桓玄的大旗。桓玄一见是毛璩的侄子，心头一动，便要手下人准备厮杀，却见毛修之满面带笑，说："我们四川并非都反对您，除了益州，我伯父毛璩，其余地方的人都很赞成您推翻那无能的司马氏，今日陛下落难，我特地接陛下入蜀，咱们重打鼓另开张，以蜀地之殷富，对抗刘裕，有何不可？"

桓玄本是落难的凤凰不如鸡，一听毛修之如此说，当下就感动了。这一感动，桓玄便跟着毛修之进了四川。走了不久，前方突然出现一支送葬的队伍，排得挺长，大约有数百人。桓玄便问："这是谁死了？"毛修之说我叔叔毛璠刚刚病故，这是给我叔叔送葬的，领头的就是我的堂侄毛祐之。桓玄并未生疑，径直迎着送葬的队伍走去。

毛祐之一瞧："这不是桓玄吗？给我打！"一时间箭矢如雨，桓玄身边的护卫死伤一片。桓玄暗道不好，回头再找毛修之，却不见他的踪迹。忽然一人飞身跃向桓玄，抽刀便砍，口中叫道："益州督护冯迁在此！"桓玄吓得面如死灰，口中犹道："你是何人，敢杀天子！"冯迁道："我杀天子身边的贼罢了！"手起刀落，桓玄人头离颈。

　　至此，荆州桓氏在桓玄愚蠢的皇帝梦中覆灭了，而桓玄最终身首异处。东晋末年的这场篡位闹剧就此结束，而最大赢家便是那个昔日的大头兵刘裕。此时的刘裕已经成为东晋的实际掌权者，然而他却并不满足于东晋这偏安一隅的江东之地。他可是身兼八州军事的统帅，如何对付北方的胡人政权，成了刘裕接下来的重点工作。因此，他提前向东晋朝廷打了告老还乡的报告，一面遥控东晋朝廷，一面认真准备北伐的事宜。

　　就在刘裕北伐之前，北方的战争也在激烈地进行着，与此同时，西北的凉州进一步分裂，匈奴人赫连勃勃的夏国也在河套一带崛起了。

柴壁之战

　　正当刘裕在东晋拼杀的时候，北方的局面却呈现出更加分裂的状态：河南、山东一带是慕容德建立的南燕；山西与河北一带则是拓跋珪的北魏；陕西关中一带是姚兴的后秦；慕容盛占据了辽东，仍称燕国；甘肃一带则是西秦与后凉并立。

　　隆安二年十二月，拓跋珪把北魏的都城从云中（今内蒙古呼和浩特附近）迁到了平城，并正式登基即皇帝位。与此同时，河西一带的鲜卑族首领秃发乌孤合并了河湟一带的诸多部落，自称武威王，南凉政权就此出现。后凉建康（今甘肃高台）太守段业也在匈奴沮渠部的支持下，占据张掖一带，建立了北凉政权。南凉与北凉的崛起让西北不再太平，而西北局面的纷乱，最终却导致了后秦与北魏的冲突。

　　后凉国主吕光晚年由于沉迷酒色，导致后凉政权内忧外患。秃发乌孤之所以能够在河湟一带崛起，也与吕光的怠政有很大关系。并且由于后凉在与后秦的战争中失利，又导致了北凉政权的建立，这进一步威胁着后凉的统治根基。南凉国主秃发乌孤更是想乘机大举兴兵征讨后凉，却被手下大臣杨统制止了。杨统给秃发乌孤分析了一下西北的局势："西秦乞伏鲜卑本是我秃发氏属下，他们终归是要服从我们秃发鲜卑的，段氏乃书生一名，不足为惧；吕光年老，政务不精，国内迟早出祸乱，我们先不急于出兵，观察为上。"

隆安三年（399年），后凉国主吕光病逝，太子吕绍继位。然而，吕光的庶长子吕纂不服吕绍，并且他长期掌握后凉军权，渐渐有了不臣之心。很快，吕纂的弟弟吕弘就来撺掇吕纂篡位了。听了吕弘的怂恿，吕纂立即行动，带兵攻打后凉皇宫。吕绍身为国主，能拿得出手的军队只有两千禁卫军，并且他们一听说是吕纂来打，竟然作鸟兽散了。吕绍见自己没法阻挡哥哥篡位，便自杀了。

吕纂篡夺了后凉的大位之后，立即又对当初怂恿他的弟弟吕弘动起手来，一番自相残杀之后，吕纂终于坐稳了后凉国主的位子。可是，这位后凉新国主是个闲不住的家伙，内部杀完了，他又到外面去杀。吕纂领着兵马就朝南凉开来，没想到他竟被南凉新国主秃发利鹿孤的弟弟秃发傉（nù）檀（lǐn）打得大败而回，还被斩首两千余级。怎么南凉也换了国主呢?秃发乌孤由于酗酒，喝高后骑马被摔死了，国主的位子就给了他的弟弟秃发利鹿孤。

后凉与南凉的战争刚结束，后秦与西秦又打起来了。隆安四年（400年）七月，后秦皇帝姚兴亲率六万兵马来征讨西秦，两军在陇西一带对峙。西秦王乞伏乾归率数千骑兵去侦察后秦军的情况，没承想竟路遇风暴，迷失了方向。姚兴闻讯大喜，率全军猛击乞伏乾归，乞伏乾归被迫投奔了南凉秃发利鹿孤。姚兴挺进西秦国内，西秦乞伏鲜卑众部落一看，乞伏乾归败得如此利索，便纷纷投降姚兴，堂堂西秦国就这么没了。

灭了西秦，姚兴也开始膨胀了，在他的脑海中冒出了三个想法：一是统一西北；二是争霸中原；三是影响南方。三大愿望要一个个实现，首先得解决西北的问题，如今西秦已灭，就剩下几个凉国了。很快姚兴得到消息，后凉又发生了内乱。

原来吕纂篡位之后，有一个人就憋着劲儿要给吕绍报仇，这个人就是吕光的侄子吕超。吕纂为了笼络吕超，不仅没有追究他之前种种针对自己的行为，反而许以他高官厚禄。可这吕超虽然表面臣服吕纂，心里却时刻想着为吕绍报仇。终于，他趁吕纂酒醉之后，艺高人胆大，竟在宫苑内杀了吕纂。而吕超为了避嫌，硬是将自己的弟弟吕隆抬上了国主的位子。

姚兴一看，这是灭后凉的好时机啊，他命自己的弟弟姚硕德统兵向西而来。还没等姚硕德赶到，南凉国主秃发利鹿孤就率先动手了。吕隆刚登基就遭遇南凉的进攻，没办法，只能硬着头皮领兵出战，结果再次被秃发利鹿孤打得大败，还损失了两千户人口。南凉这边见好就收，并没有剿灭后凉的心思，吕隆虽然损失了点人口，但国家还在，也就不再兴兵了。可后秦姚硕德的兵马已经在路上，南凉与后凉如今都为家国存亡而忧心。也在此时，北凉沮渠蒙逊杀了段业自立，他也在关注着后秦与后凉的这场大决战。

姚硕德领兵征讨后凉，先要过南凉的地盘。秃发利鹿孤下令让所有军队避于城中，不得对后秦军挑衅。姚硕德大军因此顺利过了河湟，直逼姑臧城下。后凉国主吕隆见此战不可避免，再度硬着头皮领兵出战，结果又是一场大败，被阵斩上万人。吕隆被打得龟缩于姑臧城内，再也不敢出战。

北凉国都在张掖，离后凉国都武威就一百多公里，因此，沮渠蒙逊很快就得到战报。他见后秦军如此厉害，自知不是对手，于是赶紧派出使者去到长安，向后秦皇帝姚兴称臣。南凉国主秃发利鹿孤看沮渠蒙逊这么做，他也依葫芦画瓢，向后秦称臣。一时间，姚兴的龙书案上摆的都是西北各国送来的称臣表文，这其中还有一个连姚兴都没有听说过的政权，即位于今天甘肃敦煌的西凉政权，其国主是曾经的北凉县令李暠（hào）。

陇西李氏是西北的名门望族，他们自称是飞将军李广的后人，从汉朝起便开始经营西北，在陇西一带非常有号召力。李暠就出身于这个家族，并在段业手下做了县令。段业本是汉人，也想重用汉人做官，因此有意提拔李暠做敦煌太守，但又担心他拥兵自重，一来二去便将此事搁置了。等到段业被杀，李暠便占据敦煌到瓜州一带，形成了一方割据势力。他听说西北各国都给后秦上表称臣，便也给姚兴上了表，没想到姚兴稀里糊涂地同意了，从此西北又多了一个西凉政权。

这李暠在历史上并没有多出名，西凉政权也只是一个小小的割据政权而已。然而在两百多年后，他的子孙却在华夏大地上建立了一个横贯东西的大唐帝国，享国二百八十九年，传了二十一位皇帝，成为中国古代最为辉煌的一代王朝。

随着西北各国的上表称臣，后凉国主吕隆再也支撑不下去，他也投降了。姚硕德并没有杀吕隆，而是让他派儿子到长安做人质，继续留他镇守武威。后秦在西北完成了名义上的统一，形成了一个以后秦为主，南凉、后凉、北凉、西凉共存的局面。

第一个愿望算是完成了，接下来，后秦皇帝姚兴要完成他的第二个愿望了：争霸中原。中原此时挡在他面前的不是别人，正是北魏皇帝拓跋珪。北魏政权横亘在山西、河北，姚兴一提起拓跋珪气儿就不打一处来。原来，拓跋珪刚刚建立北魏的时候，为了稳固后方，曾经派人到长安去向后秦提亲，要迎娶后秦的公主做北魏的王后。后秦这边正高高兴兴地准备将女儿嫁过去，可拓跋珪打败后燕之后，竟然另立了王后，把后秦的公主晾在一边。

这还不算，更过分的是，拓跋珪在河套一带经常去进攻一些附属后秦的少数民族部落，这些部落首领一被拓跋珪欺负了，就跑长安来找姚兴哭诉。姚兴耳朵里灌满了拓跋珪的种种恶行，要不是西北问题没有解决，他早就想教训拓跋珪了。如今，姚兴解决了西北问题，要争霸中原了，那么拓跋珪自然就成了他第一个攻打的对象。

元兴元年六月，后秦皇帝姚兴亲起大军十余万进攻北魏，以弟弟姚平、宰相狄伯支为前部，领军四万先行，他自己则亲领主力大军随后而来。继魏燕之战后，十六时期的又一场帝国大战——秦魏之战正式拉开序幕。

姚平率领着四万后秦军，不到一个月就到达了北魏边境的汾河岸边。他率部强渡汾河，与河对岸的北魏军大战六十多天，占领了汾河东岸。拓跋珪听说秦军过了汾河，他也派出拓跋顺与长孙肥领兵六万去迎战后秦大军。

这长孙肥可不一般，他十三岁净身，当了拓跋珪身边的一名宦官。别看他是个阉人，打起仗来却一点也不含糊。就在拓跋珪与刘卫辰抢地盘的时候，长孙肥就曾带兵深入柔然，降服了柔然的多个部落。这次拓跋珪把他派上去，可见对这场战争的重视。长孙肥领兵到了永安，姚平见领兵的是个阉人，丝毫没放在眼里，令军前猛将集中，给了两百兵马，来挑战长孙肥。长孙肥不动声色，待对方马队接近，令旗一展，北魏军铺天盖地围上，将这两百人马一个不剩，全逮走了。

姚平一看，完全出乎意料，一个阉人也这么厉害？他吓得不敢再打，命全军撤退。长孙肥见姚平要跑，赶紧拍马就追了上去。拓跋珪听说长孙肥赢了，他更是倾全军之力杀来，一下子将姚平赶回了汾水岸边的柴壁（今山西襄汾县南十五里柴庄村）。姚平仗着兵马多，在柴壁筑城坚守，同时，派人向后面的姚兴告急。

姚兴接到姚平的急报，先派了一路精锐，去抢占汾水西岸的天渡，准备在此屯粮，而后派精兵强行将这批粮食送入姚平大营。有了粮食，姚平就能在柴壁坚守下去，这样一来，姚兴的大军才能有渡汾河的时机，才能里外夹击魏军。拓跋珪看秦军连日来并不应战，而是忙着运粮，心里就已经猜到了几分姚兴的意图，便将自己的担心给众人说了，手下谋士李先言道："陛下不如抢先占领天渡，让姚兴无法从天渡运粮。"

对于李先的建议，拓跋珪并未完全采纳。他只是派军将姚平所筑的柴壁城团团围住，又在包围圈外建立了好几层防御体系，多配置鹿角、蒺藜、栅栏等，让姚兴在天渡建立的粮仓起不到任何作用。与此同时，拓跋珪还派了一支部队渡过汾河，在汾河西岸也筑起一道防线，让姚兴的大军连汾水岸都到不了，只能隔着汾河看他们灭姚平。

姚兴这边领着他的主力大军向汾水西岸而来，还没等他靠近汾水，就有探马来报，北魏军已经渡过汾水，并在汾水西岸筑起了营垒。姚兴没想到北魏军动作这么快，他下令全军缓行，以免中了魏军的埋伏。拓跋珪在汾水西岸远远地看到姚兴的后秦大军，他亲自领军出击，向着姚兴猛冲过来，后秦军根本没有做好战斗准备，被拓跋珪这么一冲，吓得向后退了四十里才安下营寨。于是，秦魏双方就在汾水西岸开始对峙。

姚兴这边急于渡河去救姚平，便派出了多股侦察部队去侦察地形。有侦察部队回来报告，说魏军在汾河上架起了几座浮桥来连接东西两岸。姚兴心想："若能把魏军的浮桥毁了，东西两岸的魏军被汾水分割，则我率大军进攻拓跋珪的营垒，他必败。"那个年月又没有火药，要想毁了魏军的浮桥可不容易。姚兴想来想去，终于想到了一个办法，他令人就近砍伐树木，然后扎成一捆一捆的柴火堆，在汾河上游抛入河中，利用河水的流速和柴火自身的重力，将浮桥撞毁。

对于他这个绞尽脑汁才想出来的好办法，拓跋珪只用了一招就解决了问题。他命令士兵沿河打捞这些柴火，并把打捞上来的柴火用来生火做饭，还省了自己去找柴火的麻烦。姚兴这一招无疑是在变相帮拓跋珪的忙。

同年十月，姚兴已经被拓跋珪拦在汾水西岸足足两个多月了。而后秦的先行官姚平则被围在柴壁将近四个月了。他盼星星盼月亮地盼着姚兴来救自己，甚至他都能远远地望见姚兴的大纛，怎奈姚兴就是过不来。此时的姚平不但粮吃尽，就连防守用的箭矢都打光了。困守危城是死，不如冲出重围，或许还能有一线生机。于是，姚平准备带着他的四万先行军突围。

一天夜里，姚平的军队突然鼓声大震，他带着军队突围了。对岸的姚兴听到动静，料定姚平选择了突围，他急忙命大军点燃火把，并且高声呐喊，给姚平和那四万秦军助威。姚平一突围，北魏军立刻收缩包围圈，四面八方箭矢、石头、扎枪一通招呼，后秦军死伤无数。姚平眼望对岸，心急如火烧，心说："哥哥呀，你在对岸老是叫唤干什么?你倒是赶紧过河啊!我这边都突围了，你此时还不快些过河与我汇成一片，更待何时啊?"

对岸的姚兴也着急，他有心突破北魏军营，过河去救他老弟，怎奈北魏军在汾河西岸的营盘十分牢固，累死也攻不破。他心说："弟弟呀，你倒是快些突围过来呀！只有你突围过河，我才能在河这边接应你啊！"

姚平在河东岸拼了死命往外杀，等他跑到汾水岸边一看，手下四万人还剩下了两万多。可当他再往对岸看时，心里咯噔一下。因为他完全不知道北魏军在汾河西岸也扎了营，整个汾河两岸全被北魏军控制了，难怪他哥哥在那边待了两个月，就是不过来。姚平彻底陷入绝望，既然突围不成，那就只能以死报国了，他两眼一闭，一个纵身就跃入了滔滔汾水。剩下那两万后秦军也不含糊，一个猛子接一个猛子地往河里扎。拓跋珪在汾水岸边一看："想死？没那么容易。"他下令全军拿来钩子往河里捞人。两万后秦军被捞上来一大半，最后连姚平也被捞上来了，只不过这位老兄入水的时间太长，没能救过来，就这么被淹死了。

后秦皇帝姚兴在对岸亲眼看着自己的弟弟和兵士们跳河，急得上下乱窜，可就是一点办法都没有。最后，姚兴无奈地坐在地上哇哇大哭，他这一哭不要紧，所有看到这一幕的后秦兵士无不感同身受，整个后秦军营哭成一片，真可谓哭声彻夜，响动山谷。

姚兴这边哭够了，想要争霸的心气儿也没了，他派人来找拓跋珪求和。拓跋珪当然不可能答应求和："是你先起兵来打我的，现在打了败仗就求和，哪有这么便宜的事情？"拓跋珪将所有北魏大军悉数集合于汾水西岸，朝着后秦军猛冲过来，姚兴招架不住，拔腿就往陕西逃跑。拓跋珪领着魏军就追，一路追到了蒲坂（今山西永济），大有不进关中不回还的意思。姚兴仍不死心，几次三番派人去找拓跋珪求和。如果不是北方的柔然南下，拓跋珪恐怕真的要兵进关中了。

义熙三年（407 年），后秦与北魏修好，北魏甚至送还了一部分柴壁之战的俘虏，条件是让后秦用一千匹马来换。然而，在此过程中，昔日匈奴首领刘卫辰的儿子赫连勃勃却乘机发展壮大，并在统万城（今陕西靖边北）建立了十六国中的最后一国——夏国。

夏国建立

　　赫连勃勃是匈奴首领刘卫辰与前秦公主苻氏所生的儿子，原名刘勃勃。这刘勃勃在建国之后，觉得匈奴的刘姓是汉朝皇帝强加给匈奴人的，因此，他对自己的刘姓十分厌恶，遂改姓赫连。

　　那么他是如何建立夏国的呢?就在拓跋珪打跑刘卫辰之后，刘勃勃就投奔了后秦，深得后秦皇帝姚兴的喜爱，封五原公、安北将军并令其率领原有的刘卫辰部残兵及新配的军队两万，镇守朔方。

　　刘勃勃到了朔方之后，开始在其旧部的基础上不断扩充自己的实力，很快就有了数万兵马。到了义熙三年，秦、魏两国修好，这可把刘勃勃气坏了。他心说:"你姚兴让我守朔方，目的就是利用我和拓跋珪之间的世仇来牵制北魏。如今倒好，你们修好了，拿我当猴儿耍呢?"

　　于是，这位刘勃勃同学不仅劫了河西鲜卑杜仑向姚兴进献的八千匹马，还带着他的三万兵马到高平川游猎，其目的是兼并他岳父高平公没奕于的兵马和地盘。有了兵马和地盘的刘勃勃不仅将自己的姓改回赫连，还在今天陕西靖边以北五十里的地方修筑了一座大城，取名"统万城"，并以统万城为国都，建立了夏国，自称夏国王。之所以取国号为夏，是因为赫连勃勃认为匈奴人是夏启的后代，追根溯源，他应该恢复祖先的国号。

　　建立了自己的国家和统治机构，赫连勃勃就要开始他的戎马征程了，他把第一个目标对准了后秦的属国——南凉。

　　义熙三年十一月，赫连勃勃率骑兵远途奔袭，对南凉进行了一次侵袭。南凉秃发鲜卑是那几个凉国中最长于武力的，却被赫连勃勃毫无征兆的闪电战打了个措手不及，万余人被杀，被掠走男女共两万七千人，牛羊数十万头。

　　南凉国主秃发傉檀大怒，等想要发兵时，赫连勃勃早已跑了。秃发傉檀咽不下这口气，率军猛追，结果竟中了赫连勃勃的埋伏，又被杀上万人，国中猛将死了十之六七，秃发傉檀差点被俘，仓皇逃回南凉。此战令赫连勃勃声名大振，他命人将敌军尸首垒砌，以土石封存，号曰骷髅台。

赫连勃勃打了南凉，后秦皇帝姚兴是又气又喜。气的是赫连勃勃不仅造了他的反，还要给他一个下马威；喜的是他自己也有意灭南凉，赫连勃勃对南凉的这一次侵袭，正好帮他消减了南凉的实力，让他有机可乘。义熙四年（408 年）六月，姚兴派出两路人马，一路由后秦大将齐难率军，去征讨赫连勃勃；一路则由皇子姚弼率军，去灭南凉。这两路军对外则统称是去征讨赫连勃勃的，以此麻痹秃发傉檀。同时，姚兴还命宗室姚显率领后军配合两军作战。

姚弼这边领兵去打南凉，此时南凉已经赶跑了吕隆，将都城迁到了姑臧。姚弼这边走到金城（今甘肃兰州）时，部将姜纪给他建议，派小股部队抄小路奇袭姑臧。姚弼不同意，他觉得："南凉小国，我大军所到之处，必定望风而降。"于是他坚持从大路进兵。走到姑臧外围，有两座小城，一为昌松，一为魏安，按照姚弼的设想，这两城应该望风而降了，可没想到昌松太守苏霸不仅不降，反而死守昌松。姚弼费了九牛二虎之力才拿下昌松，赶奔姑臧而来。

姜纪又建议姚弼偷袭姑臧城，姚弼依然不同意，他身为后秦皇子，自然要光明正大地灭南凉，玩阴谋诡计，实在胜之不武。于是，姚弼围住姑臧城四面攻打，秃发傉檀攻守不乱，秦兵久攻不下。姚弼只好扎起大营，寻找机会破城，秃发傉檀却趁夜偷袭秦兵营寨，姚弼大败，向后退却。秃发鲜卑见秦兵后退，忙放出牛羊，秦兵见了纷纷抢夺，结果被鲜卑人二次杀败。两次战败加起来，死伤七八千人，姚弼令人筑起堡垒，坚守不出，灭南凉顿成泡影。

姚弼出师不利，齐难也没好到哪儿去。赫连勃勃是游击专家，见秦军来了，马上跑得无影无踪。齐难没找着赫连勃勃，也不知道哪根神经不对，他居然纵兵大掠，抢劫周围各民族部落的财物。正抢得欢畅，赫连勃勃突然杀出，齐难猝不及防，登时大败，部下被斩杀七千余人。齐难领残兵掉头就跑，却为时已晚，赫连勃勃的匈奴骑兵如风一般，所过之处片甲不留，俘虏后秦军一万三千人，齐难也成了阶下囚。

两路兵马均遭惨败，这让姚显陷入了左右为难的地步，最终他做出的选择是放弃齐难，去救姚弼。姚显催动人马，赶往姑臧，走到半路，他突然心生一计，心说："秃发傉檀刚刚打败姚弼，士气必然高涨，我这些人马即便到了姑臧，也未必能得了便宜，救出姚弼，不如想办法先挫挫南凉军的锐气。"

姚显选出军中箭法最好的五个人当先开路，到了姑臧城附近一看，姚弼躲在堡垒里不敢出来，而秃发傉檀率军围攻得正猛。姚显说："不要打了，今日我有五名勇士，人人善射，不如你秃发傉檀也找出五个人来，与我这五人比武如何？你赢了，姚弼随你处置，我赢了，你就退兵，不得再围攻姚弼。"

姚显要比武，秃发傉檀还真就答应了。双方选定了地点，在姑臧城的一个城门之前，姚显的五位勇士先到了比武的地点，但左等右等也不见南凉的人来。正焦急之时，突然城门打开，从门内冲出一队轻骑，人人亮出明晃晃的宝刀，个个手起刀落，将这五位后秦勇士砍杀在地。姚显一看，差点被吓傻了，赶紧派人向秃发傉檀服软，承诺只要他肯放了姚弼，以后南凉的事情，后秦再也不插手。

姚兴听闻西边的战报，气得吹胡子瞪眼，好在秃发傉檀把他儿子放回来了，他也就不再过问凉州的事情。只不过，赫连勃勃这口气他咽不下去，义熙五年（409年），姚兴再派弟弟姚冲及大将狄伯支率军四万去征讨赫连勃勃。走到半道，姚冲突然反了。他用鸩酒毒杀了狄伯支，之后想要带兵回长安作乱，结果后秦军队竟无人响应，姚冲只得作罢。谁知军中有人将此事秘密上报给姚兴，姚兴便派钦差来到军营，将姚冲杀了，征讨赫连勃勃的事情就此搁置。

同年，北魏道武帝拓跋珪死了，享年三十九岁。拓跋珪十四岁称王，用了二十五年的时间，将北魏从一个部落发展成中原霸主，他的才能有目共睹。只可惜后期的拓跋珪沉迷于五石散，这药物让他的性情大变，动辄杀人。平城之中，无论宗室、贵族还是官员，人人自危。他最终死在了自己十六岁的儿子拓跋绍手中，而拓跋绍又被自己的哥哥，北魏太子拓跋嗣杀害。从此，北魏进入明元帝时代。

也是在这一年，刘裕终于按捺不住自己北伐的意愿，他开始了自己"气吞万里如虎"的北伐生涯。他首先把兵锋指向了盘踞山东的南燕政权。

南燕灭亡

南燕政权最早由慕容垂的弟弟慕容德建立，当年慕容德跟随慕容垂造反，他的家人悉数被苻坚所杀，导致慕容德晚年时竟然没有儿子来继承南燕皇位。就在慕容德为自己的接班人发愁时，他的侄子慕容超却冲破重重阻碍，来到了南燕，慕容德这才为南燕选定了接班人。义熙元年（405 年）八月，慕容德驾崩，南燕皇位自然就由慕容超这位唯一的继承人继承，他一上台，就迅速提拔了一位帮助自己来到南燕的人——公孙五楼。

这公孙五楼算是慕容超奶奶家的亲戚，他奶奶就姓公孙。而这位公孙五楼欺男霸女、贪赃枉法、卖官鬻（yù）爵、祸国殃民，这么一个大奸臣掌权，南燕国内到处乌烟瘴气、民不聊生，引发了南燕慕容氏贵族的强烈不满。

一心想要兴兵北伐的刘裕自然不会放过这么一个灭亡南燕的好时机。义熙五年四月，刘裕从建康发兵北上，五月到了下邳，大军步行进入山东琅琊。南燕的都城广固在今天的山东青州，从琅琊到广固，最近的路线是经大岘关向东北而行，否则就要经过泰山谷口绕行。那么这大岘关在哪里呢？

这大岘关位于今天山东沂水县的马站镇内，在大岘山与龙山之间，是齐国所筑齐长城的中间地带。关口在山顶，扼守鲁中南之咽喉，过了大岘关，就是山东北，此关就是后来山东省大名鼎鼎的穆陵关。

刘裕要朝大岘关进兵，手下将领纷纷表示反对，因为只要南燕派一支军队守住大岘关，晋军就是羊入虎口，很可能有去无回。但是，作为主帅的刘裕却认为南燕不会派兵把守大岘关，因为他们没那个智商。其实，南燕政权内部还真有人提出了据守大岘关的计策，而提出这一计策的不是别人，正是那个大奸臣公孙五楼。南燕皇帝慕容超平日里对公孙五楼的话几乎言听计从，唯独这次没有采纳。事实证明，慕容超就是这一次不听话，葬送了南燕的大好江山。

刘裕这边带着人马往大岘关而来。慕容超那边，几位重臣都劝他坚守关隘，坚壁清野，可慕容超就是不听，非要把刘裕放进来，在关内与他正面决战。为此，他还把苦苦劝谏他的太尉慕容镇关进了牢房。刘裕虽然夸下海口，但心里还是有些担心，万一南燕真派兵把守，那他可就功败垂成了。然而事实却是，刘裕带兵入关，南燕竟未在关口设置一兵一卒。刘裕笑了："我兵马度过天险，粮草足够打仗，士卒舍生忘死，罢了，此虏已入我掌中。"

再往前走，刘裕正遇上领兵赶来的公孙五楼，两人见面就开打，打完一看，公孙五楼跑了。刘裕继续向着山东中部的临朐（qú）进发，在这里，慕容超已经率领南燕军的主力恭候多时了。这便是这位南燕皇帝所要的正面交锋。慕容超一见刘裕的大纛，便立即率军出城迎战，两军打了整整一天也没能分出胜负，慕容氏的骑兵对阵东晋的步兵，竟然没有占到丝毫便宜，可见北府兵的厉害。

两军陷入胶着状态，刘裕军中的参谋胡藩献上一计——分兵去偷袭临朐。刘裕立即做出阵前调整，分出三路兵马去偷袭，临走之时，刘裕告诉这些将士："如果敌人问你们从哪里来，你们就说是从海上来的。"

慕容超这边正和刘裕刚得起劲，忽然从背后传来了喊杀声。只见一支晋军正在攻打临朐，慕容超赶紧派人去打探，结果打探回来的消息把慕容超惊了一跳：有晋军从海上攻来。这一消息把所有南燕军都吓傻了，什么？还有晋军从海上而来，并且不知道有多少人，这仗还怎么打？再打下去就要陷入腹背受敌的境地了。慕容超赶紧带人回救临朐，却见临朐城头上已经挂起了晋军的大旗，临朐丢了。

慕容超心说这下完了，他带着人赶紧撤离战场，一口气跑回广固。刘裕这边带着人马紧追不舍，很快就将南燕的都城广固围了个里三层外三层。慕容超一看情势危急，赶紧派人去长安找姚兴求助。姚兴听说刘裕进攻南燕，本着唇亡齿寒的教训，他还真派出一支军队驻扎洛阳，大有南下襄阳的架势，又派出使者去刘裕军中，趾高气扬地道："慕容氏与我大秦修好，如今我大秦已派十万铁骑入洛阳，倘若你等不退兵，我十万铁骑必定兵指长江。"

刘裕一听这话，也回应道："你回去转告姚兴，我灭南燕之后，休兵三年，三年之后定要兵发长安、洛阳。如果姚兴等不到三年，现在就将此二城乖乖送来。"后秦使者一听刘裕这话，吓得如丧家之犬一般逃了。其实姚兴还真想救南燕，只不过他心有余而力不足。赫连勃勃在这一年建立了夏国，他自己都快被人打得全军覆没了，如何能救得了慕容超？

广固城被围困多日，慕容超困兽犹斗，指望着后秦能派兵来援救他，可他左等右等，就是不见后秦的大军。慕容超可以做最后的挣扎，可南燕的一些大臣却不愿陪慕容氏一起殉葬。南燕的尚书张俊趁夜偷偷爬下城投降了刘裕。刘裕问询了张俊广固城内的情况，张俊说："南燕君臣都知道后秦军来不了了，已经丧失斗志了，只有慕容超还想再试试，他手下有个叫韩范的人，跟姚兴关系很好，只要将军您捉住韩范，广固城不攻自破。"

刘裕立即上表晋廷，封韩范为散骑常侍，号令韩范投降。韩范听说刘裕以官来诱降自己，内心有些动摇。有人还劝韩范，说即使他不给南燕请援，也该投降后秦，韩范说："像刘裕这样的布衣能够灭桓氏复晋室，天下有谁还能与他争锋？我可不想将来再投降一次。"就这样，南燕唯一的希望，韩范也投降了。

韩范一降，广固城中大乱，大家都已经看不到希望了，也不准备再为慕容氏卖命了。而刘裕则加紧了对广固的攻势，各种攻城器械一齐出动，把广固城拆了个七零八落。义熙六年（410年）一月，广固城中既无粮草，又无兵卒，百姓也死伤无数。有慕容氏的宗族前来劝慕容超投降，这家伙倒还有几分骨气，宁死不降。几天后，刘裕发动了最后的总攻，守城兵将见晋军如潮水般涌来，知道自己已经守不住了，纷纷跪地投降。

慕容超听说守城兵将降了，他还准备骑马突围，却被晋军拦下了。刘裕看着被俘的慕容超："怎么样?你南燕小国一向小视我晋朝，这下还有何话可说?"慕容超一梗脖子，也不说话，只是请求刘敬宣在他死后帮忙照顾他妈段氏。这慕容超还算孝子，临了还想为他妈找条后路。

刘裕打广固耗时数月，对于城中的汉民百姓帮助胡人抵御王师相当不满，竟然下令要把广固城中的百姓悉数坑杀。韩范赶紧前来劝说，说如果把广固百姓都坑杀了，那其他华夏衣冠听说之后，就再也不会来迎王师了，刘裕这才作罢。韩范一言救了一城的人，否则那将是几十万人血流成河的大屠杀。最终，刘裕将南燕自王公以下的大员及其家眷斩杀了三千人，又将慕容超押回建康，斩于闹市。至此，南燕政权灭亡，河南山东之地又复归东晋。

后秦灭亡

义熙十二年（416 年）一月，后秦皇帝姚兴的生命走到了终点，后秦太子姚泓继位，是为后秦末主。姚兴一死，后秦帝国立即陷入主少国疑的状态。同年八月，刘裕再举大军北伐，兵锋直指长安。

刘裕选择此时北伐，真可谓恰到好处。因为姚泓刚登基，后秦国内就乱了。北边的赫连勃勃在陕北打得后秦将士叫苦不迭；西边的乞伏鲜卑复了西秦国，也在连连寇边；山西一带的杂胡反了；就连已经灭亡许久的仇池，也与赫连勃勃联合，几次三番进攻秦州（今甘肃天水）。此时，如果刘裕不来掺和一下，都对不起这么多人联合创下的局面。

刘裕以王镇恶、檀道济领一军入许昌、洛阳；以朱超石、胡藩领一军入阳城（今河南登封）；以沈田子、傅弘之领一军出武关；以沈林子、刘遵考领一路水军出石门；以王仲德领一路水军从山东沿黄河入洛阳；刘裕则自领后军跟进。六路大军，五路在前，一路在后，方今天下能有如此战力的，除了东晋刘裕，再无他人。后秦州县闻听晋军前来，无不望风而降，王镇恶与檀道济一路率先进入许昌。

许昌失守，后秦朝廷大为惊恐，北有赫连，南有刘裕，这可如何是好？朝堂之上文武大臣吵作一团，最终后秦末主姚泓拍板，北边军民继续抵抗赫连勃勃，南面各军与刘裕对抗到底。对抗到底也没用。很快，沈林子攻克荥阳，胡藩占领登封，王仲德由滑台逼近虎牢关，洛阳城就在东晋各军的眼前了。

后秦洛阳守将是宗室姚洸（guāng），他见形势危急，赶紧向长安求救。姚泓派出将军阎生、姚益男率军一万三千人赶往洛阳救援，又让后秦并州牧姚懿领兵屯扎在黄河沿岸，以为声援。后秦的援兵正马不停蹄地往洛阳赶，而洛阳的守将姚洸也做好了死守的准备。可惜的是，姚洸手下还有洛阳司马姚禹，洛阳主簿阎恢、杨虔，这三位都是檀道济的好朋友。檀道济兵出虎牢关之时就已经与他们通了气，要在洛阳城里上演"无间道"，而身为主帅的姚洸对此浑然不知。

洛阳城中有一老将，名叫赵玄，他是主张死守城池等待救援的，可惜他的主张却受到姚禹、阎恢和杨虔这三位阻拦，他们当然不可能让姚洸死守待援。于是，他们激了姚洸一下："殿下您雄霸一方，英明神武，今日敌军来了，您却不出战，怎么对得住朝廷？"姚洸被这么一激，心中的热血竟被激了起来，立即下令让赵玄领兵出战。

赵玄几番推脱，姚洸把手一摆，只叫他领命。赵玄无奈，只得领兵前往虎牢关前拒敌。等到赵玄与副将石无讳赶到虎牢关时，虎牢关一众军民早已投降晋军。赵玄只好硬着头皮领兵应战。石无讳领兵向东，正遇檀道济。石无讳一看是檀道济，打都没打，撒腿就跑，檀道济领兵追击，石无讳被杀得大败。赵玄则遭遇了毛德祖，一战下来，后秦军死伤无数，赵玄殒命当场。

灭了赵玄，檀道济回师西进，很快来到洛阳城外。姚洸一看檀道济来了，吓得不战而降。自桓温收复洛阳，到如今又过去了半个世纪，洛阳城再度回到东晋的版图。刘裕收复洛阳，这功劳可比当年的桓温，因此，他给东晋朝廷上了一道表，要求晋廷给他加九锡之礼。

义熙十二年十二月，晋廷下诏，封刘裕为相国，总制百官，赐十郡之地，号为宋公，备九锡，领征西将军、四州刺史、扬州牧。在东晋时代，做官做到这样，离篡位也就不远了，老百姓也在盼着改朝换代。不过刘裕此时还没想篡位，他还要西入潼关占领长安。此时，远在西北的乞伏鲜卑主动与刘裕联络，请求在西边共击后秦。刘裕表示同意，并封其首领为平西将军、河南公。

按说后秦政权都已经这样了，应该齐心协力共同御敌才是，没想到后秦宗室里却有人起兵造反了。镇守安定的姚恢在这个时候竖起反旗，后秦朝廷不得不先将东边的军队抽调回去镇压姚恢，致使潼关兵力空虚。

东晋将领王镇恶的大军此时已经到达潼关之外，王镇恶的爷爷就是前秦丞相王猛。前秦灭亡之后，王猛便投奔了东晋。如今，王镇恶再度回到潼关，真是别有一番滋味。与此同时，东晋另一路人马由檀道济和沈林子率领，出蒲坂渡黄河，准备绕道陕北，进入关中。

姚泓一看这架势，立即以东平公姚绍为大将军，总督军事。姚绍是姚苌的弟弟，也算是后秦的一位老将，他刚出马，就立刻派姚鸾率军五万去守潼关，又派姚驴领一军去守蒲坂，防止晋军偷渡黄河。还别说，这姚驴还真有些本事，他到蒲坂之后，竟然把檀道济与沈林子挡在了黄河东岸，进退不得。最终，檀道济再次领兵南下，准备与王镇恶一同攻打潼关。

姚绍自从当了后秦的大将军，就对潼关的军事十分上心，最后他竟然亲自到潼关坐镇。姚绍当年可是与王猛共事过的，因此，王镇恶在他眼里，就是个小娃娃。于是，姚绍一到潼关，就想给王镇恶、檀道济这帮人一个下马威。他下令开关接战，想用一个突袭打败檀道济等人。谁知檀道济早有防备，见后秦兵来，立刻摆开队形，奋勇力战，一口气杀了上千后秦兵，吓得姚绍跑回潼关，从此不敢小瞧这些年轻人。

姚绍回到潼关之后，又与姚鸾商议，准备派兵突袭檀道济的粮道，等到晋军无粮，再出兵掩杀，檀道济则可被生擒活捉。两人是这么商量的，也是这么做的，姚鸾一回来，就派自己手下将领尹雅去袭击檀道济的粮道。谁知等了一天，尹雅竟然有去无回。原来檀道济早就防着秦军去偷袭他的粮道，也早早设下了埋伏等着秦军来钻口袋。没想到尹雅这倒霉蛋还真就中了埋伏，被檀道济生擒了。檀道济又乘势反扑后秦军，趁夜冲进姚鸾的大营，将姚鸾一刀了结了。

姚绍一看姚鸾死了，赶紧把潼关的情况报告给姚泓。姚泓本想着有姚绍坐镇，还能有个好消息，没想到又是战败的消息，怎么办？眼见江山社稷不保，姚泓急得大哭。哭了几天之后，姚泓突然有了主意，他给北魏皇帝拓跋嗣去了一封信，请求拓跋嗣发兵救援。

接到姚泓的求救信，拓跋嗣的态度很微妙，他既不想后秦被灭，也不想去惹刘裕，而且他之前还向刘裕借了道，否则王仲德不可能从山东顺利到达虎牢关。北魏的日子其实也不好过，因为他们刚刚遭了灾，还闹起了饥荒，此时并不宜发兵。拓跋嗣想了半天也没个主意，最后问计于崔浩，崔浩并不赞同北魏出兵去救后秦，但出于自身的考虑，崔浩建议北魏军队屯兵黄河北岸，伺机而动。如果刘裕进入关中，则不可出击，如果刘裕攻秦失利，则可在半道将其一网打尽。

拓跋嗣最终的态度依然很模糊，但还是派出了十万大军去往滑台。姚泓在长安听说拓跋嗣出兵了，激动得眼泪都下来了。没有了后顾之忧的姚绍从此更加注重潼关的防御，愣是让檀道济、王镇恶、沈林子三人在潼关之外打了半个月也没有丝毫进展。眼见军粮不济，王镇恶打算退兵，沈林子对此大为光火，拔剑威胁王镇恶，才让他改变了退兵的想法，转而从关中百姓那里要来粮食，来维系大军。

王镇恶一面向关中百姓要粮，一面去信给刘裕，请他送些粮食过来。可刘裕此时也遇到了麻烦——他的后军竟然在滑台与北魏军打起来了。北魏十万大军在黄河北岸伺机而动，可他们每天看着晋军在自己的眼皮子底下，久而久之这手就痒了起来，于是主动挑起战争，阻止刘裕伐秦。

晋军在黄河之中难免会遭遇大风天气，大风一刮，很多船只就被刮到了黄河北岸。北魏军见有晋军船只飘过来，就抢劫船上的物资，还把船上的晋军杀了。一次两次刘裕还以为是误会，可每次都这样，刘裕可就忍不了了。于是，他派出兵马渡过黄河，要给这些鲜卑人一个教训。北魏军这边没有接到上头的命令，不好彻底和刘裕撕破脸，他们见晋军过来了，就往北边的山里跑，等晋军退走，他们又回到黄河北岸，接着抢劫杀人。

刘裕一看，这帮鲜卑人实在可恶，必须给他们一个教训，否则这样下去会直接影响伐秦大军的进度。于是，刘裕派出一支军队，再次渡过黄河去打北魏军，北魏军照样准备等晋军一过黄河就往北边的山里跑，他们密切关注着黄河上的情况，却发现这一次过河的晋军与前几次的都不一样。

他们拥有百余辆战车，并将战车摆成了一轮弯月的形状，好似一个半圆，放在黄河岸边，半圆的拱形，对着鲜卑军，半圆的底部，便是黄河。每辆车上，有七名士卒，各就各位之后，竖起一长杆，杆上有白色牛尾做的标志，长杆竖起后，似乎发送了一个信号，立刻又有两千名晋军上岸，他们每二十人一组，分成一百个小组，分别上了百辆战车。前面七人与后面二十人装备不同，前面七人，主要工作是摆好车辆，之后竖起长杆，以作信号，后面二十人，却装备着大量强弓硬弩，另有几人，手持盾牌，护住车辕。这便是历史非常有名的车战之术——却月阵。

北魏军还以为这是刘裕给他们送来的物资，他们也不往北跑了，而是全军朝着黄河岸边冲了过来，准备接收这些战车。北魏骑兵排山倒海般地压了过来，却月阵立刻发动。只见弩箭频飞，鲜卑人被射倒一片，但余下的鲜卑人反倒更加骁勇，猛攻不止，并且人数越来越多，竟达三万。等到北魏军靠近，晋军车阵中的武器突然发生了变化，从弩箭变成了断槊。只见晋军将所携带的千余张槊，截断为三、四尺长，用大锤锤击进行杀敌，一根断槊便能洞穿三、四名北魏骑兵。一时之间，晋军车阵里万槊齐发，北魏三万人马应声倒地，死伤累累，惨叫连连。

黄河上的数万晋军见却月阵发挥了作用，大破北魏骑兵，立马上岸追击，斩获无数。北魏军吓得失魂落魄，人撞马，马踩人，死伤无数，那位刚被派去监视晋军的大将冀州刺史阿薄干，竟被晋军阵斩，十万北魏军就此化为乌有。

消息传到平城，拓跋嗣差点没气吐血。自拓跋珪建立北魏以来，还从来没有遭遇过如此惨败："我让你们屯兵河岸，也不是让你们去挑衅开战的啊，怎么就和刘裕打起来了？"拓跋嗣真是后悔不迭，这才是屋漏偏逢连夜雨，国内还在饿肚子，对外又损失十万大军，拓跋嗣下令将黄河沿岸的所有军队全部撤回，刘裕爱打后秦就打后秦，自己再也不管闲事了。

北魏军一撤，后秦大将军姚绍彻底着急了。他再次派出姚洽、安鸾、姚墨蠡（lí）、唐小方四将，率军三千去袭晋军粮道。上一次尹雅就遭遇了埋伏，后秦军怎么还要往敌军口袋里钻？姚绍这完全是没有办法的办法了，如果不能切断晋军粮道，潼关失守就在眼前，所以他只能硬着头皮再来一次，总比困死潼关要强，万一能成功呢？可惜，檀道济、王镇恶他们却没有给后秦军这样的机会。四将率军一来，就又中了晋军的埋伏，沈林子率军乘势掩杀，后秦三千人马全军覆没，四位将军全部阵亡。

消息传回潼关，姚绍顿觉眼前一黑，一口老血涌上心头，再一张口，吐了一地。姚绍也是七十多岁的老人了，经不住这样的打击，当天夜里就撒手人寰了。义熙十三年（417 年）四月，刘裕率兵进入洛阳，继续向关中推进。七月，刘裕到达潼关，与檀道济、王镇恶、沈林子合兵攻破潼关，进入关中。另一边，沈田子、傅弘之一路由武关入关中，很快到达了长安南面的蓝田县，拿下长安胜利在望。

后秦皇帝姚泓听说晋军到了蓝田，急忙派黄门侍郎姚和都率军入蓝田，他自己又点齐全部御林军，亲赴蓝田御敌。这沈田子是沈林子的哥哥，与弟弟一样，也是晋军中的骁将。此时他手中仅有千余人马，而后秦姚泓却有御林军数万，如此悬殊兵力，实在难以一战。因此，傅弘之建议退兵，沈田子却不同意，他说："兵贵在诡道，不在人多。敌众我寡，一旦退兵，被敌人追上形成合围，则必死无疑，如今唯有决一死战，或许还有一线生机。"

沈田子带着这千余人的队伍继续向前，走不多久便碰上了姚泓率领的御林军。沈田子言道："诸位与我冒险远来，正求今日之战，生死一决，封侯之业在此一举。"他一马当先冲了上去，其余晋军也是人人当先，个个勇武，硬是以千人之队，斩杀了上万后秦御林军。姚泓见晋军如此厉害，吓得他掉头就跑，一口气跑到了灞上驻防。

沈田子这边继续向长安推进，王镇恶也率水军沿渭河而来。姚泓面对南北两路大军对长安的夹击，可谓束手无策。他只得引兵从灞上退回长安城中，同时派出大将姚难、姚强领兵迎击王镇恶。王镇恶遇后秦军，只一战便败了姚难，阵斩姚强，又下令所有兵士隐匿于船舱之中，只在侧舷摇桨而行。长安城中的后秦军见渭河之中艨艟大船足有上百艘，却看不见一兵一卒，全部吓傻了。这帮人哪里见过这阵势，一溜烟全给吓跑了。

王镇恶兵不血刃到达了长安城北的渭桥，引兵上岸后直冲长安北门。渭桥守军见状，吓得赶紧往城内跑，正遇上率领御林军赶来救援的后秦末主姚泓。这倒好，一个往里冲，一个往外冲，两支后秦军在长安北门撞了满怀。一时间，人搏马、马踏人、死伤甚众，姚泓此时神思已乱，见自相践踏，不知如何是好，竟独自一人骑马奔回宫内。

王镇恶引兵杀入长安，后秦宗室姚赞还想领兵负隅顽抗，怎奈他想玩命，手下人却不想，走到半道，兵卒就全跑光了，长安城遂为王镇恶所占。躲在长安宫内的姚泓此刻已经没咒可念了，留给他的只剩下两条路，要么自杀，要么投降。姚泓胆小怯懦，不敢自杀，只能投降。他十一岁的儿子姚佛念见父亲要降，拉着他不放手，说即便投降也是死，不如自杀以免受辱。姚泓不从，姚佛念自己爬上宫墙，跳墙自杀。

立国三十四年的后秦帝国灭亡，长安城终于在一百多年之后，又归入晋朝。打下长安，消灭后秦，刘裕不再继续北上了，而是回到建康，逼迫晋恭帝司马德文将皇位禅让给自己。据说司马德文竟然兴高采烈地写完了禅位诏书，然而他最终还是没能逃过刘裕的屠刀。

元熙二年（420年）七月，刘裕在建康即皇帝位，改国号为宋，史称刘宋。随后，刘裕开始对晋朝宗室大开杀戒，整个司马氏皇族被他杀了个干净。从此，偏安江东一百零三年的东晋王朝就此结束，中国历史进入南北朝时期。

大事记

公元 280 年，晋灭吴之战。

公元 290 年，晋武帝驾崩，晋惠帝立。

公元 291 年—306 年，西晋八王之乱。

公元 301 年，李特流民起义。

公元 303 年，李特战死。

公元 304 年，李雄称王，成汉立国；刘渊称王，汉国建立。

公元 308 年，石勒投汉，刘渊称帝。

公元 310 年，刘渊驾崩，刘聪政变上位。

公元 311 年，永嘉之乱，洛阳陷落。

公元 314 年，幽州之战。

公元 316 年，刘曜占长安，西晋灭亡。

公元 317 年，祖逖北伐。

公元 317 年， 司马睿在建康称帝，东晋建立。

公元 318 年， 刘聪驾崩，刘粲立，汉国内乱；刘粲死，刘曜称帝。

公元 319 年， 刘曜改国号为赵，史称前赵。

公元 319 年， 石勒称赵王，后赵建立。

公元 321 年， 祖逖病逝。

公元 322 年， 王敦第一次叛乱；晋元帝驾崩，晋明帝立。

公元 323 年， 王敦第二次叛乱，王敦身死，叛乱平定。

公元 328 年， 刘曜战败被杀，前赵灭亡。

公元 330 年， 石勒称帝。

公元 333 年， 石勒驾崩，石弘立；慕容廆薨，慕容皝立。

公元 334 年， 石虎废石弘，称赵天王。

公元 337 年， 慕容皝称王，前燕建立。

公元 338 年， 燕赵交战，慕容恪大败石虎。

公元 344 年， 前燕统一辽东。

公元 346 年，桓温西征，成汉灭亡。

公元 348 年，燕王慕容皝薨，慕容俊继位。

公元 349 年，石虎驾崩。

公元 350 年，冉闵称帝，后赵灭亡，冉魏建国。

公元 351 年，苻健入长安，前秦建国；前燕灭冉魏。

公元 354 年，桓温北伐。

公元 355 年，苻健驾崩，苻生立。

公元 356 年，慕容恪占山东。

公元 357 年，苻生被废身亡，苻坚立。

公元 360 年，慕容俊驾崩，慕容暐登基。

公元 365 年，慕容恪占洛阳，沈劲殉国。

公元 367 年，慕容恪病逝。

公元 369 年，晋攻前燕之战。

公元 369 年，慕容垂投秦。

公元 370 年，前秦灭前燕。

公元 371 年，前秦灭仇池。

公元 373 年，桓温病逝，前秦占蜀地。

公元 375 年，王猛病逝。

公元 376 年，前秦灭前凉；前秦统一北方。

公元 383 年，吕光西域之战；淝水之战。

公元 384 年，慕容垂称帝，后燕建国。

公元 384 年，慕容泓、慕容冲反，西燕建国；姚苌反，后秦建国；谢玄北伐。

公元 385 年，吕光占凉州，后凉建立；西秦立国；苻坚为姚苌所杀。

公元 386 年，慕容冲被杀，西燕占山西；拓跋珪称王，北魏建国；苻丕、苻登先后称帝，苻丕战死。

公元 392 年，姚苌驾崩，姚兴立；苻登为姚兴所杀，前秦灭亡。

公元 393 年，后燕灭西燕之战。

公元 395 年，参合陂之战。

公元 396 年，慕容垂征北魏途中驾崩，慕容宝立；北魏攻后燕之战。

公元 397 年，后燕北归；南凉立国；北凉立国。

公元 398 年，慕容德称帝，南燕建国；拓跋珪称帝，迁都平城。

公元 399 年，后凉吕光驾崩，后凉内乱；孙恩起义，刘裕崛起。

公元 400 年，后秦灭西秦；西凉为后秦承认。

公元 402 年，柴壁之战。

公元 403 年，后凉灭亡；桓玄称帝，改国号为楚。

公元 404 年，覆舟山之战；刘裕击败桓玄，桓玄为冯迁所杀。

公元 405 年，南燕慕容德驾崩，慕容超立。

公元 407 年，赫连勃勃称王，夏国建立。

公元 409 年，北魏拓跋珪被弑，拓跋嗣立；刘裕灭南燕之战。

公元 416 年，刘裕灭后秦之战。

公元 420 年，刘裕称帝，东晋灭亡。

参考文献

[1] 司马光 . 资治通鉴 [M]. 湖南 : 岳麓书社，2018.

[2] 房玄龄 . 晋书 [M]. 北京 : 中华书局，2015.

[3] 陈寿 . 三国志 [M]. 北京 : 中华书局，2011.

[4] 火焰塔 . 五胡录 [M]. 北京 : 中国三峡出版社，2012.

[5] 张军 . 遥远的帝国 : 两晋十六国风云录 [M]. 海南 : 海南出版社，2000.

中国甲胄史图鉴

一场有关甲胄
的视觉指南，
多方位展现
中国甲胄发展史

◎高清的陶俑、壁画、出土甲胄图片
◎刘永华教授、复原甲胄画师刘诗巍的精美手绘图
◎函人堂甲胄复原工作室、中式甲胄艺术家李辉提供的精
美复原甲图片

战争
事典

中国甲胄史图鉴

一部见证朝代兴亡
的武备史记

周渝 著

战争事典